HISTOIRE ANECDOTIQUE

DE

L'ANCIEN THÉATRE

EN FRANCE

TRÉATRE-FRANÇAIS, OPÉRA, OPÉRA-COMIQUE, THÉATRE-ITALIEN
VAUDEVILLE, THÉATRES FORAINS, ETC.

PAR

A. DU CASSE

AUTEUR DES MÉMOIRES DU ROI JOSEPH, DU PRINCE EUGÈNE, ETC.

TOME PREMIER

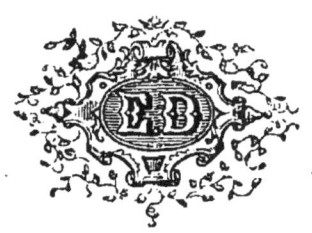

PARIS
E. DENTU, ÉDITEUR
LIBRAIRE DE LA SOCIÉTÉ DES GENS DE LETTRES
PALAIS-ROYAL, 17 ET 19, GALERIE D'ORLÉANS

—

1864
Tous droits réservés.

HISTOIRE ANECDOTIQUE

DE

L'ANCIEN THÉATRE EN FRANCE

OUVRAGES DU MÊME AUTEUR

MÉMOIRES DU ROI JOSEPH, 10 vol. in-8°.

HISTOIRE DES NÉGOCIATIONS RELATIVES AUX TRAITÉS DE MORFONTAINE, DE LUNÉVILLE ET D'AMIENS, faisant suite aux *Mémoires du roi Joseph*, 3 vol. in-8°.

ALBUM DES MÉMOIRES DU ROI JOSEPH, grand in-folio.

PRÉCIS HISTORIQUE DES OPÉRATIONS DE L'ARMÉE DE LYON EN 1814, 1 vol. in-8°.

MÉMOIRES POUR SERVIR A L'HISTOIRE DE LA CAMPAGNE DE 1812, 1 vol. in 8°.

OPÉRATIONS DU NEUVIÈME CORPS DE LA GRANDE-ARMÉE EN 1806 ET EN 1807, 2 vol. in-8° avec atlas.

PRÉCIS DES OPÉRATIONS DE L'ARMÉE D'ORIENT DE MARS 1854 A OCTOBRE 1855, 1 vol. in-8°.

LE DUC DE RAGUSE DEVANT L'HISTOIRE, 1 vol. in-8°.

LES ERREURS MILITAIRES DE M. DE LAMARTINE, 1 vol. in 8°.

MÉMOIRES DU PRINCE EUGÈNE, 10 vol. in-8°.

LA MORALE DU SOLDAT, 1 vol. in-18.

SOUVENIRS D'UN OFFICIER DU 2ᵉ DE ZOUAVES, 1 vol. in-18.

ROMANS

QUATORZE DE DAMES, 1 vol. in-18.

RAMBURES, 1 vol. in-8°.

DU SOIR AU MATIN, 1 vol. in-8°.

LES DEUX BELLES-SŒURS, 1 vol. in-8°.

LE MARQUIS DE PAZAVAL, 1 vol. in-18. } En collaboration avec
LE CONSCRIT DE L'AN VII, 1 vol. in-18. } M. VALVIS.

Paris, imp. de L. TINTERLIN, rue Neuve-des-Bons-Enfants, 3.

PRÉFACE

Lecteur, ma Préface ne vous fatiguera pas. J'ai composé ce livre en *bouquinant*. C'est du neuf fait avec du vieux. S'il vous intéresse autant à lire qu'il m'a plu à écrire, nous serons satisfaits l'un et l'autre.

HISTOIRE ANECDOTIQUE

DE

L'ANCIEN THÉATRE EN FRANCE

———o✪o———

I

ORIGINE DU THÉATRE EN FRANCE. — LES DEUX PREMIÈRES
PÉRIODES.

DE 1402 A 1588.

Origine du théâtre en France. — Théâtre à Saint-Maur. — Lettres-patentes de 1402. — Confrères de la Passion. — Origine du droit pour les hôpitaux. — *Les mystères*. — Analyse d'une de ces pièces. — Anecdote relative au mystère de la Passion. — Bon mot d'un peintre. — *Les moralités*. — Origine de la petite pièce. — Analyse d'une moralité. — Personnages habituels des mystères et des moralités. — Origine de ce dicton, *faire le diable à quatre*. — Origine du prologue. — Principaux auteurs des mystères et des moralités pendant le quinzième siècle et la moitié du seizième. — Mystères joués dans les églises au treizième siècle. — Influence sur le théâtre, des fêtes données à Isabeau de Bavière, en 1385. — Modifications apportées aux représentations par les pièces connues sous le nom de *farces*. — *Les sottises*. — Révolution dans le théâtre en 1548. — Édit du Parlement. — Les Confrères de la Passion à l'Hôtel de Bourgogne. — Transition entre le genre sacré et le genre profane, un peu avant 1548. — Modification du goût en France. — LAZARE BAÏF et JEAN DE LA TAILLE. — Principaux auteurs et principales compositions dramatiques, de 1548 à 1588. — JODELLE. — La tragédie des anciens remise sur la scène française. — *Cléopâtre, Didon.* — Les comédies de Jodelle (de 1552 à 1558). — JEAN DE LA RIVEY. — Ses comédies. — Ses innovations. — Comédie des *Esprits*, représentée en 1576. — Les farces. — FRANÇOIS VILLON, auteur de celle de l'*Avocat Pathelin*. — Anecdote relative à la pièce de la Passion, de Villon. — Succès de l'*Avocat Pathelin*, au commencement du seizième siècle.

L'origine du théâtre en France ne remonte pas au delà du commencement du quinzième siècle. Toute tradition de l'art dramatique qui, chez les anciens, avait fait briller la littérature d'un si vif éclat, semblait entièrement perdue, lorsque, poussés par une pensée pieuse, quelques bourgeois de Paris eurent l'idée de former une société, d'élever un théâtre, et d'y représenter les *Mystères de la Passion*.

C'est le bourg de Saint-Maur, près Vincennes, qu'ils choisirent pour y dresser leurs tréteaux. Le choix de Saint-Maur fut déterminé par deux raisons. La première, c'est que la société dramatique craignait, et elle n'avait pas tort, de ne pouvoir obtenir d'exercer dans l'intérieur de la ville; la seconde, c'est que les quartiers avoisinant la place Royale étaient alors la partie la mieux habitée de Paris, et que le bourg où ils s'étaient fixés se trouvait peu éloigné des grands hôtels.

Le prévôt de la cité mit d'abord des obstacles aux représentations; mais, en 1402, la troupe de Saint-Maur eut la bonne aubaine de jouer devant Charles VI quelques pièces qui firent plaisir à cet infortuné monarque, et les acteurs obtinrent des lettres-patentes pour leur établissement dans la capitale.

C'est donc à l'année 1402 qu'il faut faire remonter la création du premier théâtre à Paris. La troupe prit le nom de *Confrères de la Passion*, nom qui rappelait les sujets des pièces, toutes tirées de l'Ancien, du Nouveau-Testament ou de la Vie des Saints. La salle de spectacle fut tout simplement une salle de l'hôpital de la Trinité, rue Saint-Denis.

Pendant un siècle et demi, le théâtre des Confrères de la Passion subsista sans rival et sans grande amélioration, il était fort couru cependant, puisqu'en 1541, un arrêt du Parlement obligea la société à payer 800 livres parisis par an, au profit des pauvres, *pour les indemniser* de la diminution que l'on remarquait dans les aumônes qui leur étaient faites depuis les représentations théâtrales. C'est à cet édit qu'on doit, sans nul doute, faire remonter la taxe pour les hôpitaux, droit qui s'est perpétué jusqu'à nous et qui subsiste encore.

L'espèce de poëme dramatique qu'on appelait *Mystère*, était un *factum* presque toujours long, grossier et absurde, tiré de l'Écriture sainte et de la Legende des saints, et où Dieu et le diable étaient souvent en scène. Ceux qui obtinrent le plus grand succès furent : *le Mystères des Actes des Apôtres*, par Arnoul et Simon Gréban (représenté en 1450) ; *le Mystère de la Passion*, par Jean Michel (en 1490) ; *le Mystère du* Vieil *Testament*, par Jean Petit (en 1506) ; *le Mystère de la Conception et Nativité de la glorieuse Marie vierge avec le mariage d'icelle*, etc., par Joseph de Marnef (en 1507) ; *le Mystère et beau miracle de Saint-Nicolas*, avec quatre-vingt-quatre personnages, par Pierre Sergent (en 1544).

On aura une idée de ce qu'étaient ces sortes de pièces, par l'analyse de l'une d'elles, *le Mystère du* Vieil *Testament*. Dieu, irrité des crimes qui se commettent à Sodome et à Gomorrhe, se décide à lancer le feu du ciel sur ces deux villes. Un personnage ayant nom *Miséricorde*, veut intercéder pour les habitants des cités condamnées ; Dieu répond naïvement :

> Leur péché si fort me déplaît,
> Vu qu'il n'y a ni raison ni rime,
> Qu'ils descendront tous en abîme.

Le Mystère de la Passion, qui fut représenté en Suède, sous le règne de Jean II, devint la cause d'une véritable et épouvantable tragédie. L'acteur ayant le rôle du soldat qui perce le Christ de sa lance, mit tant d'action dans son jeu, qu'il enfonça réellement le fer de son arme dans le côté de celui qui était sur la croix. Ce dernier tomba mort et écrasa dans sa chute l'actrice qui représentait Marie. Jean II, indigné de la brutalité de l'acteur qui a donné le coup de lance, se précipite sur la scène, et d'un coup de sabre fait voler sa tête. Le public, à son tour, exaspéré de la mort d'un homme qui lui plaît, envahit le théâtre et décapite le roi.

Les représentations des Mystères servaient aussi souvent pour les fêtes et les solennités, telles que les mariages des princes, leurs entrées dans la capitale.

Les idées les plus absurdes trouvaient place dans ces sortes de poëmes dramatiques. Ainsi, dans l'un d'eux, Jésus-Christ en perruque et le diable en bonnet à deux cornes, se disputent, se battent à coups de poing et finissent par danser ensemble.

Un peintre, fort amoureux de son talent, disait à ceux qui l'entouraient en regardant *un paradis* qu'il venait de terminer pour la représentation d'un Mystère.

— « Voilà bien le plus beau paradis que vous vîtes jamais, ni que vous verrez. »

Le public finit par se lasser des Mystères. Un nouveau genre de pièces théâtrales, auxquelles on donna le singulier nom de *Moralités*, partagea d'abord avec les Mystères les faveurs de la scène, puis leur succéda.

Ce fut sous Louis XII, vers la fin du quinzième siècle, que les *Moralités* eurent les honneurs du théâtre. Dans le principe, une Moralité n'était qu'une petite pièce qu'on jouait après le Mystère, pour faire rire les spectateurs, de là vient l'usage de terminer les représentations par ce qu'on nommait, il n'y a pas encore longtemps, *la petite pièce*, et par ce qu'on appelle aujourd'hui *une fin de rideau*.

Jean Bouchet, procureur à Poitiers, est un des premiers qui ait introduit les Moralités au théâtre. Au commencement du règne de Louis XII, il en fit représenter une intitulée le *Nouveau-Monde*, qui eut un grand succès. Cette pièce contenait un trait de satire très-vif contre l'avarice du roi. Ce dernier, qui avait autorisé les poëtes à critiquer les défauts de toutes les personnes de son royaume, sans exception, fut le premier à en rire.

Analysons rapidement le sujet d'une des Moralités les plus admirées du théâtre de cette époque.

La pièce est intitulée *le Mirouer et l'exemple des enfants ingrats.* Un père et une mère marient leur fils unique et lui abandonnent tous leurs biens. Ils tombent dans la misère et ont recours à leur enfant. Celui-ci feint de ne pas les reconnaître et les chasse. A son repas, il se fait servir un pâté de venaison. Du pâté s'élance un crapaud qui s'attache à son nez et que rien ne peut en arracher. Pensant que ce doit être une punition divine, il s'adresse au curé. Le curé le renvoie à l'évêque, l'évêque au pape, et ce n'est qu'au moment où il obtient l'absolution du Saint-Père que le crapaud tombe de son nez.

Si le bon Dieu et les saints faisaient habituellement les frais des Mystères, Satan avait d'ordinaire la plus large part dans les Moralités. On voyait souvent plusieurs diables sur la scène. Les représentations prenaient le nom de *Petite Vie ou Grande Diablerie,* suivant qu'il y avait moins ou plus de quatre diables sur le théâtre ; d'où est venu le proverbe de *faire le diable à quatre.*

Il est juste de dire que malgré les défauts de toute nature dont ces sortes de pièces fourmillaient, on y trouvait cependant parfois des idées morales et des mots spirituels.

Une Moralité jouée dès le commencement du seizième siècle, nous offre une nouveauté dont les auteurs modernes du boulevart abusent bien souvent : le prologue. L'auteur de la diablerie dont il est ici question, fait connaître de la manière suivante, à son public, le but de sa pièce : — Un jour, dit-il, j'étais couché seul dans ma chambre, je me sentis tout à coup transporté aux portes de l'enfer. J'entendis Satan causant avec Lucifer. Il lui racontait les moyens qu'il employait pour tenter les chrétiens. Quant aux hérétiques, ajoutait-il, et aux infidèles, comme ils me sont acquis, je ne m'en inquiète guère, Le diable, prétendait plaisamment l'auteur, croyant n'être entendu de personne, découvrait à son maître toutes ses ruses, sans réticence, sans déguisement; aussi, lorsque je fus de retour chez moi, je m'empressai de prendre la plume et d'écrire tout ce que j'avais entendu ou du moins tout ce que j'avais pu retenir, afin de faire connaître aux chrétiens les principaux tours de Satan. Ils pourront ainsi les prévenir et les éviter. »

Aux auteurs des Mystères et des Moralités que nous avons cités plus haut, nous pouvons encore en ajouter quelques-uns. BARTHÉLEMY ANNEAU, principal au collége de Lyon en 1542, qui, vers cette époque, fit représenter *les Mystères de la Nativité par personnages*. Anneau eut une fin tragique. Le 21 juin 1565, au moment où la procession passait devant le collége, une grosse pierre fut lancée d'une des fenêtres sur le Saint-Sacrement et sur le prêtre qui le portait. Le peuple, furieux, se précipita dans l'établissement et massacra sans pitié le principal, qui avait du reste une fort mauvaise réputation.

JEAN ABUNDANCE, notaire au Pont-Saint-Esprit, qui composa plusieurs Mystères et les fit jouer vers 1544. *Moralité et figure sur la Passion ; le joyeux*

Mystère des Trois Rois; le Couvert d'humanité; le Monde qui tourne le dos à chacun; Plusieurs qui n'ont pas de conscience.

Jean Allais (1), maître et chef des joueurs de Moralités et de Farces, et qui mourut vers la fin du seizième siècle après avoir fait représenter quelques pièces.

Bonfons, le plus ancien des auteurs dramatiques français connus. Il fit jouer une pièce sous le titre de *Griselidis* ou *la marquise de Salus,* histoire mise par personnages et rimes, l'an 1395.

Jean Bouchet, procureur à Poitiers, auteur d'une pièce à huit personnages, intitulée *Sottie,* et d'une moralité qui fait allusion à la pragmatique qui, sous Louis XII, divisait la France.

Simon Bourgoin, valet de chambre de Louis XII, auteur d'une Moralité ayant pour titre : l'*Homme juste et l'Homme mondain.*

(1) *Jean* Allais, ou plutôt *Pont*-Allais, contemporain et camarade de Gringoire, l'auteur de la Sottie intitulée : Le Jeu du Prince des sots, était bossu et avait de l'esprit. On le recevait chez les grands personnages de l'époque, ce qui lui donnait de l'audace. Rencontrant un jour un cardinal contrefait, il vint se mettre bosse à bosse avec lui, en s'écriant : « Monseigneur, que l'on dise maintenant que deux montagnes ne peuvent se rencontrer ? » L'Éminence trouva la plaisanterie d'assez mauvais goût.

Avant qu'on n'affichât les pièces qu'on devait jouer, on était dans l'usage de les annoncer par les rues et les carrefours, au son du tambourin. Un dimanche matin, Pont-Allais eut l'audace de faire battre le tambourin près l'église Saint Eustache. Le curé était en chaire. Ses paroissiens sortant de l'église pour entendre l'annonce du spectacle, le curé se précipite vers l'entrepreneur de Mystères par représentations, en lui disant : « Qui vous a fait si hardi de tambouriner pendant que je prêche ? — Et vous, reprend aussitôt *Pont-Allais,* qui vous a fait si hardi de prêcher quand je tambourine ? »

Cette incartade valut six mois de prison à Pont-Allais.

Jean Parmentier, marchand de Dieppe, qui fit jouer en 1527 dans sa ville natale : la *Moralité très-excellente*, en l'honneur de la glorieuse assomption de Notre-Dame.

Cette circonstance prouve que vers le seizième siècle, Paris n'était plus seul en possession d'un théâtre, et que le goût des représentations dramatiques avait gagné la province.

Au treizième siècle, près de deux cents ans avant la fondation du théâtre des Confrères de la Passion, à Saint-Maur, on jouait déjà des espèces de tragédies rimées ou plutôt *rimaillées*, et, chose plus singulière, en détestable latin. Ces pièces, qui avaient la prétention d'offrir un cachet religieux, parce qu'elles avaient pour personnages Dieu, le diable et les saints, étaient représentées *dans les églises*. Elles différaient des Mystères qu'on introduisit plus tard au théâtre, en ce que les paroles étaient notées en plain-chant. C'est là certainement la plus ancienne origine des pièces chantées, et la première et grossière image des opéras. Avant la révolution de 1789, beaucoup d'abbayes possédaient encore dans leurs archives, des manuscrits contenant des sortes de drames de cette espèce, joués dans les églises avec chant, déclamation et gestes.

Il y a tout lieu de croire que bien avant les Confrères de la Passion, d'autres sociétés théâtrales tentèrent de se fonder en France, dans le but de *bénéficier* plutôt que dans celui de *moraliser;* car Philippe-Auguste chassa les comédiens de son royaume, en disant: Que le théâtre du monde fournissait assez de comédiens en original, sans s'amuser à les copier et sans s'arrêter à leurs fictions ; intention morale, sans doute, mais qui heureusement ne fut pas longtemps suivie.

En 1385, quelques années avant la fondation du théâtre de Saint-Maur, lors de l'entrée à Paris de la belle Isabeau de Bavière, femme de Charles VI, on établit sur les places publiques des théâtres en plein vent, où se trouvaient des chœurs de musique, des orgues, et sur plusieurs desquels des jeunes gens représentèrent *diverses histoires de l'Ancien-Testament.*

Au moyen de machines ingénieuses, probablement dans le genre de ce qu'on appelle aujourd'hui au théâtre *des trucs*, on fit descendre des édifices plusieurs enfants vêtus comme on a coutume de représenter les anges. Ils posèrent des couronnes sur la tête de la reine. Un homme, se laissant couler sur une corde tendue depuis le haut des tours de Notre-Dame jusqu'à l'un des ponts par où passait le cortége, vint également déposer une couronne sur le front d'Isabeau. Comme la nuit était close quand l'audacieux équilibriste exécuta ce tour périlleux, il prit à la main un flambeau allumé, afin qu'on le pût bien apercevoir.

Dans cette grande représentation ou mise en scène de l'entrée de la reine Isabeau à Paris, on peut donc retrouver la trace, peut-être même l'origine, du drame proprement dit, du drame avec musique ou opéra, du drame avec mise en scène, machines, trucs ou pièce féerique. C'est à cette époque qu'il est permis de reporter les premiers essais de l'art de l'équilibriste.

Vers la fin du quinzième siècle, sous le règne de Louis XII, le goût du public pour le genre des représentations théâtrales se modifia. Aux Mystères et aux Moralités vinrent s'adjoindre des petites pièces en un acte, fort courtes pour la plupart, et qu'on nomma *Farces*.

Ces Farces, qui étaient d'un degré au-dessous des Moralités, ne manquaient pas d'originalité et d'esprit, et bien des auteurs y puisèrent, par la suite, une partie de leurs idées et de leurs bons mots. Sans vouloir leur attribuer un mérite trop grand, on peut dire que plusieurs approchaient du comique de bon aloi. Il serait impossible de donner l'énumération, même approximative, de ces pièces. Beaucoup n'étaient jouées que sur des tréteaux, par deux ou trois troupes ou réunions plutôt tolérées qu'autorisées, et auxquelles le public donnait les noms : d'*Enfants Sans-Souci*, d'*Histrions ou Clercs de la Bazoche*. Les théâtres portatifs sur lesquels on représentait d'habitude les Farces, finirent par inquiéter les acteurs qui avaient remplacé les Confrères de la Passion, et l'on verra les réclamations qui furent portées par eux, sous Louis XIII (1). Disons aussi, en passant, qu'une de ces Farces eut un succès prodigieux, un peu avant

---

(1) Dans les *Confrères de la Passion*, on doit voir l'origine première de la troupe du Théâtre-Français ; dans les *Enfants Sans-Souci, Clercs de la Bazoche*, est l'origine première des troupes des théâtres forains, théâtres qui engendrèrent plus tard l'opéra, l'opéra-comique, le vaudeville, et même le drame.

le règne de François Ier. Elle fait pour ainsi dire école, c'est celle de *l'avocat Pathelin*, du poëte Villon, remise à la scène deux siècles après, par Brueys. Nous en parlerons avec quelques détails, un peu plus loin.

Outre les pièces appelées Farces, on en fit encore d'autres d'un genre analogue qu'on nomma les *Sottises*, et qui, moitié sérieuses, moitié bouffonnes, finirent par donner lieu sur la scène, à des plaisanteries telles que le public en fut scandalisé.

Telle fut la filière par laquelle les représentations théâtrales et le genre dramatique passèrent en France, depuis leur origine jusqu'à l'année 1548.

Alors eut lieu toute une révolution dans le théâtre. On ôta aux Confrères de la Passion la maison de la Trinité, qui rentra dans sa destination première et redevint un hôpital. Puis, comme le goût s'était un peu épuré et que la mise en scène du bon Dieu et du diable avait fini par paraître quelque chose d'assez inconvenant, on permit aux Confrères de construire une salle de spectacle et d'y donner des représentations, mais sous la condition expresse, *par arrêt du Parlement*, que l'on ne jouerait que des pièces à *sujets profanes, licites et honnêtes*.

Les Confrères de la Passion avaient fait des gains considérables pendant les cent quarante-six ans qu'ils avaient exercé de père en fils, leur profession lucrative. La société étant fort riche, acheta l'ancien hôtel des ducs de Bourgogne, tombé alors en ruine. Elle éleva des constructions fort belles, et pendant quarante ans encore (jusqu'en 1588), elle continua à donner des représentations. Elle était assez désappointée, du reste, d'être obligée de renoncer aux Mystères et d'aborder des pièces profanes, elle dont les membres faisaient profession de piété.

Bien que les pièces à sujets religieux n'aient été abandonnées qu'après l'édit de 1548, on doit signaler cependant trois drames ou tragédies qui, représentés par les Confrères de la Passion sur leur ancien théâtre avant leur venue à l'hôtel de Bourgogne, semblent la transition du genre sacré au genre profane. Deux de ces pièces sont de LAZARE BAÏF : 1° *Electre, tragédie contenant la vengeance de l'inhumaine et très-piteuse mort d'Agamemnon, roi de Mycène la grande, faite par sa femme Clytemnestre et de son adultère Egyptus, traduit du grec de Sophocle, ligne pour ligne, vers pour vers, en rimes françaises.* 2° HECUBA. Toutes deux furent représentées en 1537. La troisième pièce, *la Destruction de Troie*, jouée en 1544, est de CHOPINEL.

Voilà donc trois tragédies, sortant du genre des Mystères, qui font leur apparition sur le théâtre avant l'édit de 1548.

Elles semblent l'aurore d'un nouveau jour pour la littérature dramatique. C'est qu'en effet, depuis 1402, le goût s'était étendu et épuré ; l'imprimerie avait été inventée ; les lettres avaient eu leur renaissance sous François Ier ; les livres, devenus moins rares, ramenaient les idées vers le théâtre des anciens. On pensa donc d'abord à traduire les auteurs grecs et romains, puis à les imiter, puis enfin, on s'enhardit jusqu'à créer des pièces à sujets non encore traités.

Lazare Baïf, qu'on peut considérer comme étant un des premiers qui aient songé à faire revivre, sur la scène française, les tragédies des anciens, fut abbé, conseiller au Parlement, maître des requêtes, et enfin ambassadeur à Venise en 1538. C'était pour cette époque, un littérateur des plus distingués. Si Lazare Baïf fut en quelque sorte le régénérateur de la tragédie, JEAN DE LA TAILLE DE BONDAROY fut le régénérateur de la comédie. Né près de Pithiviers, gentilhomme de la Bauce, Jean de la Taille donna au théâtre, outre plusieurs tragédies (dont une avec chœur, la *Famine*), trois comédies en prose : les *Corrivaux* en 1562 (1) ; *Négromant* en 1568 et le *Combat de Fortune et de Pauvreté* en 1578. La première de ces comédies, tirée de l'Arioste, a un prologue très-significatif; il commence ainsi : « Il semble, Messieurs,
« à vous voir assemblés en ce lieu, que vous y soyez
« venus pour ouïr une comédie. Vraiment, vous ne
« serez point déçus de votre intention. Une comé-
« die, pour certain, vous y verrez, non point une
« farce, ni une moralité. Nous ne nous amusons
« point en chose, ni si basse, ni si sotte, et qui ne
« montre qu'une pure ignorance de nos vieux Fran-
« çais. Vous y verrez jouer une comédie faite au
« patron, à la mode et au portrait des anciens Grecs
« et Latins; une comédie, dis-je, qui vous agréera
« plus que toutes (je le dis hardiment) les farces, les

---

(1) C'est la première comédie en cinq actes qui ait été écrite en prose, si nous en exceptons celle de *Plutus*, traduite d'Aristophane, par Ronsard, le père de la poésie française, et représentée en 1539, à Paris, au collége de Coquerel.

« moralités qui furent onc jouées en France. Aussi,
« avons-nous grand désir de bannir de ce royaume
« telles badineries et sottises qui, comme amères épi-
« ceries, ne font que corrompre le goût de notre
« langue. »

Comme on le voit, le prologue est tout un programme. C'est l'acte de rupture de l'ancien théâtre avec le nouveau. C'est le goût cherchant à supplanter le ridicue.

Les principaux écrivains qui travaillèrent en France pour le théâtre, de 1548 à 1588, époque de transition, sont :

FONTENY, ancien confrère de la Passion, qui fit paraître, en 1587, *le Beau Pasteur*, *la Chaste Bergère* et *Galathée*, assez ennuyeuses pastorales.

GUERSENS, avocat au Parlement de Bretagne, puis sénéchal de Rennes, lequel composa, vers 1583, quelques pastorales.

MONTREUX, auteur de plusieurs tragédies, entre autres celle d'*Isabelle*, tirée du poëme de *l'Arioste*, où l'on trouve le dialogue suivant entre Rodomont et Isabelle, dialogue qui fera juger de la convenance des pièces de cette époque :

RODOMONT.

Je veux avoir de vous, ce que la loi de Mars
Me permet de ravir, seule loi des soudars.

ISABELLE.

Un plaisir si léger vous sera peu durable.

RODOMONT.

Nul plaisir n'est léger, qui nous est secourable.

ISABELLE.

Est-ce bien que forcer une simple femelle?

RODOMONT.

Oui bien, quand on ne peut vivre sans jouir d'elle.

Mathieu, principal du collége de Vercel, puis historiographe, et qui donna au théâtre, en 1580, la tragédie de *Clytemnestre*, celle de *Vasthi répudiée*, en 1588, et beaucoup plus tard, en 1601, *la Guisarde ou le triomphe de la Ligue*, à laquelle Racine, dans *Athalie*, emprunta plus d'une pensée.

Jacques de Boys, auteur de *Comédie et Réjouissance de Paris*, poëme dramatique représenté en 1559, composé à l'occasion du mariage du roi d'Espagne et du prince de Piémont avec Élisabeth et Marguerite de France, à la fin duquel poëme ces princesses chantent des épithalames.

Desmazures, capitaine d'une troupe de cavalerie sous Henri II, qui composa, en 1566, les tragédies de *Josias*, de *David combattant*, *David fugitif* et *David triomphant*.

Lebreton, auteur de plusieurs tragédies, entre autres *Adonis*, *Dorothée*, jouées en 1579.

Le Devin, qui fit les tragédies d'*Esther*, de *Judith* et de *Suzanne*, de 1570 à 1576.

Trois autres auteurs méritent une étude toute particulière, car tous les trois font époque et même école. Jodelle, pour la tragédie ; La Rivey, pour la comédie; VILLON, pour les pièces dénommées farces. Nous leur consacrerons quelques lignes ; mais nous ne devons pas oublier de citer GÉRARD DE VIVRE, qui fit jouer, en 1577, *les Amours de Thésée et de Déjanire*. Cette pièce se termine par le mariage de Thésée et de Déjanire, ce qui est très-moral ; mais ce qui est moins convenable, ce sont les dernières paroles de l'acteur au public :—« Messieurs, n'attendez pas que les noces se fassent ici, vu que le reste se fera là dedans. »

JODELLE passe pour le premier qui essaya de ressusciter l'ancienne tragédie. Il ne put suivre que d'un peu loin les grands modèles de l'antiquité ; mais il eut le courage de les prendre pour guides, ce qui, à cette époque, était beaucoup. Il rendit par là un immense service à l'art dramatique en France, car il trouva bientôt des imitateurs (1). Ce poëte, qui eut une grande réputation, et qui fut honoré de la protection des rois Henri II et Charles IX, était encore fort jeune quand il donna au théâtre sa première tragédie, *Cléopâtre*, en 1552. Cette pièce eut des partisans et des adversaires; mais elle fit tant de plaisir à Henri II que ce prince fit compter à Jodelle cinq cents écus d'or ; chose fort rare. Le succès du poëte faillit lui coûter bien cher. Les applaudissements dont on l'accabla échauffèrent la tête de quelques-uns de ses amis. Dans une partie de carnaval faite à Auteuil près Paris, Ronsard et les autres poëtes formant ce

---

(1) Il est juste de dire, comme nous l'avons prouvé précédemment, qu'il eut un prédécesseur, Lazare Baïf.

qu'on appelait la *pléiade* française, eurent l'idée bouffonne de sacrifier un bouc à Jodelle, en imitation d'une des anciennes fêtes à Bacchus. Des couplets furent chantés, il s'ensuivit une espèce de baccanale qui, de nos jours, paraîtrait fort innocente, et qui parut alors un attentat à la religion. Ce fut à grand'peine que les auteurs de cette scène *renouvelée des Grecs* purent échapper aux châtiments des impies et des athées.

Jodelle fit représenter également, en 1552, sa tragédie de *Didon se sacrifiant*. Comme dans sa *Cléopâtre*, il y eut des chœurs, ainsi que c'était l'usage chez les anciens. Outre plusieurs autres pièces moins importantes, le poëte de Henri II et de Charles IX composa des comédies qui sont plus remarquables par les licences de pensées et de style, par les obscénités même, que par un mérite littéraire. La première de ces comédies, jouée en 1552, est *Eugène ou la Rencontre*, pièce en cinq actes en vers de huit syllabes avec prologue. Puis vint *la Mascarade, Momerie ou Muette, pantomime ou pièce dramatique*, qui fut exécutée à l'Hôtel-de-Ville, en 1558, en présence de Henri II.

Jodelle eut le grand mérite de comprendre ce que valaient les anciens, assez de force de volonté pour suivre leurs traces, assez de talent pour faire quelques pas dans la même carrière. Il y avait une sorte d'élévation dans sa pensée ; et si la langue lui eût prêté plus de charmes peut-être eût-il été un grand poëte dramatique ? Nul, avant lui, à son époque, et longtemps encore après lui, ne comprit aussi bien la vraie marche du poëme destiné au théâtre. Il est permis de dire : que c'était un habile architecte réduit à construire avec de mauvais matériaux.

Jean de la Rivey, qui a laissé plusieurs comédies au théâtre, vivait vers le milieu du seizième siècle. Il est le premier qui ait osé composer des pièces de pure invention et des comédies en prose (1).

A ce double point de vue, il mérite d'être cité; car si Jodelle fit faire un pas immense à la tragédie, il fit faire également un grand pas à la comédie qu'il dégagea des premières entraves. On a de lui, *le Jaloux*, comédie en un acte et en prose avec prologue, tirée de *l'Eunuque* et de *l'Andrienne*; *le Laquais*, comédie en cinq actes et en prose, représenté en 1578 comme la précédente ; *le Morfondu*, *les Écoliers*, *la Veuve*, comédies en cinq actes et en prose, jouées en 1579 toutes les trois. La première des comédies de La Rivey, *les Esprits* (en cinq actes et en prose), fut représentée en 1576. Elle offre une particularité qui mérite d'être signalée. Dans une scène fort jolie, on fait croire à un vieillard que les esprits malins se sont emparés de sa maison. Cette idée fut reproduite dans le *Retour imprévu* de Regnard, joué aux Français en 1700. Puis, dans une autre scène, on trouve un monologue d'un avare à qui l'on a pris son argent, monologue dont Molière a fait grandement son profit dans le quatrième acte de sa pièce de *l'Avare*, ainsi qu'il est facile de le prouver. Voici ce que dit le personnage de la comédie de La Rivey :

---

(1) Un essai en prose avait eu lieu déjà quelques années avant l'apparition des pièces de La Rivey, ainsi que nous l'avons fait remarquer.

SEVERIN, *regardant sa bourse :*

« Jésus, qu'elle est légère! Vierge Marie, qu'est-ce qu'on a
« mis dedans? hélas! je suis perdu, je suis détruit, je suis
« ruiné. Au voleur! au larron! prenez-le. Arrêtez tous ceux
« qui passent. Fermez les portes, les huis, les fenêtres. Misé-
« rable que je suis! où cours-je? à qui le dis-je? Je ne sais
« où je suis, que je fais ni où je vais. (*Aux spectateurs.*) Hélas!
« mes amis, je me recommande à vous tous; secourez-moi, je
« vous prie; je suis mort, je suis perdu. Enseignez-moi qui m'a
« dérobé mon âme, ma vie, mon cœur et toute mon espérance?
« Que n'ai-je un licol pour me pendre? car j'aime mieux mou-
« rir que de vivre ainsi. Hélas! elle est toute vuide, vrai Dieu!
« Quel est ce cruel qui tout à coup m'a ravi mes biens, mon
« honneur et ma vie? Ah! chétif que je suis : que ce jour m'a
« été malencontreux! A quoi veux-je plus vivre, puisque j'ai
« perdu mes écus que j'avais si soigneusement amassés, et que
« j'aimais et tenais plus chers que mes propres yeux? Mes écus
« que j'avais épargnés, retirant le pain de ma bouche, n'osant
« manger mon saoûl, et qu'un autre jouit maintenant de mon
« mal et de mon dommage! »

Les petites pièces qu'on appela du nom de *Farces*, firent leur apparition au théâtre un peu avant l'époque où les Mystères cédèrent le pas aux Moralités. Les Farces sont assez dans le goût du peuple français, ce sont elles qui, selon toute probabilité, peuvent être considérées comme ayant donné naissance au vaudeville. Bien peu ont eu les honneurs de l'impression. L'une d'elles cependant obtint un succès véritable et un retentissement qui la maintint plus d'un siècle au théâtre : c'est celle de *l'Avocat Pathelin* du poëte Villon. Bien plus, après avoir été jouée pendant cent ans, cette pièce fut refaite au goût de l'époque en 1706, par Brueys, et se trouve encore, de nos jours, au répertoire du Théâtre-Français.

FRANÇOIS CORBEUIL, dit *Villon*, poëte qui vivait au commencement du seizième siècle et qui passe pour l'auteur de l'*Avocat Pathelin*, se retira, dit-on, sur ses vieux jours en Poitou, chez un de ses amis, abbé à Saint-Maixent. Ce fut là, prétend Rabelais, que pour s'égayer dans sa retraite, et aussi dans le but de divertir les habitants du lieu, il entreprit de faire jouer en langue poitevine la Passion de Notre-Seigneur, puis la farce de *Maître Pierre Pathelin*. La première de ces deux pièces fut la cause d'un petit scandale qui amusa le pays plus peut-être que le mystère représenté. Tout étant prêt pour jouer la Passion, on s'aperçut qu'on n'avait pas de vêtements assez beaux pour l'acteur chargé du rôle du Père Éternel. Villon s'adressa au sacristain d'un couvent de Cordeliers dans l'établissement desquels existait une chape magnifique. Le sacristain refusa de la prêter, faisant fi des acteurs. Ces derniers, pour se venger de lui, furent l'attendre sur la route, un jour de quête. Déguisés en diables, armés d'instruments de toute espèce, ils donnèrent au pauvre sacristain un charivari des mieux conditionnés, lui criant : « Hé ! le vilain ! hé ! le vilain ! qui n'a pas voulu prêter à Dieu le Père une pauvre chape. » Les déguisements effrayèrent le malheureux, le bruit effraya sa mule, la mule se débarrassa de lui, lui resta demi-mort sur le champ de bataille et les charivaristes se retirèrent en riant aux éclats.

Mais revenons à l'*Avocat Pathelin*. Cette farce fut reçue du public avec des applaudissements frénétiques. Le fait est, que comme *farce*, elle l'emporte de beaucoup sur tout ce qui a été composé dans ce genre. Le but de l'auteur était de mettre en action ce vieux proberbe : *A trompeur, trompeur et demi* (1).

(1) Nous devons dire que si l'on attribue généralement la *farce* de l'*Avocat Pathelin* à Villon, il est quelques auteurs qui prétendent qu'elle fut faite par Pierre Blanchet, né à Poitiers, en 1459, et mort dans cette ville, en 1519.

II

TROISIÈME PÉRIODE DRAMATIQUE.

DE 1588 A 1630.

Troisième période de l'art dramatique en France, de 1588 à 1630. — Les Confrères de la Passion cèdent leur théâtre de l'Hôtel de Bourgogne, 1588. — La troupe se scinde en deux parties en 1600. — La seconde troupe s'établit au Marais. — ROBERT GARNIER. — Les principales tragédies, de 1568 à 1588. — Anecdotes relatives aux représentations de *Bradamante* et de *Hippolyte*. — ALEXANDRE HARDY, de 1601 à 1630.— Sa fécondité. — Ses principales productions dramatiques. — *La Force du sang*, et *Théagène et Chariclée*. — Prix des places aux théâtres. — Différents usages. — Entr'actes. — Chœurs. — Orchestre. — Droits d'auteur. — L'art dramatique pendant les trente premières années du dix-septième siècle. — NICOLAS CHRÉTIEN, ses pastorales et ses tragédies. — Celle d'ALBOIN. — RAISSIGNER. — L'*Aminte du Tasse*. — Les *Amours d'Astrée*. — PIERRE BRINON, auteur de la *Calomnie* et de l'*Éphésienne*. — Beaux vers qu'on trouve dans ces deux tragédies. — Les dernières *moralités*, en 1606 et 1624, de SORET. — Le roman de l'*Astrée*, de DURFÉ et de BARO. — Pastorale de Baro. — Anecdote plaisante relative à celle de *Cloreste*. — PIERRE DU RYER. — Ses œuvres dramatiques. — Beaux vers qui s'y rencontrent. — Sa *Lucrèce*. — Singulières licences des poëtes de cette époque.

La première période de l'art théâtral en France peut être considérée comme embrassant l'espace qui s'écoule de la fin du quatorzième siècle au milieu du seizième ; la seconde période, les quarante années de 1548 à 1588. De 1402 à 1548, le théâtre, dans l'enfance, se traîne péniblement sans faire de progrès ; pendant la seconde époque, quelques hommes de goût, amis de la littérature ancienne, le font sortir de ses langes ; secouant les vieilles coutumes reçues, admises sur la scène par un public ignorant, ils arrivent à un commencement de pièces dramatiques et littéraires qui doivent aboutir aux grandes écoles de Corneille, de Racine et de Molière.

Nous avons dit que les Confrères de la Passion voyaient avec peine les Mystères et les Moralités remplacés peu à peu, sur leur théâtre, par des drames profanes, ainsi que le voulait l'édit de 1548. Ils ne pouvaient se faire à l'idée du Père Éternel, de son Fils, de la Sainte Vierge et du diable, cédant le pas à Priam, à Cléopâtre, à Didon, à Marc-Antoine et autres personnages des histoires grecque ou romaine. Leur découragement devint tel, qu'après avoir exploité, avec d'assez bons profits toutefois, leur théâtre de l'hôtel de Bourgogne, pendant quarante années, ils le cédèrent ou plutôt le louèrent à une troupe de comédiens qui se constitua à Paris, avec l'autorisation du roi. Cette troupe peut être considérée, en quelque sorte, comme formant la souche de celle de la Comédie-Française, bien que la fondation du Théâtre-Français tel qu'il est encore de nos jours, date du 21 octobre 1680, seulement sept ans après la mort de Molière.

La troisième période théâtrale s'étend de 1588 à

1630, époque où Corneille commença à se produire. Sans avoir encore une grande valeur littéraire et dramatique, sans briller surtout par un goût bien pur, les pièces données à la scène pendant ces quarante-deux années sont supérieures, en tout point, à ce qui avait été écrit jusqu'alors.

En 1600, l'affluence du public était devenue telle aux représentations, qu'un seul théâtre parut insuffisant. La troupe de l'hôtel de Bourgogne se scinda. Une partie forma une nouvelle société, qui fut s'établir au Marais et l'autre conserva son ancien emplacement : il y eut donc alors deux scènes françaises à Paris. Cinquante ans après, ainsi que nous l'expliquerons plus loin, Molière forma une troisième troupe.

L'auteur qui occupe en première ligne la période théâtrale de 1588 à 1630 est ALEXANDRE HARDY. Il mérite d'être étudié ; mais avant de parler de lui, disons un mot de ROBERT GARNIER, qui parut après Jodelle et fut comme le trait d'union entre ces deux poëtes dramatiques.

Né à la Ferté-Bernard en 1534, et mort en 1590, Robert Garnier occupa des charges importantes, mais son goût le portant vers l'étude des anciens, il travailla pour le théâtre, s'efforçant surtout d'imiter Sénèque.

Il ne faut pas chercher, dans les tragédies, en assez grand nombre, qu'il fit représenter, un style facile, des pensées bien élevées, ni des situations bien naturelles ; cependant, son rang est marqué parmi les bons poëtes tragiques de la seconde période. Ses pièces sont comme une source de poésies de toute nature. Ainsi, il n'est pas rare de trouver dans ses chœurs, des stances dignes de l'ode ; dans les scènes familières, des traits propres à l'épître. Son style est ampoulé, cela est vrai ; mais ainsi le voulait le goût de l'époque. Si la langue fut un obstacle pour Jodelle, Garnier sut vaincre cet obstacle en forgeant au besoin des mots qu'il tirait du latin. Ses figures sont outrées, ses conceptions bizarres, mais sa muse est ardente et désintéressée. Vivant sous l'empire des idées poussées au fanatisme religieux le plus déplorable, il ne sacrifie pas aux passions du jour. Tous les sujets de ses tragédies sont choisis de façon à inspirer à son public une juste horreur des dissensions intestines. Il montre à la France ses malheurs dans ceux de Rome succombant sous les blessures que lui font ses propres enfants. Il combat avec force, avec talent : l'orgueil, l'envie, la cruauté. Défenseur des droits de la société, Garnier est non-seulement un poëte patriote, mais encore un moraliste éclairé. Si dans son *Hippolyte*, on voit une *Phèdre* sans pudeur bien différente de la Phèdre de Racine, on doit ne pas oublier que Garnier vivait sous Henri II et sous Charles IX, Racine sous Louis XIV.

Les principales productions dramatiques de Robert Garnier sont : *Cornely, Hippolyte, Marc-Antoine, Porcie, la Troade, Antigone, Bradamante* et *Sédécias*, tragédies en chœurs, représentées de 1568 à 1588.

Lors de la première représentation de *Bradamante*, en 1582, l'acteur jouant le rôle de Laroque avait à dire ces deux vers :

> Monsieur, entrez dedans, je crains que vous tombiez,
> Vous n'êtes pas trop bien assuré *sur vos piés*.

Jamais il ne put terminer le second vers qu'en remplaçant le mot *piés* par *jambes*, ce qui amusa beaucoup le public. Ceci rappelle cet autre acteur qui ayant à prononcer ces mots :

— *C'en est fait, il est mort,* disait habituellement : *C'en est mort, il est fait.*

Dans l'*Hippolyte* de Garnier, représenté en 1568, on ne peut s'empêcher de remarquer la naïveté de Thésée interrompant, tout en larmes, le pathétique récit de la mort de son fils pour demander à celui qui la lui raconte, *quelle figure avait le monstre.*

Hardy, le plus fécond des poëtes dramatiques, puisque, dit-on, le nombre de ses pièces dépasse *sept cents*, naquit à Paris et commença à travailler pour le théâtre en 1601. Il mourut en 1630. Ainsi, dans l'espace de vingt-neuf ans, il inonda la scène de ses productions. Il fournissait aux comédiens la pièce qu'ils demandaient, et cela au bout de cinq à six jours. Il ne s'astreignait pas, comme ses prédécesseurs, à observer l'unité de lieu, de temps, etc. Son drame embrassait souvent la vie d'un homme. Trente à quarante des compositions de cet auteur sont parvenues jusqu'à nous, les autres, ou n'ont pas été imprimées, ou sont tombées dans un tel oubli que personne n'a pris le soin de les recueillir. Il n'est pas une seule de celles connues qui supporte aujourd'hui la lecture, depuis un bout jusqu'à l'autre, mais il n'en est pas non plus, qui ne contienne des traits agréables, des vers heureux. Les caractères des personnages sont, en général, bien soutenus ; les situations presque toujours intéressantes. Hardy a tous les défauts de son temps ; la plupart de ses pièces sont grossières, indécentes même, pourtant elles affectent la morale. Le dialogue est rapide, pressé, il y a des scènes bien conduites, où l'intérêt va sans cesse en croissant; mais son style est dur, ampoulé, son dialogue froid, malgré sa brièveté.

Nous ne nous astreindrons pas à citer toutes les pièces connues d'Alexandre Hardy, la liste en est trop longue ; nous dirons un mot seulement de deux d'entre elles, parce que cela donnera l'idée des licences (dans le genre appelé de nos jours *romantique*) auxquelles cet auteur n'hésitait pas à se livrer.

En 1612, il fit représenter une tragi-comédie intitulée *la Force du sang*, tirée d'une nouvelle de Cervantes ; or, voici la contexture de cette production curieuse. Au premier acte, Léocadie, qui en est l'héroïne, est enlevée par Don Alphonse, qui la viole. Au commencement du deuxième acte, elle est renvoyée, et, deux scènes plus loin, elle sent les symptômes certains de grossesse. Le troisième acte débute par son accouchement. Elle met au jour un enfant qui, à la fin de ce même troisième acte, est déjà un garçon de huit à dix ans. Au quatrième acte, Don Alphonse, le ravisseur, reconnaît son fils ; au cinquième, il épouse Léocadie.

On voit, d'après cela, qu'unité de temps, de lieu et autres règles auxquelles les anciens, et, après les anciens, les grands maîtres de l'art dramatique, depuis Louis XIII, s'astreignirent jusqu'à la venue de l'école romantique, étaient loin d'être observées par Alexandre Hardy. Ce poëte fit mieux encore. La première pièce qu'il donna au théâtre, en 1601, sa tragédie de *Théagène et Chariclée*, est distribuée en *huit journées de cinq actes chacune.*

La longueur de ses composition fit dire qu'avec lui le public en avait pour son argent. On pouvait l'affirmer d'autant mieux, qu'à cette époque on ne payait, pour l'entrée au théâtre, que cinq sous au parterre et dix sous aux galeries et aux loges. Lorsque, pour des pièces nouvelles, il y avait lieu de faire des frais extraordinaires, le lieutenant civil du Châtelet fixait le prix des entrées ; mais ce n'était jamais que quelques sous au delà du tarif habituel. Combien les temps sont changés et les tarifs modifiés pour les théâtres ! Que diraient nos pères s'ils voyaient payer habituellement quarante francs, dans les petits théâtres de Paris, une loge de cinq places où quatre chiens de chasse un peu forts ne tiendraient pas à l'aise, et offrir quelquefois dix louis de la même *niche* pour un jour de première représentation ?...

A la fin du dix-septième siècle, en 1699, on augmenta le prix des places *d'un sou* pour le parterre, de *deux sous* pour les loges. Dix-sept ans après, en 1716, le tarif fut porté à un neuvième en sus au profit de l'Hôtel-Dieu de Paris.

Aux premiers temps des théâtres, les salles, qui étaient plus vastes et plus commodes peut-être, mais bien moins ornées que celles actuelles, étaient fermées le soir. Les représentations avaient lieu le jour.

En 1609, époque de la plus grande vogue d'Alexandre Hardy, une ordonnance de police enjoignit aux comédiens de l'hôtel de Bourgogne et à ceux du Marais d'ouvrir leurs portes à une heure après midi, et de commencer à deux heures précises leurs représentations, pour que leur jeu fût fini avant quatre heures et demie. Ce règlement avait lieu depuis la Saint-Martin jusqu'au 15 février. C'était chose prudente. On dînait alors à midi ; il n'y avait point de lanternes dans Paris, peu de carrosses, beaucoup de boue et encore plus de voleurs.

On comprend combien les représentations devaient être pressées et combien les entr'actes étaient courts, ce qui ne laissait pas que d'avoir un certain charme ; car de nos jours l'ennui que l'on éprouve dans l'intervalle qui s'écoule entre les différentes pièces ou entre les actes d'une même pièce, ôte bien souvent une grande partie de l'agrément qu'on éprouve. Il est juste de dire que dans les premiers temps de l'art dramatique et même pendant des siècles encore, il n'y avait ni changement de décors au théâtre, ni changement de costume pour les acteurs. Comme cependant on voulait laisser à ces derniers le temps de reprendre haleine, il fallait des entr'actes. Afin que le public ne prît point trop d'ennui, des chœurs, à l'imitation des anciens, chantaient pendant cet intervalle. Introduits au théâtre par Jodelle, ils furent scrupuleusement conservés par les auteurs dramatiques qui vinrent après lui, jusqu'à l'année 1630. Ces chœurs récitaient habituellement des strophes morales ayant rapport à la pièce qu'on représentait.

Ils n'avaient aucun accompagnement, attendu que la musique instrumentale n'était pas encore en usage à la comédie. Cela dura jusqu'en 1630. Alors eut lieu une modification dans cette partie des représentations théâtrales. Les chœurs causant trop d'embarras et de dépenses, on les remplaça par des joueurs d'instruments que l'on plaça d'abord sur les côtés de la salle. Avant que la pièce ne commençât et ainsi que cela a lieu encore de nos jours, l'orchestre exécutait quelques morceaux. Il en était de même pendant les entr'actes, ce qui n'est plus dans les usages actuels, et c'est peut-être un tort. Les musiciens, installés sur les ailes du théâtre, furent relégués ensuite tout au fond, derrière les troisièmes loges, puis derrière les secondes, et enfin on leur ménagea un certain espace entre la scène et le parterre. C'est celui qu'ils occupent encore aujourd'hui.

A l'époque des Jodelle, des Garnier, des Hardy, les droits d'auteur n'étaient pas fort élevés et ne pouvaient, comme actuellement, faire la fortune des poëtes dramatiques. Dans le principe, les pièces de théâtre appartenaient à ceux qui les voulaient jouer ; plus tard, les comédiens achetèrent les pièces en débattant le prix avec les auteurs ; puis enfin, à la suite d'une circonstance assez singulière, (dont nous parlerons en temps et lieu) vers la fin du dix-septième siècle, on fixa les droits :

1° Au neuvième du *produit* de la recette pour une tragédie et pour une comédie en cinq actes, *le quart des pauvres ainsi que la dépense journalière de la comédie prélevés ;*

2° Au dix-huitième pour les pièces d'un acte à trois, toujours après les mêmes *prélèvements* effectués.

D'après ce que nous avons dit plus haut du prix des places au théâtre, et en raison des prélèvements, on peut juger de ce qui restait acquis aux auteurs n'ayant droit qu'aux neuvième et dix-huitième non pas de la *recette*, mais des *produits*.

Les trente premières années du dix-septième siècle, années de transition entre la fin de la vieille école théâtrale et la nouvelle inaugurée par Pierre Corneille, produisit des auteurs dont les œuvres dramatiques se rapprochaient ou s'éloignaient plus ou moins des pièces de la troisième période. Dans les uns on trouvait encore le goût des premières époques, tandis que les autres s'élevaient à une certaine hauteur qui permettait d'entrevoir une nouvelle façon d'écrire pour le théâtre. Le public transformait peu à peu son goût, soit qu'il dirigeât les auteurs, soit qu'il se laissât diriger par eux. De temps à autre, pendant ces trente années, quelques tragédies, quelques comédies se produisirent sur la scène, comme des éclaircies de beau temps à travers un ciel encore nuageux.

Les auteurs qui remplissent cette période transitoire, aussi bien que leurs œuvres, sont curieux à observer.

Nicolas Chrétien, poëte normand, l'un de ceux qui se rapprochent de la façon primitive, donna plusieurs pastorales fort longues et deux tragédies d'un ridicule achevé. Ses personnages chrétiens parlent en païens, la fable et le christianisme sont confondus avec un sans-façon incroyable. Ainsi, dans *Alboin ou la Vengeance trahie*, représentée en 1608, la veuve d'Alboin, forcée d'épouser le meurtrier de son mari, empoisonne la coupe nuptiale et la présente au tyran qui, après avoir pris le breuvage, fait tout haut cette réflexion :

— Ce vin-là n'est pas bon. — C'est donc que votre goût volontiers est changé, reprend la reine. — Eh ! comme cela bout dans mon faible estomac, continue le roi. — Cela n'est pas étrange, ajoute la tendre veuve, c'est le mal qui sitôt pour votre bien se change. — Hélas ! c'est du poison ! — Que dites-vous, grands dieux ! — Je suis empoisonné ! — Vous êtes furieux, voyez-vous bien cela ? — Si tu ne bois le reste, je le crois. Mais la reine n'est pas si niaise et dit tranquillement : Je n'ai soif. — O dangereuse *peste* (il faut bien pardonner un langage peu élevé à un roi empoisonné), tu le boiras soudain. — J'ai bu vous l'apportant, et ma soif est éteinte. — Il faut boire pourtant, çà, çà, méchante louve, ouvre ta bouche infâme.

Malheureux est celui qui se fie à sa femme.

Ce dernier vers semble la morale de la pièce.

Un peu plus tard, et presque au moment où Corneille fit jouer sa première tragédie, RAISSIGNER, avocat languedocien, protégé du duc de Montmorency et amant malheureux, lança sur la scène plusieurs pastorales de mauvais goût et qui peignaient la douleur de son âme méconnue. Le style de ses œuvres est assez pur, mais hérissé de pointes et d'antithèses. Dans l'une de ses pièces, l'*Aminte du Tasse*, se trouvent les vers suivants qui soulevèrent contre l'auteur la colère de toutes les femmes...

    Le respect près des dames,
Ne soulage jamais les amoureuses flammes ;
Et qui veut en amour tant soit peu s'avancer,
Qu'il entreprenne tout, sans crainte d'offenser.

Dans une autre pastorale de Raissigner, les *Amours d'Astrée et de Céladon*, Céladon, dédaigné par Astrée, se jette de désespoir dans le Lignon ;

Mais le Dieu du Lignon, pour lui trop pitoyable,
Contre sa volonté le jette sur le sable,
De peur que la grandeur du *feu de son amour*
Ne changeât en guérets son humide séjour.

Voilà certes une pensée d'une audace peu commune; on en retrouve d'autres du même genre dans les pastorales de cet auteur dramatique. Comme on lui faisait observer que cette pièce des *Amours d'Astrée* était un peu longue, il expliqua dans la préface qu'on devait lui savoir gré d'avoir restreint en deux mille vers une histoire pour laquelle il avait fallu cinq gros volumes.

BRINON (Pierre), conseiller au Parlement de Normandie, auteur vivant à la même époque que les deux précédents, montra plus de goût.

Il donna au théâtre deux pièces seulement; mais dans l'une et dans l'autre on trouve de beaux vers, des pensées justes et élevées, comme celle-ci de *Baptiste ou la Calomnie*, tragédie traduite du latin et représentée en 1613 :

> Par moi le peuple obéirait aux rois,
> Les rois à Dieu, si je faisais les lois.

Dans l'autre de ses pièces, *l'Éphésienne*, tragi-comédie avec chœurs, jouée l'année suivante, on lit ces vers, dignes de l'école qui tendait à se fonder :

> Voilà de mes labeurs la belle récompense !
> Et puis, suivez la cour, faites service aux grands,
> Donnez à leur plaisir votre force et vos ans,
> Embrassez leurs desseins avec un zèle extrême,
> Méprisez vos amis, méprisez-vous vous-même ;
> Courez mille hasards pour leur ambition,
> A la première humeur, la moindre impression
> Qu'ils prendront contre vous, vous voilà hors de grâce,
> Et cela seulement tous vos bienfaits efface.
> Bienheureux celui-là qui, loin du bruit des gens,
> Sans connaître au besoin, ni palais, ni sergents,
> Ni princes, ni seigneurs, d'une tranquille vie,
> Le bien de ses parents ménage sans envie.

De loin en loin on faisait encore représenter, et surtout par les écoliers, des espèces de tragi-comédies avec chœurs dans le goût des anciennes *Moralités*. Ainsi en 1606 et même en 1624, Nicolas Soret fit jouer en province, à Reims, *le Martyre sanglant de sainte Cécile*, et *l'élection divine de saint Nicolas à l'archevêché de Myre*. C'était une réminiscence de l'art primitif, comme le dernier et pâle reflet d'un feu qui s'éteint pour faire place à une lumière plus vive.

Quelque temps aussi, les pièces qui n'étaient pas des tragédies portèrent le nom de pastorales, et jusqu'au milieu du dix-septième siècle, beaucoup de vieux habitués du théâtre ne purent se faire à les appeler autrement ; cependant ces pastorales étaient souvent de véritables comédies, et en reçurent enfin le titre. Pendant plus d'un siècle, on les tira presque toutes de *l'Astrée,* roman célèbre et fort long de DURFÉ(1) et de BARO. Durfé en fit les quatre premières parties et mourut, Baro son secrétaire le termina.

Un des auteurs du dix-septième siècle qui composa le plus de *pastorales* d'après le roman de Durfé, est sans contredit ce Balthasar Baro, qui avait du reste le droit d'en agir ainsi, puisqu'il avait contribué à l'achèvement de cette œuvre volumineuse, œuvre qui trouva, à cette époque, tant d'admirateurs (2). Parmi les nombreuses pastorales, toutes assez mé-

---

(1) Durfé, né à Marseille en 1567, mourut en 1625.
(2) Dans une pastorale de Baro, *Clorise,* qu'il ne faut pas confondre avec sa *Cloreste,* il met en scène le berger Philidor et la bergère Eliante. Philidor ôte le mouchoir d'Éliante en lui disant :
Si de ce que j'ai dit, ta rigueur trop connue,
Cherche la vérité, la voilà toute nue.
Éliante répond :
— Que fais-tu, Philidor ?
— C'est que je veux au moins
Te convaincre d'erreur avec deux beaux témoins.
— Causeur, rends ce mouchoir, ou de tant de malices
Je saurai châtier l'auteur et les complices.
— Pourquoi les caches-tu ?
— Parce que j'ai raison,
Puisqu'ils sont faux témoins, de les mettre en prison.
—..... Ta pensée est aimable et gentille,
Il me semble les voir à travers une grille.

diocres, de Baro, mort en 1650, académicien et trésorier de France à Montpellier, s'en trouve une, *Cloreste ou les Comédiens rivaux*, qui ne vaut certainement pas mieux que les autres, mais à laquelle se rattache une plaisante anecdote :

A l'époque de la plus grande vogue de cette pièce, vivait un cadet de famille, *Cyrano*, né à Bergerac, auteur à qui son esprit et son bouillant caractère, plus encore que ses compositions dramatiques, acquirent bientôt une certaine célébrité. Entré au régiment des gardes étant encore fort jeune, il ne tarda pas à devenir la terreur des duellistes de son temps. Il n'y avait pas de jour qu'il ne se battît plus souvent pour les autres que pour son propre compte. Voyant un beau soir une centaine d'individus attroupés près de la porte de Nesle et insultant une personne de sa connaissance, il mit l'épée à la main, en blessa sept, en tua deux et délivra son protégé. Ayant reçu deux blessures au siége de Mouzon et à celui d'Arras, il quitta le service et se fit auteur. Il voyait habituellement l'acteur Montfleury, et s'étant pris un matin de querelle avec lui, il lui défendit très-sérieusement, de son autorité privée, de paraître au théâtre. — Je t'interdis pour un mois, lui dit-il. Deux jours plus tard, Cyrano étant à la comédie, voit paraître Montfleury en scène dans la pièce de *Cloreste*. Il se lève du milieu du parterre et lui crie de se retirer ou qu'il va lui couper les oreilles. Montfleury obéit et se retire. — Ce coquin-là est si gros, disait plaisamment Cyrano, qu'il abuse de ce qu'on ne peut le bâtonner tout entier en un jour.

Pierre du Ryer, d'une famille noble, reçu à l'Académie en 1646, se fit, pendant la première partie du dix-septième siècle, un nom assez célèbre au théâtre. Il produisit beaucoup, et ses œuvres dramatiques, bien qu'entachées de grands défauts, ne manquent pas de valeur. On a de lui plus de vingt tragédies, dans quelques-unes desquelles on a trouvé de jolis vers et de belles pensées.

Par exemple, à la première scène du premier acte de *Cléomédon*, ceux-ci :

> Et comme un jeune cœur est bientôt enflammé,
> Il me vit, il m'aima ; je le vis, je l'aimai.

Puis ceux-ci du combat de l'honneur et de l'amour :

> Pour obtenir un bien si grand, si précieux,
> J'ai fait la guerre aux rois, je l'eusse faite aux dieux.

On prétend que le prince de Condé, interrogé par un de ses amis sur ce qui l'avait porté à combattre Louis XIV pendant la minorité de ce prince, répondit par ces deux vers de Du Ryer, faisant allusion à Mme de Châtillon dont il avait été amoureux fou, et qui avait exigé de lui de se jeter dans le parti contraire à celui de la cour.

Dans l'*Esther* de ce même Du Ryer, il y a encore ces beaux vers :

> Car enfin quelle flamme et quels malheurs éclatent
> Quand deux religions dans un État combattent !

Quel sang épargne-t-on, ignoble ou glorieux,
Quand on croit le verser pour la gloire des dieux ?
Alors tout est permis, tout semble légitime ;
Du nom de piété l'on couronne le crime ;
Et, comme on pense faire un sacrifice aux dieux,
Qui verse plus de sang paraît le plus pieux.

A côté de ces preuves de bon goût, on trouve chez Du Ryer de fâcheuses tendances à sacrifier aux exigences de l'époque ; ainsi il donna au théâtre *une Lucrèce*, tragédie dans laquelle on voit un Sextus, le poignard à la main, demandant à la jeune Romaine de lui sacrifier son honneur. Lucrèce se défend, gagne la coulisse, on entend ses cris, elle reparaît en désordre et apprend elle-même aux spectateurs qu'elle vient *d'être violée*. Cette scène est un reste de la crudité, de la barbarie des premiers temps du théâtre.

On jouait vers la même époque (en 1613) une pièce intitulée : *Dialogue en rhythme française et savoisienne*, en quatre actes, en vers de huit syllabes, etc., qui contient bien d'autres licences de pensées et d'expression ! Voici le dialogue entre une servante et un valet, son amant. Ils sont brouillés, la servante dit au valet : « Va-t-en un po grater le cu. Le valet répond avec galanterie ! Madame pour gratter le vôtre, je quitterais bientôt le nôtre. La belle, loin d'être désarmée, répond par une expression encore plus décolletée et que nous n'osons reproduire.

Un peu plus tard, en 1628, on représentait à Béziers une pièce à six personnages, *Les Aventures de Gazette,* en vers gascons, dans laquelle une vieille femme, pour prouver combien sa fille aime le travail, s'écrie : Que per non perdre tems, ben souven on s'aviso qu'elle pissa en marchan san leva le camiso.

Du Ryer était un fort honnête homme, qui devint, vers la fin de sa vie, historiographe de France. Sa fortune ayant été dérangée par un mariage peu avantageux, il s'était mis à faire d'abord des traductions, puis bientôt après des pièces dramatiques, pour aider sa famille. On prétend que son libraire lui donnait un petit écu par feuille de traduction, quatre livres par cent *grands* vers et quarante sous par cent *petits* vers. On comprend qu'à ce taux, il fallait que le pauvre poëte abattît beaucoup de lignes et de vers, aussi ses œuvres sont-elles plus volumineuses que soignées.

III

FARCES ET TURLUPINADES.

DE 1583 A 1634.

Cynisme d'expressions au théâtre avant la venue du grand Corneille. — La *Sylvie*, de MAIRET, en 1627. — *Le Duc d'Ossonne* et *Silvanire*, du même. — Qualités et défauts de Mairet. — Les *Bergeries*, de RACAN, en 1616. Les tragédies sacrées de NANCEL, en 1606. — SCUDÉRY, en 1625. — Sa tragi-comédie de *Ligdamon et Lidias*. — Singulière préface. — TROTEREL. — CLAUDE BILLARD. — Sa tragédie d'*Henri IV*. — MAINFRAY. — Sa tragédie d'*Aman*. — Borée. — La *Guisade*, de Pierre *Mathieu*, — BOISSIN DE GATTERDON. — DESPANNEY et son *Adaminte*, 1600. — THULLIN et *Les Amours de la Guimbarde*, 1629. — Les *Farces* remplacées par les *Turlupinades*, en 1583. — GROS-GUILLAUME, GAUTHIER-GARGUILLE et TURLUPIN. — Leur théâtre des Fossés-de-l'Estrapade. — Histoire de ce trio. — Vogue qu'il obtient. — Plaintes des acteurs de l'Hôtel de Bourgogne. — Le cardinal de Richelieu les fait venir. — Ils jouent devant lui une *Turlupinade*. — Le cardinal les incorpore dans la troupe de l'Hôtel de Bourgogne. — Mort de Gros-Guillaume. — Désespoir des deux autres amis; leur mort. — Fin des turlupinades, en 1634. — Récit d'une *Farce* sous Charles IX. — Titre singulier d'une autre farce, en 1558.

Jusqu'à ce que le grand Corneille fût venu apporter un changement total, opérer une véritable révolution dans l'art dramatique et poser les bases du goût et de la convenance, les auteurs donnaient accès dans leurs pièces à des vers d'une crudité d'expression, d'un cynisme de situation que le spectateur admettait sans y trouver rien à redire.

Nous avons déjà parlé de la scène où Lucrèce, les vêtements en désordre, vient faire part de son déshonneur, des vers savoisiens et gascons de deux autres pièces.

Dans la *Sylvie* de Mairet, représentée en 1627, la bergère Sylvie saute au coû de son amant, en s'écriant : Cher prince, vous voyez mon âme toute nue; et le prince lui répond avec la plus exquise galanterie en l'embrassant : Ah ! j'aimerais mieux te voir le *corps tout nu*. On n'est pas plus naïf et plus sans façon. Cela vaut les deux vers de Lucelle à son amant Ascagne dans la tragi-comédie de ce nom de Duhamel :

> Ascagne, approchez-vous, mettez-vous dans les draps,
> Le serein n'est pas bon pour un homme en chemise.

Dans le *Duc d'Ossone* de Mairet, joué en 1627, le duc couche avec sa maîtresse en plein théâtre ; et cependant cela ne fit nullement scandale, les plus honnêtes femmes allaient voir cette comédie.

Le même auteur dans sa *Silvanire*, jouée en 1625, nous offre un exemple frappant du jargon sentimental que le spectateur non-seulement souffrait mais préférait à tout autre, depuis l'apparition des longs et sots romans d'amour.

Silvanire exposant la lutte de son amour et de son devoir, s'écrie :

Ah! si comme le front, ce cœur était visible,
Ce cœur qu'injustement tu nommes insensible,
Voyant en mes froideurs et mes soupirs ardents,
La Scythie en dehors, et l'Afrique en dedans,
Tu dirais que l'honneur et l'amour l'ont placée
Sous la zone torride et la zone glacée.

Et qu'on ne s'y trompe pas, Mairet non-seulement n'était pas le seul qui usât aussi largement et d'une façon aussi ridicule du galimatias sentimental, mais encore c'était un poëte d'un certain mérite.

Le théâtre de cette époque lui doit une douzaine de tragédies ou de tragi-comédies dont plusieurs ont de la valeur. Bien qu'il se soit cru obligé de sacrifier à quelques usages de son siècle, il sut aussi en réformer plusieurs. Il y a de ses ouvrages dramatiques qui sont dans toute la rigueur des règles. De belles pensées, des vers quelquefois heureux, en recommandent d'autres à la bienveillance. Mairet, s'il eût vécu à une autre époque, eût pu atteindre à une sorte d'élévation. Toutefois il eût mieux peint les passions terribles, telles que la vengeance, la fureur, que la tendresse et l'amour. Lorsqu'il se jette dans le sentiment, il tombe dans le lascif ou dans le pédantesque (1). L'amant appellera sa maîtresse son *soleil*,

---

(1) Voici un exemple frappant de ce que nous avançons : dans sa pastorale de *Silvie*, le berger dit à la bergère :

O Dieu! soyez témoin que je souffre un martyre
Qui fait fendre le tronc de ce chêne endurci?

Silvie lui répond :

Il faut croire plutôt qu'il s'éclate de rire,
Oyant les sots discours que tu me fais ici.

et elle, soutiendra qu'elle est sa *lune* parce qu'elle tire de lui tout son éclat ; puis tous les deux, sur la scène, se livreront aux ébats de leur mutuelle affection. Mais il est un point pour lequel Mairet fait école, c'est l'habileté de la mise en scène, et l'effet calculé de situations neuves et pleines d'intérêt. Son esprit était inventif, et quoique ses pièces ne soient pas restées longtemps au théâtre et ne lui aient guère survécu, son nom ne saurait être passé sous silence.

Avant lui, bien qu'il n'ait composé qu'une longue pastorale avec prologue, *les Bergères*, RACAN acquit une véritable célébrité, tant cette pastorale eut de succès et de retentissement. Ce fut en 1616 qu'on donna cette pièce pour la première fois ; elle conquit la plus prodigieuse admiration du public, et cependant le style et les pensées brillent par leur naïveté plutôt que par tout autre mérite : qu'on en juge. Sa bergère, racontant les premières impressions de l'amour, s'écrie :

> Je n'avais pas douze ans, quand la première flamme
> Des beaux yeux d'Alidor s'alluma dans mon âme ;
> Mais ignorant le feu qui depuis me brûla,
> Je ne pouvais juger d'où me venait cela.
> Soit que, dans la prairie, il vît ses brebis paître ;
> Soit que sa bonne grâce au bal le fit paraître,
> Je le suivais partout de l'esprit et des yeux.
> . . . .
> Il m'appelait ma sœur, je l'appelais mon frère,
> Nous mangions même pain au logis de mon père.
> Cependant qu'il y fût, nous vécûmes ainsi.
> Tout ce que je voulais, il le voulait aussi.
> Il m'ouvrait ses pensers jusqu'au fond de son âme ;
> De baisers innocents il nourrissait ma flamme ;

Mais dans ces privautés dont l'Amour nous masquait,
Je me doutais toujours de celle qui manquait.

En 1606 PIERRE NANCEL avait fait jouer dans la même année trois tragédies, *Débora*, *Dina* et *Josué*, tirées toutes les trois de l'Histoire sainte. Cette réminiscence des anciens mystères a ceci de remarquable que ce sont les premières pièces où l'on voit, en France, des combats, des batailles livrées sur la scène. Après la révolution de 1789, sous le premier Empire et surtout depuis, ce genre dramatique que l'on appelle à *grand spectacle* a pris un accroissement considérable; mais alors c'était une innovation, que du reste aucun auteur ne voulut imiter.

Un auteur dramatique dont la grande fécondité n'était pas le seul mérite, quoi qu'en dise le satirique Boileau, commença vers l'année 1625 à donner des ouvrages au théâtre. Nous voulons parler de SCUDÉRY, qui composa et fit jouer plus de trente pièces presque toutes assez longues. Né en 1601 au Havre, dont son père était gouverneur, Scudéry, d'une famille noble originaire de Naples, voyagea longtemps, puis entra au régiment des gardes, obtint le gouvernement de Notre-Dame à Marseille et mourut académicien. Ayant une imagination vive, ardente, élevée mais trop féconde, il se livrait aveuglément à sa facilité d'écrire. Aussi ses œuvres sont-elles entachées de nombreux défauts que rachètent quelques qualités, telles que de l'esprit, des tours pleins de hardiesse, des situations heureuses, variées à l'infini, intéressantes. Son style est décent et ses personnages sont toujours convenables, ce qui était bien rare à cette époque, comme nous l'avons fait remarquer déjà. Scudéry ayant beaucoup voyagé, avait la mémoire ornée d'une foule d'aventures romanesques, d'histoires singulières, de traits bizarres, d'idées amusantes, de telles sortes que les intrigues étaient pour lui tout ce qu'il y avait de plus facile à nouer et à dénouer. Au commencement du dix-septième siècle, ce n'était pas là un défaut, au contraire, aussi a-t-il eu parmi ses contemporains de nombreux admirateurs.

La première pièce donnée par Scudéry, *Ligdamon et Lidias* (1629), tragi-comédie tirée, comme bien d'autres, de l'éternel roman *d'Astrée*, a une préface trop singulière pour que nous n'en parlions pas. L'auteur se donne pour un homme *au poil et à la plume* et dit : « J'ai passé plus d'années parmi les armes que d'heures dans mon cabinet, et beaucoup plus usé de mèches en arquebuse qu'en chandelle, de sorte que je sais mieux ranger les soldats que les paroles, et mieux quarrer les bataillons que les périodes. »

Il faut avouer qu'il eût bien mérité que le public le renvoyât à ses mèches d'arquebuse et à ses bataillons, surtout lorsque Sylvie la bergère, refusant le don du cœur qu'on lui offre, répond, en vraie gourgandine :

> Qu'il garde ce beau don, pour moi je le renvoie :
> Je ne veux point passer pour un oiseau de proie.
> Qui se nourrit de cœurs, et ce n'est mon dessein
> De ressembler un monstre ayant deux *cœurs au sein.*

On en conviendra, Sylvie la bergère a un langage de soldat aux gardes. Il est vrai de dire que l'amoureux Ligdamon s'y prend d'une façon singulière pour se faire adorer, voilà sa déclaration à la bergère :

> Lorsque le temps vengeur, qui vole diligent,
> Changera ton poil d'or en des filons d'argent,
> Que l'humide et le chaud manquant à ta poitrine,
> Accroupie au foyer t'arrêteront chagrine ;
> Que ton front plus ridé que Neptune en courroux,
> Que tes yeux enfoncés n'auront plus rien de doux,
> Et que, si dedans eux quelque splendeur éclate,
> Elle prendra son être en leur bord d'écarlate ;
> Que tes lèvres d'ébène et tes dents de charbon,
> N'auront plus rien de beau, ne sentiront plus bon ;
> Que ta taille si droite et si bien ajustée,
> Se verra comme un temple en arcade voûtée ;
> Que tes jambes seront grêles comme roseau ;
> Que tes bras deviendront ainsi que des fuseaux ;
> Que dents, teint et cheveux restant sur la toilette,
> Tu ne mettras au lit qu'un décharné squelette ;
> Alors, certes, alors, plus laide qu'un démon,
> Il te ressouviendra du pauvre Ligdamon.

Parmi les auteurs dramatiques de la même époque, nous citerons : TROTEREL, qui fit quelques pastorales et deux tragédies dont le succès dura peu de temps ; CLAUDE BILLARD, sieur de Courgenay, d'abord page de la duchesse de Retz, qui écrivit ensuite pour le théâtre et laissa les médiocres tragédies de *Gaston de Foix*, de *Méroué*, de *Polixène*, de *Panthée*, de *Saül d'Alban*, de *Genèvre* et de *Henri IV*. Dans cette dernière composition, le dauphin, suivi des seigneurs de la cour, se révolte de ce qu'on le trouve trop jeune pour accompagner le roi son père. Ses amis l'approuvent et le chœur des courtisans reprend :

> Je ne puis mettre dans ma tête,
> Ce malheureux latin étranger
> Qui met mes *fesses* en danger.

MAINFRAY, auteur d'*Hercule*, d'*Astiage*, de *Cyrus triomphant*, de la *Rhodienne*, tragédie, et de la *Chasse royale*, comédie en quatre actes et en vers, jouée en 1625 et contenant, dit le titre, *la subtilité dont usa une chasseresse envers un satyre qui la poursuivait d'amour.*

Dans une de ses tragédies, intitulée *la Perfidie d'Aman mignon et favori d'Assuérus*, on trouve le singulier dialogue suivant.

Aman se plaint ainsi de Mardochée qui refuse de lui rendre hommage :

> Un certain Mardochée en tous lieux me courrouce.
> Il se moque de moi et bien loin me repousse
> Comme homme de néant Je lui ferai sentir,
> En dedans peu de jours, un triste repentir.
> Le gibet est tout prêt; il faut qu'il y demeure,
> Et qu'il y soit pendu avant qu'il y soit une heure.

Mardochée arrive, et Aman lui dit :

> Ah! te voici, coquin! qui te fait si hardi
> D'entrer en cette place? Es-tu pas étourdi?

MARDOCHÉE.

> Que veut dire aujourd'hui cet homme épouvantable?
> Qui croit m'épouvanter de sa voix effroyable?

As-tu bu trop d'un coup? Tu es bien furieux !
Nul homme n'ose-t-il se montrer à tes yeux?

AMAN.

Oui, mais ne sais-tu pas ce que le roi commande,
Que le peuple m'adore, autrement qu'on le pende?
Et encore oses-tu te montrer devant moi?
Je t'apprendrai bientôt à mépriser le roi.

MARDOCHÉE.

O le grand personnage ! Adorer un tel homme !
J'adorerais plutôt la plus petite pomme,
Et ne fait-il pas beau qu'un petit raboteur,
Qu'un homme roturier reçoive un tel honneur?
Tu devrais te cacher, etc.

BORÉE composa *Clorise*, *Achille*, *Bevalde*, *la Justice d'amour*, *Rhodes subjuguée*, *Tomyris*, tragédies aussi ennuyeuses que longues, se rapprochant des temps barbares du théâtre, mais dans lesquelles on trouve cependant quelques scènes bien dialoguées.

PIERRE MATHIEU, historiographe de France, donna *la Guisarde, ou le triomphe de la Ligue*, tragédie dans laquelle on lit ces vers :

Je redoute mon Dieu, c'est lui seul que je crains ;
On n'est point délaissé quand on a Dieu pour père.
Il ouvre à tous la main, il nourrit les corbeaux,
Il donne la pâture aux jeunes passereaux, etc.

Évidemment c'est cette pensée que Racine reproduit dans un langage plus élevé et plus noble au commencement d'*Athalie*.

Nous terminerons cette étude sur les auteurs dramatiques des première années du dix-septième siècle, par un mot sur BOISSIN DE GATTARDON, qui composa d'abord des pièces saintes, telles que le *Martyre de sainte Catherine, de saint Eustache et de saint Vincent*, et fit ensuite les pièces profanes de *Andromède, Méléagre* et les *Urnes vivantes, ou les Amours de Pholimor et de Polibelle*.

Ce poëte est un des plus barbares qui ait jamais existé. On ne comprend pas même aujourd'hui qu'il se soit trouvé dans aucun temps, un public pour accepter et laisser représenter des monstruosités semblables. Les héros de la fable, dans ses tragédies ou ce qu'il décore de ce nom, *citent* Démosthène, Cicéron, Pline. Les martyres des saints sont des rapsodies dégoûtantes, et n'ont pas même le plaisant de la farce.

Nous n'avons cité que les principaux auteurs du commencement du dix-septième siècle. Le nombre en est beaucoup plus considérable. Quelques-unes des pièces de ceux dont nous n'avons pas prononcé le nom, méritent encore par leur bizarrerie, d'être mentionnées dans cette étude anecdotique.

En 1600, Despanney fit jouer une tragi-comédie intitulée *Adamantine, ou le Désespoir*, dans laquelle se trouve la scène suivante qui parut aux spectateurs de cette époque, la chose du monde la plus simple et la plus morale.

Un chevalier français, épris d'une princesse étrangère, se jette à ses pieds et parvient à l'émouvoir. Elle lui dit :

— Qui peut à vos douleurs donner de l'allégeance?
— Je n'en puis espérer que par la jouissance.
— Vous voulez, je le crois, de l'honneur abuser?
— Non, mais bien, s'il vous plaît, ce soir vous épouser.

Alors la confidente de la princesse intervient et les faits s'embrasser, puis elle leur dit :

> C'est assez, mes amis; sans plus de cavillage,
> Donnez-vous, comme époux, la foi du mariage.
> Vous êtes mariés ; ne reste que la nuit
> Pour éteindre vos feux.

Voilà certes une façon commode et des plus lestes de s'unir par les liens du mariage, c'est encore plus expéditif que d'avoir recours au fameux forgeron anglais. Au moyen de quatre vers et d'un jeu de mots, la confidente tranche toute difficulté.

THULIN, en 1629, fit représenter une pièce en un acte sous ce singulier titre : *les Amours de la Guimbarde, toute en chanson et en vers gascons.* C'est à Béziers que se donna cette œuvre bizarre, l'une des treize comédies insérées dans un livre fort rare aujourd'hui et intitulé : *l'Antiquité du Triomphe de Béziers un jour de l'Ascension.* Voici, du reste, quelle fut l'origine de ce livre et de ces pièces. La ville de Béziers, assiégée il y a plusieurs siècles, avait été délivrée le jour de l'Ascension. En souvenir de cet heureux événement et pour en conserver la mémoire, on avait institué une fête anniversaire. Ce jour-là, les habitants des environs se rendaient à la procession, et des drames étaient représentés en l'honneur d'un certain capitaine Pépesuc, dont la statue de pierre existait alors dans la ville, et auquel on attribuait en partie la délivrance de Béziers.

Dans *Bisatic*, tragédie de MAGARIT PAGEAU, jouée en 1600, la fille du roi des Massiliens, éprise de Crassus et désolée de ne pas l'avoir suivi à Rome, s'écrie :

> Je te pouvais aider de petite servante,
> Sous ton commandement volontiers fléchissante,
> Ou bien pour tes rabats blanchement affiner,
> Ou bien, en reposant, ton lit encourtiner.

Les autres comédies ou pastorales dont nous pourrions parler, sont en général tellement ennuyeuses ou tellement décolletées par le fond et par la forme, que nous croyons devoir borner là nos citations, d'autant que nous en avons dit assez pour faire comprendre quel était le goût des premières époques dramatiques et les tendances vers la nouvelle. Nous allons voir bientôt le théâtre et le public modifier complétement leur façon d'être, sous la salutaire influence de quelques grands auteurs; mais avant, qu'on nous permette un mot d'adieu aux vieilles *Farces* qui réjouissaient tant nos pères.

Nous avons salué, dans une de nos études précédentes, l'avènement sur la scène des petites pièces qui remplaçaient ce qui était le vaudeville de la première période théâtrale. Trois honnêtes Parisiens, GAUTHIER-GARGUILLE, GROS-GUILLAUME et TURLUPIN, acquirent, vers la fin du seizième siècle et dans les trente premières années du dix-septième, une réputation telle, dans la parodie et la *farce*, que leurs pièces prirent insensiblement le nom de l'un d'eux et furent appelées *Turlupinades*. Les trois quarts du temps ces turlupinades n'étaient que de mauvais jeux de mots, des pointes et des équivoques accommodées au gros sel ; mais elles avaient le don de faire courir tout Paris. Du reste, cela n'est pas bien étonnant, puisque aujourd'hui, en France, il n'y a pas de tréteaux de saltimbanques devant lesquels les paillasses et les jocrisses, turlupins modernes, n'attirent, dans les foires, un nombreux public.

La trinité Garguille, Guillaume et Turlupin ne descendait pas de la cuisse de Jupiter, ils étaient tout simplement garçons boulangers au faubourg Saint-Laurent, à Paris, en l'an de grâce 1583, lorsque l'idée leur vint qu'ils avaient des talents transcendants comme acteurs. Une irrésistible passion les poussant vers les planches, ils abandonnèrent le pétrin pour les tréteaux. Ils se mirent à composer des pièces ou fragments de pièces d'un comique à eux. Le public (peuple et bourgeois de Paris) accueillit par un gros rire ces grosses facéties, et bientôt, leur réputation s'étant étendue, ce fut à qui, dans la ville, se précipiterait aux *turlupinades* des trois amis. Ils prirent des costumes en rapport avec leur caractère et leur physique.

Gauthier-Garguille, selon le sujet de leurs farces, représentait soit le maître d'école, soit un savant, débitant d'un air bien bête les chansons composées par lui.

Gros-Guillaume, d'une corpulence telle qu'il était toujours garotté par deux ceintures, ce qui le faisait ressembler à un tonneau cerclé ; Gros-Guillaume, disons-nous, avait adopté les rôles de l'homme sentencieux. Il ne portait point de masque, comme c'était encore 'usage à cette époque, mais il se couvrait la figure de farine si adroitement ménagée, qu'en remuant un peu les lèvres il blanchissait tout à coup ceux auxquels il parlait. Par une bizarrerie singulière, ce malheureux était affecté d'une cruelle infirmité, et cette infirmité contribuait souvent à son succès. Il avait la pierre; il entrait quelquefois en scène, souffrant le martyre et son visage accusant la douleur; sa contenance triste, ses yeux baignés de larmes contrastant avec ses rôles plaisants et ses lazzis, réjouissaient outre mesure les nombreux spectateurs dont pas un ne soupçonnait la vérité. Il vécut jusqu'à quatre-vingts ans, malgré cette infernale maladie, et sa mort, dont nous parlerons plus loin, eut une cause à peu près accidentelle.

Turlupin, tantôt valet, tantôt intrigant et filou, jouait avec feu comme on eût dit de nos jours; en argot de théâtre, il brûlait la planche. Il lançait à tout instant des pointes et des bons mots; bref, c'était le paillasse de la troupe, et l'on sait que pour être un amusant paillasse, il faut avoir non-seulement de l'entrain, mais de l'esprit.

Ces trois hommes louèrent un petit jeu de paume à la porte Saint-Jacques, à l'entrée de ce qui était alors le fossé de l'Estrapade. Ils se firent un théâtre portatif dans le genre, mais sur une plus grande échelle, de celui du fameux Guignol de nos jours, ils y adaptèrent des toiles de bateaux peintes en guise de décorations; puis, deux fois dans les vingt-quatre heures, dans l'après-midi et le soir, ils jouaient, moyennant une redevance de 12 deniers par spectateurs.

La vogue devint telle à leur théâtre, que les acteurs de l'hôtel de Bourgogne en conçurent de la jalousie, puis finirent par se plaindre au cardinal de Richelieu, prétendant que ces trois bateleurs, comme ils les appelaient, allaient sur leurs brisées et leur causaient un véritable préjudice.

Richelieu, qui aimait beaucoup le théâtre et que dévorait la manie d'être lui-même auteur dramatique, fut bien aise d'avoir un prétexte pour assister à une *turlupinade*. Il déclara qu'il voulait juger du différend en connaissance de cause, et fit venir les trois amis au Palais-Royal, alors Palais-Cardinal. On leur donna l'ordre de jouer dans une alcôve. Ils imaginèrent une scène comique dans laquelle Gros-Guillaume, en femme, cherche à apaiser la colère de Turlupin, son mari. Ce dernier, le sabre à la main, va couper la tête à sa malheureuse moitié, lorsqu'elle s'avise de l'adjurer par la soupe aux choux qu'elle lui a fait manger la veille. A ce souvenir, le sabre tombe des mains du mari offensé, qui s'écrie : « Ah ! la carogne, elle m'a pris par mon faible, la graisse m'en fige encore sur le cœur. » Cette scène, qui dura une heure, et dans laquelle les deux pauvres diables se surpassèrent, amusa tellement Richelieu, le fit rire à tel point, qu'il prit leur parti contre les acteurs de l'hôtel de Bourgogne et qu'il ordonna à ces derniers de s'associer les trois amis, disant qu'on sortait toujours triste de leur théâtre et qu'avec le secours de ces braves gens il n'en serait plus de même.

Voici une autre des principales *turlupinades* de cette époque. Gauthier-Garguille déblatère contre les servantes ; il est obligé, dit-il, d'en changer tous les huit jours. Il termine la nomenclature de leurs défauts par le chapitre de la malpropreté et prétend qu'il a trouvé les siennes se peignant au-dessus de la marmite. Turlupin répond qu'il n'est pas étonnant alors qu'il y ait toujours des cheveux dans sa soupe, puis il ajoute qu'il en a une à lui donner qui est un vrai phénix, car elle ne se peigne jamais qu'à la cave.

Ces deux citations peuvent faire comprendre que les *Turlupinades* avaient bien de l'analogie avec les scènes de paillasse dont les masses populaires sont encore avides pendant les fêtes et dans les foires.

Le facétieux trio de boulangers devenus artistes, entra donc, par ordre de Son Éminence le Grand Cardinal, au théâtre de l'hôtel de Bourgogne ; mais ce fut là sa perte. Un beau jour, Gros-Guillaume eut la hardiesse de contrefaire un magistrat affligé d'un tic très-désagréable. Il eut l'adresse, ou si l'on veut, la maladresse de le si bien contrefaire, qu'il était impossible de s'y méprendre. Personne ne s'y méprit, en effet, le public rit beaucoup ; mais les magistrats ne trouvèrent pas la chose plaisante, et le pauvre artiste fut décrété de prise de corps ainsi que ses deux compagnons en *Turlupinades*. Cette arrestation tourna au tragique, Garguille et Turlupin s'évadèrent ; mais Gros-Guillaume fut arrêté, mis au cachot. Il eut un tel saisissement qu'il en mourut. La douleur que ressentirent les deux autres membres de l'inséparable trio fut si grande, lorsqu'ils apprirent la mort de leur ami, que, dans la même semaine, l'un et l'autre descendirent au tombeau. Ils n'avaient pas fait d'élèves. Avec eux s'éteignirent, en 1634, les *Turlupinades* du vrai Turlupin; mais le nom subsista et les farces ne sont pas prêtes à disparaître en France. Pour un Gros-Guillaume, un Garguille, un Turlupin du dix-septième siècle, il y a, au dix-neuvième, des milliers de paillasses qui n'ont cessé de continuer leur genre sur tous les théâtres ambulants du monde.

Terminons cet exposé de ce qu'on appelait la *Farce* dans les premières périodes théâtrales, par le récit suivant de l'une d'elles, récit emprunté à un auteur qui vivait au temps de Charles IX :

« En l'an 1550, au mois d'août, un avocat tomba
« en telle mélancolie et aliénation d'entendement,
« qu'il disait et croyait être mort. A cause de quoi
« il ne voulut plus parler, rire, ni manger, ni même
« cheminer, mais se tenait couché. Enfin il devint si
« débile, qu'on attendait d'heure à heure qu'il dût
« expirer; lorsque voici arriver un neveu de la femme
« du malade, qui, après avoir tâché de persuader
« son oncle de manger, ne l'ayant pu faire, se déli-
« béra d'y apporter quelque artifice pour sa guérison.
« Par quoi il se fit envelopper, en une autre cham-
« bre, d'un linceul à la façon qu'on agence ceux qui
« sont décédés, pour les inhumer, sauf qu'il avait le
« visage découvert, et se fit porter sur la table de la
« chambre où était son oncle, et se fit mettre quatre

« cierges allumés autour de lui. Somme, la chose fut
« si bien exécutée, qu'il n'y eut personne qui eût pu
« se contenir de rire : même la femme du malade,
« combien qu'elle fût fort affligée, ne s'en put tenir,
« ni le jeune homme inventeur de cette affaire ; aper-
« cevant aucuns de ceux qui étaient autour de lui,
« faire laides grimaces, se prit à rire. Le patient,
« pour qui tout cela se faisait, demanda à sa femme
« qui c'était qui était sur la table, laquelle répondit
« que c'était le corps de son neveu décédé ; mais,
« répliqua le malade, comment serait-il mort, vu
« qu'il vient de rire à gorge déployée ? La femme ré-
« pond que les morts riaient. Le malade en veut faire
« l'expérience sur soi, et, pour ce, se fait donner un
« miroir, puis s'efforça de rire, et connaissant qu'il
« riait, se persuada que les morts avaient cette fa-
« culté, qui fut le commencement de sa guérison.
« Cependant le jeune homme, après avoir demeuré
« environ trois heures sur cette table étendu, de-
« manda à manger quelque chose de bon. On lui pré-
« senta un chapon qu'il dévora avec une pinte de
« bon vin ; ce qui fut remarqué du malade, qui de-
« manda si les morts mangeaient. On l'assura que
« oui ; alors il demanda de la viande qu'on lui ap-
« porta, dont il mangea de bon appétit. Et somme,
« il continua à faire toutes actions d'homme de bon
« jugement, et peu à peu cette cogitation mélancoli-
« que lui passa. Cette histoire fut réduite en *Farce*
« imprimée, laquelle fut jouée un soir devant le
« roi Charles IX, moi y étant. »

Voici le singulier titre d'une farce représentée en 1558 : les *Femmes Salées,* en un acte, en vers, à cinq personnages, par un anonyme, jouée par les Enfants Sans Souci, imprimée en caractères gothiques, ou *discours facétieux des hommes qui font saler leurs femmes à cause qu'elles sont trop douces.*

IV

COMÉDIE-FRANÇAISE.

DE 1600 A 1789.

Le théâtre de l'Hôtel de Bourgogne et celui du Marais, en 1600. — Les deux théâtres du Palais-Cardinal. — Celui du jeu de paume de la rue Michel-le-Comte (1633). — *Mélite*, première comédie de Corneille (1625). — Rotrou, de 1609 à 1650. — Caractère de son talent. — Ses compositions dramatiques. — *Les Occasions perdues* (1631). — *Venceslas* (1648). — Anecdote relative à cette tragédie. — L'acteur Baron. — *Cosroës* retouché par M. d'Ussé. — Emprunt fait à Rotrou par plusieurs auteurs dramatiques. — Transformations diverses subies par les théâtres de l'Hôtel de Bourgogne et du Marais, depuis 1600. — Deux troupes françaises à Paris jusqu'en 1641. — L'*illustre* théâtre de Molière. — Troisième troupe, celle de Molière à la salle du Petit-Bourbon, en 1642, sous le nom de troupe de *Monsieur*. Elle devient troupe du *Roi* en 1665. — Elle s'installe à la salle du Palais-Royal. — Trois troupes françaises jusqu'en 1673, à la mort de Molière. — Fusion de la troupe de Molière, partie dans celle de l'Hôtel de Bourgogne, partie dans celle du Marais. — La troupe du Marais dans la rue Guénégaud. — Réunion des deux troupes françaises, le 21 octobre 1680, et formation de la troupe de la Comédie-Française ou troupe *du Roi*. — Elle est installée d'abord dans la rue Guénégaud, puis au jeu de Paume de la rue Saint-Germain-des-Prés. — Ouverture de cette salle, le 18 avril 1689. — Période de 1689 à 1770. — Lutte avec les théâtres forains. — Anecdotes. — Dancourt, directeur de la Comédie, fait valoir les priviléges exclusifs de la troupe et obtient divers décrets contre les théâtres forains (1710). — Règlement du 18 juin 1757. — La Comédie-Française, de 1770 à 1782, aux Tuileries. —

De 1782 à 1799 à l'Odéon. — Depuis 1799, à la salle de Richelieu. — Modifications dans le costume théâtral. — Réflexions. — Suppression des banquettes sur la scène, 1760. — Réflexions.

Plus les compositions dramatiques s'épuraient et plus le goût du théâtre s'étendait. Le public se pressait en foule aux représentations théâtrales, et le nombre des auteurs augmentait dans une proportion notable. Il résulta de ce penchant déclaré du Parisien, et nous pourrions dire des habitants de la France entière, que bientôt, malgré les bateleurs ambulants et les *turlupins*, malgré la Comédie italienne, dont nous parlerons plus loin, on reconnut que la seule troupe de l'Hôtel de Bourgogne n'était pas suffisante à Paris.

En conséquence, en 1600, cette troupe se partagea. Une partie des comédiens conserva son premier théâtre, l'autre en éleva un second au Marais ; il y eut donc, dès le commencement du dix-septième siècle, deux salles de spectacle à Paris, sans compter, comme nous l'avons dit, les tréteaux et le théâtre nomade de la troupe italienne, qui jouait assez habituellement à l'Hôtel du Petit-Bourbon depuis 1577. Cette dernière troupe subit des vicissitudes sans nombre que nous raconterons.

A la même époque, Richelieu, possédé de la fureur des représentations théâtrales, fit construire dans son propre palais, deux salles : une petite, pouvant contenir six cents personnes et où l'on jouait les pièces représentées au Marais ; et une autre, d'apparat, pouvant recevoir deux mille spectateurs et qui plus tard fut donnée à la troupe de Molière. Mais ces deux salles n'étaient pas ouvertes au public.

En 1625, une aventure bien ordinaire, bien banale, faillit doter Paris d'un troisième théâtre permanent, et dota la scène française du plus grand génie qui se fût encore révélé au point de vue de l'art dramatique. Un jeune homme de Rouen avait un ami, il le mène chez une jeune personne dont il est fort épris. La jeune personne trouve l'ami à son goût et repousse le pauvre amoureux. L'ami se nommait Pierre Corneille. L'aventure lui paraît fort agréable, et si plaisante, qu'il en fait une charmante comédie. Il la met au théâtre sous le nom de *Mélite* (nom qui fut donné plus tard à la jeune personne, cause première de la première étincelle du génie du grand Corneille). La comédie a un succès fou, si bel et bien que la salle ne pouvant suffire au public, une nouvelle troupe de comédiens s'organise, demande et obtient du lieutenant civil la permission de s'entendre avec le propriétaire du Jeu de paume de la Fontaine, rue Michel-le-Comte, pour louer son établissement et y organiser une salle de spectacle. La permission était accordée pour deux ans ; mais à peine la nouvelle troupe eut-elle ouvert son théâtre, qu'une affluence telle se porta aux représentations de la *Mélite* de Corneille, que la rue Michel-le-Comte, alors composée de vingt-quatre hôtels, rue courte et étroite, fut pour ainsi dire interceptée pendant la majeure partie du jour. De là les réclamations des habitants affirmant que souvent ils ne pouvaient rentrer que de nuit chez eux, se plaignant de rester en butte aux sots propos des laquais et aux entreprises plus dangereuses des filous. Bref, l'affaire fut déférée au Parlement qui, par arrêt du 22 mars 1633, fit défendre aux comédiens du Jeu de paume de la Fontaine, de représenter aucune pièce, *jusqu'à ce qu'autrement en fût ordonné;* or il n'en fut pas autrement ordonné, et le troisième théâtre de Paris mourut en naissant.

Avant de parler du grand Corneille, un mot de celui qu'il appelait son père en art dramatique, de ROTROU, dont les leçons lui furent fort utiles et qui, presque seul des poëtes du temps de Richelieu, eut la loyauté et le courage de refuser de condamner *le Cid* (ce chef-d'œuvre de la tragédie à cette époque), malgré les ordres injustes du cardinal-ministre. C'est de Rotrou que Corneille disait plus tard : « Lui et moi, nous ferions subsister des saltimbanques, » voulant exprimer que, jouées par de mauvais acteurs, leurs pièces auraient encore du succès, et il avait raison.

Rotrou mérite une étude spéciale, car il est le trait d'union entre la tragédie primitive dégrossie à la fin du seizième siècle, et la tragédie digne de ce nom, inaugurée par Corneille et continuée par Racine et par Voltaire.

Né à Dreux en 1609, Rotrou, doué d'une facilité prodigieuse, se distingua très-vite, par ses œuvres dramatiques, des poëtes qui l'avaient précédé. Le cardinal de Richelieu, en quête de littérateurs de talent pour les confisquer au profit de sa gloire (ce à quoi il n'a guère réussi), le choisit, bien qu'il fût encore fort jeune, pour se l'attacher, et s'il ne le fit pas admettre à l'Académie française, c'est que l'on n'y recevait que les hommes ayant leur résidence fixe à Paris, et que Rotrou refusa toujours de quitter Dreux, où il mourut à l'âge de quarante et un ans.

Rotrou fit représenter plus de trente-cinq pièces au théâtre, en vingt-deux années, puisque sa première, la *Bague de l'oubli*, est de 1628, et sa dernière *don Lopez de Cardone*, est de 1650. Corneille avait en grande estime les œuvres de ce poëte dramatique, et, en effet, le premier, il a rendu la tragédie à sa véritable signification; le premier, il a introduit dans sa composition la régularité. Surpassé et bien distancé par Corneille, il a prouvé par plusieurs productions pleines de goût et d'intérêt, qu'il eût pu approcher beaucoup de celui qui se disait son fils, si sa trop grande facilité ne l'eût pas rendu trop coulant dans le choix de ses sujets. Une autre cause de la faiblesse d'un grand nombre de ses œuvres, fut la passion du jeu, qui le mettait souvent dans l'embarras. Pour se tirer des fausses positions où il se trouvait tout à coup, il fallait une comédie nouvelle. En quelques jours, la comédie faisait son entrée au théâtre et réparait les pertes du jeu; mais le travail se ressentait forcément de la rapidité du poëte et de la préoccupation du joueur. Rotrou, comme les maîtres qui vinrent après lui, Corneille, Racine, Molière, puisa aux sources pures des Grecs et des Romains. Les théâtres italiens et espagnols lui fournirent aussi des comédies agréables. Si ses tragi-comédies se ressentent du goût de l'époque et ne sont guère, comme toutes les pièces de ce genre, que des romans dialogués, mal construits et surchargés de personnages épisodiques inutiles au sujet, il y a du moins plusieurs de ses comédies qui sont bien conduites. Ses tragédies de *Venceslas*, d'*Antigone*, d'*Hercule mourant*, de *Bélisaire*, d'*Iphigénie* et de *Cosroës* ont du mérite, même à côté de celles de Pierre Corneille. Si l'on trouve dans ses compositions des vers secs, durs, allant quelquefois jusqu'au barbare et au burlesque (ce qui ne déplaisait pas encore au public d'alors), on y rencontre aussi des vers aisés, naturels, coulants, exprimant de belles pensées.

Dans les *Occasions perdues*, représentée en 1631, il y a une scène de bonne comédie qui ne serait pas déplacée de nos jours.

La reine de Naples éprise de *Cloriman*, mais ne voulant voir ce dernier que par l'entremise d'*Isabelle* sa confidente, la charge de le séduire pour elle, et lui dit :

— Feins de brûler pour lui d'une ardeur sans seconde
— Mais en feignant, Madame, un feu si véhément,
Il faut donc me résoudre à perdre mon amant?
— Simple, qui ne sait pas qu'à la fille avisée,
Abuser tous les cœurs est une chose aisée.
Telle en trahit un cent, et se fait aimer d'eux ;
Et tu n'espères pas d'en pouvoir tromper deux ?

Isabelle s'empresse d'expliquer à la reine comment elle s'y prendra pour toucher le cœur de Cloriman :

Mes yeux, pour commencer, apprendront de ma glace,
Avec quels mouvements ils auront plus de grace.

Par quels ris je pourrai m'acquérir plus de vœux,
Et par quelle frisure embellir mes cheveux.
Pour rendre à mes désirs son âme résignée,
S'il vous plaît, j'emploierai le fard et la saignée.
Mes mains emprunteront la blancheur des onguents :
Je veux, pour les polir, avoir au lit des gants.
Je consens qu'un tailleur inventif et fidèle,
Pour me rendre le port et la taille plus belle
N'épargne en mes habits ni baleine, ni fer,
Et me serre le corps jusques à m'étouffer.
Je parlerai toujours de soupirs et de flamme
A ce jeune étranger qui vous a ravi l'âme.
Je n'épargnerai point les pas de cent valets,
Et mille cœurs navrés empliront mes poulets.
Je m'y qualifierai du nom de prisonnière ;
Lui, du nom de mon tout, de ma seule lumière.
Ce ne seront qu'amours, que soupirs et que vœux ;
Je les cachetterai de mes propres cheveux.
Je verserai des pleurs ; il me verra malade,
Si quelqu'autre en obtient seulement une œillade.
— Ma mignonne, tout beau : c'est trop bien m'obéir.
En pensant m'obliger, tu pourrais me trahir.

Le chef-d'œuvre de Rotrou est sa tragédie de *Venceslas*, jouée en 1648, deux ans avant sa mort, retouchée en 1759, plus d'un siècle après lui, par M. Marmontel, et donnée la seconde fois à la scène avec beaucoup moins de succès que la première. Rotrou venait à peine de terminer le dernier acte de son *Venceslas*, dont il était, avec raison, fort satisfait, qu'il fut se livrer à sa passion du jeu. La chance lui étant défavorable, il perdit une somme assez peu élevée, mais enfin qu'il ne put payer de suite. On l'arrêta, on le conduisit en prison. Le malheureux poëte ne savait où donner de la tête, lorsqu'il songea à son *Venceslas*.
Il envoya chercher les comédiens et leur offrit sa

tragédie pour *vingt pistoles*. Ce n'était pas cher ; on s'empressa d'accepter, il sortit de prison, et la pièce eut un succès tel que les acteurs lui firent un beau présent. C'est par le rôle de Venceslas que Baron, le célèbre comédien, fit sa seconde rentrée au théâtre, trente ans après l'avoir abandonné, et c'est par ce même rôle qu'il quitta la scène pour n'y plus paraître. Il était temps, car il ne put achever son rôle. Il avait à peine déclamé ce vers :

> Si proche du cercueil où je me vois descendre.

que son asthme l'empêcha de continuer.

Plus d'un poëte venu longtemps après Rotrou, lui emprunta des pensées, des vers et même des scènes et des pièces. Ainsi, outre son *Venceslas* repris par Marmontel, Regnard, en 1705, se servit de ses *Ménechmes*, joués en 1632 ; Racine utilisa, dans sa *Thébaïde*, l'*Antigone* représentée en 1638 ; Tristan retoucha son *Amarillis* ; M. d'Ussé fit de même en 1704, pour *Cosroës* donné au théâtre en 1648. Il est vrai de dire que dans cette dernière tragédie, les plus beaux vers sont du second auteur, comme, par exemple, ceux-ci dans une scène du quatrième acte :

> Fatale illusion, fantôme de grandeur,
> Éblouissant éclat dont brille une couronne !
> Pourquoi, malgré moi-même, embrasez-vous mon cœur ?
> Que ne me quittez-vous quand je vous abandonne.
>   Cessez, honneur, de me donner des lois ;
>   Votre grandeur n'est qu'un passage
>   Que le Destin, toujours volage,
>   Abat et relève à son choix ;

Et la pompe qui suit les rois
N'est rien qu'un brillant esclavage.

Enfin, l'*Amphitryon* de Molière, joué en 1668, a, on n'en saurait disconvenir, un grand air de famille avec les *Sosies* de Rotrou, représentés trente ans plus tôt.

Rotrou, qui aimait beaucoup Corneille et qui appréciait le génie de ce grand homme, imagina une singulière façon de faire l'éloge de l'auteur de *Cinna*. Dans sa tragédie de *Saint-Genest*, Dioclétien, après avoir loué sur ses talents, le plus grand comédien de son époque, lui demande qu'elles sont les pièces qui ont le plus de succès. L'acteur répond :

Nos plus nouveaux sujets, les plus dignes de Rome,
Et les plus grands efforts des veilles d'un grand homme,
A qui les rares fruits que la Muse produit,
Ont acquis sur la scène un légitime bruit,
Et de qui certes l'art, comme l'estime, est juste,
Portent les noms fameux de *Pompée et d'Auguste.*
Les poëmes sans prix, où son illustre main,
D'un pinceau sans pareil a peint l'esprit romain
Rendront de leurs beautés votre oreille idolâtre,
Et sont aujourd'hui l'âme et l'amour du théâtre.

Nous avons expliqué, dans un de nos chapitres précédents, comment la foule qui se pressait aux représentations dramatiques, avait amené les comédiens de l'Hôtel de Bourgogne, en 1600, à se séparer en deux troupes, ce qui avait donné naissance à une seconde scène élevée au Marais. Nous avons dit également qu'au commencement du dix-septième siècle, le cardinal de Richelieu, emporté par sa passion pour le théâtre, avait fait construire dans son propre palais deux salles de spectacle, une grande et une petite.

En 1641, Molière, ou plutôt Poquelin (car c'était son véritable nom), entra dans une des nombreuses sociétés particulières qui, à cette époque, se faisaient un divertissement domestique de jouer la comédie. Cette société acquit bientôt une certaine célébrité sous le nom de *l'Illustre Théâtre*. Beaucoup de princes et de grands personnages la faisaient venir dans leurs hôtels. Après avoir parcouru quelque temps la province avec cette *Société*, ou si l'on veut avec cette *troupe*, Molière revint à Paris, fut assez heureux pour avoir accès auprès de Monsieur, qui le présenta au Roi et à la Reine-Mère, et pour être appelé à jouer en présence de Leurs Majestés dans la salle des gardes du vieux Louvre. Bientôt Louis XIV, fort satisfait des talents de la troupe de Molière et des comédies composées par son chef, accorda à ces acteurs la salle du Petit-Bourbon, pour y fonder une troisième troupe dramatique sous le nom de troupe de *Monsieur*. En 1665, les comédiens de *Monsieur* devinrent comédiens *du Roi*, avec 7,000 livres de pension, et ils s'établirent à la salle du Palais-Royal.

Les trois théâtres, c'est-à-dire : celui de l'Hôtel de Bourgogne, le plus ancien de tous ; celui du Marais, *fondé*, ou si l'on veut *détaché* du premier en 1600 ; et enfin celui du Palais-Royal de création récente, subsistèrent et jouèrent séparément jusqu'à la mort de Molière en février 1673. Les acteurs de l'Hôtel de Bourgogne et du Marais interprétaient de préférence la tragédie, ceux du Palais-Royal la comédie.

Lorsque la troupe de Molière eut perdu son chef, c'est-à-dire l'âme de la société, elle ne put se soutenir et se divisa. Une partie du personnel s'unit à l'Hôtel de Bourgogne, l'autre se joignit au théâtre du Marais. Il n'y eut donc plus à Paris que deux théâtres où étaient représentées les tragédies et les comédies françaises.

La troupe du Marais quitta bientôt son établissement pour en fonder un autre rue Guénégaud. Louis XIV ordonna d'y transporter les loges, les décorations et tout le matériel encore dans la salle du Palais-Royal et ayant servi à la troupe de Molière.

La troupe de l'Hôtel de Bourgogne et celle du théâtre Guénégaud restèrent distinctes et séparées jusqu'au 21 octobre 1680. Ce jour-là, elles furent réunies par ordre de Louis XIV, en sorte qu'à dater de ce moment, il n'y eut plus qu'une troupe, celle de la Comédie-Française, dite *troupe du Roi*, qui fut seule chargée de représenter les comédies et les tragédies. Le nombre des acteurs fut déterminé, les bénéfices distribués au *prorata* des talents. Les artistes obtinrent certains priviléges. Les uns furent dispensés du service, les autres eurent des pensions. Une ordonnance royale affecta 12,000 livres à cette nouvelle société, dont toute l'administration fut réglée par ordonnance royale.

C'est donc du 21 octobre 1680 que date réellement la Comédie-Française; cependant elle fut organisée sur de nouvelles bases, près d'un siècle plus tard, après avoir passé par diverses phases.

La Comédie-Française fut d'abord installée au théâtre de la rue Guénégaud ; mais la proximité du collége Mazarin étant chose gênante et pour le collége et pour le théâtre, Louis XIV prescrivit aux acteurs d'abandonner cette salle et de chercher un autre emplacement pour leurs représentations. La société fit l'acquisition du jeu de paume de la rue Saint-Germain-des-Prés et de deux maisons voisines. Sur les dessins de François d'Orbay, architecte, jouissant d'une réputation méritée, on bâtit l'hôtel dit des Comédiens du roi. Ces derniers en firent l'ouverture le 18 avril 1689, lundi de pâques, par la tragédie de *Phèdre* de Racine. La dernière représentation donnée sur ce théâtre eut lieu en 1770. On y joua dans cette soirée *Béverley* et *le Sicilien*. L'acteur d'Allainval annonça au public le changement qui allait s'opérer par la petite allocution suivante :

« Le Théâtre-Français touche enfin à l'époque la
« plus flatteuse qu'il pouvait espérer. Le gouverne-
« ment daigne fixer un moment son attention sur lui,
« et s'occupe des moyens de faire élever un monu-
« ment digne des chefs-d'œuvre des hommes de
« génie qui vous ont fait l'hommage de leurs veilles.
« La scène lyrique vient d'offrir à vos yeux les res-
« sources de l'architecture ; vous avez rendu justice
« au travail de l'artiste célèbre qui a eu le courage
« de s'écarter des routes d'une imitation servile, et
« qui a été assez heureux de vous plaire, en osant
« innover. Il est temps que les mânes de Corneille,
« de Racine et de Molière viennent contempler les
« changements dont le théâtre est susceptible, et

« nous dire : « Voilà le temple où nous aurons à
« être honorés. Il est temps enfin de faire cesser les
« reproches très-fondés des autres nations jalouses
« de la gloire de la nôtre. » Accoutumés depuis long-
« temps à votre bienveillance, nous ne cesserons ja-
« mais de vous donner des preuves de notre empres-
« sement à vous offrir des productions dignes de vos
« suffrages. C'est dans ces sentiments que nous quit-
« tons un théâtre où vous avez tant de fois secondé
« nos efforts. Pénétrés de la plus vive reconnaissance
« pour les bontés dont vous daignez nous honorer,
« nous osons vous en demander la continuation
« sur la nouvelle scène que nous allons occu-
« per. »

Pendant la période de 1689 à 1770, la Comédie-Française eut à supporter quelques vicissitudes, malgré la protection dont elle était l'objet de la part du gouvernement royal. Ainsi, vers le commencement du dix-huitième siècle, le peu d'empressement que les Comédiens mettaient à plaire au public, leurs négligences, leurs discussions intestines, la pauvreté des ouvrages qu'ils acceptaient d'auteurs médiocres, après les grandes et belles productions de Corneille, de Racine, de Molière, avaient fait tomber leur théâtre dans un discrédit dont il ne semblait pas devoir se relever facilement. Leur spectacle était entièrement désert et, par contre, le public, même les grands seigneurs et la cour, se pressaient aux spectacles forains. La Comédie-Italienne avait pris le dessus sur la Comédie-Française. Quelques parodies, quelques pièces légères, quelques vaudevilles amusants, joués aux Italiens, avaient fait entièrement déserter la première scène française. Les choses étaient en cet état en 1710 et la scène des Italiens abondait en critiques plus ou moins spirituelles sur l'état d'abandon dans lequel on laissait la Comédie-Française, ce n'étaient que quolibets, que pointes épigrammatiques, que parodies du répertoire de la troupe du roi, quand le directeur de la Comédie-Française, Dancourt, voulut essayer de ramener les Parisiens dans sa salle. Mais au lieu de comprendre que la scène française ne doit briller et attirer les gens d'esprit que par des compositions dramatiques de bon aloi, par des tragédies ou par des comédies d'auteurs de mérite, de poëtes de talent, Dancourt imagina de sacrifier au goût du jour. Il résolut de faire représenter un divertissement dans lequel on verrait *Arlequin* et *Scaramouche*. Il proposa le rôle d'Arlequin à La Thorillière. Longtemps cet excellent acteur refusa de condescendre à ce qui lui semblait être une véritable platitude. Pressé par Dancourt, il finit cependant par accepter le rôle de Mezzetin (1). On se détermina à travailler au divertissement. Le sujet fut tiré de la situation même dans laquelle se trouvait alors la Comédie-Française. On l'intitula la *Comédie des Comédies*. Dancourt composa la pièce, fit faire quelques airs par Gilliers, et on l'offrit aux Parisiens. Les Parisiens montrèrent plus d'intelli-

---

(1) Mezzetin, nom d'un rôle de la Comédie-Italienne dont le caractère est à peu près celui de *Scapin*.

gence que les Comédiens, en ne faisant pas fête à ce spectacle de mauvais goût (1).

Par opposition, le théâtre de la foire Saint-Laurent fit représenter une espèce de prologue de Lesage, Fuzelier et d'Orneval, intitulé les *Comédiens Corsaires*. Dans cette petite pièce, les comédiens de la foire se plaignaient de ce qu'on leur enlevait leurs chants et leurs danses. Un des personnages de cette farce était une actrice de la Comédie-Italienne arrivant en scène et chantant ce couplet :

> Au mépris de notre gloire,
> Ces petits esprits follets
> Ne demandent que couplets,
> Que musique, vraiment voire !
> Ils feraient, ces Messieurs-là,
> Si on voulait les en croire,
> Ils feraient, ces Messieurs-là,
> Danser et Phèdre et Cinna.

Alors un acteur de la troupe du roi paraissait et, pour justifier le nouveau genre adopté par la Comédie-Française, il déclamait :

> Depuis qu'aux Tabarins les foires sont ouvertes,
> Nous voyons le préau s'enrichir de nos pertes ;
> Et là, les spectateurs, de couplets altérés,
> Gobent les mirlitons qui les ont attirés :
> Ils y courent en foule entendre des sornettes ;
> Nous, pendant ce temps-là, nous grossissons nos dettes.
> Molière, et les auteurs qui l'ont suivi de près,
> De nos tables jadis ont soutenu les frais ;

(1) On en était arrivé à ce point, à la Comédie-Française, que l'on vit la célèbre Desmares, pour plaire aux Parisiens, parmi lesquels le bilboquet était alors fort à la mode, jouer à ce jeu dans la pièce de l'*Amour vengé*.

Mais vous le savez tous, notre noble comique
Présentement n'est plus qu'un beau garde-boutique ;
Lorsque nous le jouons, quels sont nos spectateurs ?
Trente contemporains de ces fameux auteurs...
Ainsi donc, nous devons, sans tarder davantage,
Pour rappeler Paris, donner du batelage.
Si vous me demandez où nous l'irons chercher ;
Amis c'est aux forains que nous devons marcher.

Voyant que la Comédie-Française n'avait pas même le privilége, avec de mauvaises pièces faites à la mode, de lutter contre les lazzis des théâtres forains, Dancourt trouva un autre expédient, celui de faire valoir le *privilége exclusif* de la troupe et d'en demander la stricte exécution en justice.

Plusieurs sentences et divers arrêts furent en effet rendus dans ce sens, mais sans être exécutés. Enfin le Parlement se mêla du procès et fit défense aux théâtres de la foire de faire servir leurs établissements à *d'autres usages qu'à ceux de leur profession*, permettant, en cas de contravention, de démolir leurs salles de spectacles. Les petits théâtres voulurent encore lutter et les comédiens du roi firent abattre plusieurs salles. Un nouvel arrêt du conseil en date du 17 mars 1710 confirma celui du Parlement.

Le 18 juin 1757, un règlement pour la Comédie-Française fut promulgué, lequel annulait tout ce qui avait été décrété jusqu'alors concernant ce théâtre, *formé en France*, dit le préambule royal, *par les talents des plus grands auteurs*.

Quarante articles réglaient tout ce qui avait rapport : 1° A l'administration, aux parts bénéficiaires des acteurs, à leurs devoirs, à leurs droits, à leurs pensions de retraite ; 2° aux retenues pour l'Hôpital général, pour l'Hôtel-Dieu, pour le traitement des employés ; 3° à la tenue des archives ; 4° à la composition du conseil de la troupe, et enfin à tout ce qui concernait l'organisation complète de cette société.

La Comédie-Française était à la disposition du roi. Elle jouait habituellement à la cour depuis la Saint-Martin jusqu'au jeudi d'avant la Passion, et lorsque la famille royale allait à Fontainebleau, une partie de la troupe s'y rendait également. Chaque sujet avait un supplément. Une assemblée générale avait lieu tous les lundis à l'hôtel de la Comédie, et c'était alors que les auteurs présentaient leurs pièces, qui devaient être examinées par l'assemblée.

En 1770, les comédiens ordinaires du roi s'établirent dans la salle des Tuileries où ils jouèrent jusqu'à l'année 1782, pendant que l'on construisait pour eux le théâtre de l'Odéon où ils restèrent de 1782 à 1799.

La salle de l'Odéon, bâtie par ordre de Louis XVI, d'après les plans des architectes Peyre, Lainé et Vailly, fut incendiée en 1799 et la Comédie-Française s'installa, à la suite de cet événement, au théâtre de la rue Richelieu, où elle se trouve encore aujourd'hui. Cette salle de la rue Richelieu avait été commencée en 1787, aux frais du duc d'Orléans. Terminée au bout de trois ans, la troupe des *Variétés-Amusantes* l'avait occupée en 1790, pour la céder, en 1799, aux comédiens français. L'Odéon, brûlé en 1799, reconstruit sur ses anciennes fondations par décision du

Premier Consul, servit à la troupe de M. Picard. Le feu détruisit une seconde fois cette belle salle le 20 mars 1818. Louis XVIII la fit encore rebâtir et annexa la troupe qui en exploitait le privilége à la Comédie-Française, l'autorisant à y représenter les tragédies, les drames et les comédies données sur la scène française.

Pendant la période de 1710 à 1799, la Comédie-Française, devenue la première scène du monde, introduisit d'importantes et très-utiles améliorations dans ses habitudes intérieures. Elle arriva successivement, ainsi que nous allons le raconter, à la réforme complète des costumes, à leur appropriation à l'époque, de façon à ce que les paroles ne fussent plus un anachronisme *chronique* avec les vêtements. Elle obtint (à grand'peine, il est vrai), mais enfin, elle obtint la liberté de l'emplacement sur lequel est représentée la pièce jouée par les acteurs.

Jusqu'en l'année 1727, les acteurs et actrices disaient leurs rôles vêtus comme ils l'étaient dans la vie habituelle. On comprend combien cela nuisait à l'illusion, et quel ridicule en fût même résulté, si les yeux n'eussent été depuis longtemps façonnés par l'usage à cette bizarre disparate. A l'une des reprises de la tragédie de Campistron, *Tiridate*, en 1727, Mlle Lecouvreur, excellente actrice et femme de goût, commença une petite réforme dans le costume; mais comme les choses, même les plus simples et les plus naturelles, ne se modifient pas en un jour, au lieu d'adopter pour elle et pour ses camarades de théâtre le vêtement spécial à l'œuvre dramatique représentée, elle ne fit que changer le costume de ville en costume de cour, c'est-à-dire qu'elle parut sur la scène en robe à queue traînante et à paniers, comme en portaient les grandes dames au commencement du dix-huitième siècle. Cette nouveauté fut approuvée du public.

Il n'en est pas moins vrai que pendant plus de trente années encore, on vit à la Comédie-Française les femmes des consuls romains et des héros grecs en robes bouffantes, la tête surmontée d'énormes coiffures inventées souvent par le mauvais goût de l'actrice. Les artistes de l'époque pensaient avoir bien mérité de la patrie et des beaux-arts en représentant les reines ou les princesses de la plus haute antiquité déguisées en marquises de la cour de Louis XV. Les acteurs étaient tout aussi ridicules. Avec la cuirasse antique, avec le cothurne, le Romain ou le héros grec de la Comédie-Française se coiffait d'un chapeau à plumes surmonté d'un panache. On applaudissait un Ajax, un Ulysse, un Agamemnon en perruque de magistrat, ayant au-dessus de cette perruque un casque plus ou moins grec ou troyen. Le bon roi Priam traînait sur la scène une casaque de marchand arménien, et toutes ces absurdes bigarrures de costume, loin d'être l'objet de plaisanteries dans le public, étaient souvent applaudies et admirées.

C'est donc ainsi *attiffés* que parurent sur la scène française les héros de Rotrou, de Corneille, de Racine. Le *Cid* et *Cinna* eurent pour interprètes des acteurs en fraise plate, en hauts-de-chausses à dentelle, en juste-au-corps à petites basques ; des actrices en corsage court et rond, avec le sein découvert, la jupe à queue, les talons élevés, les cheveux crêpés et bouffants. Auguste avait une couronne de laurier par dessus sa perruque à la Louis XIV.

Racine avait plusieurs fois senti le ridicule de l'habillement adopté au théâtre. Il voulut s'y opposer, obtenir des modifications, l'usage fut plus fort que sa logique. Baron, le grand Baron lui-même, qui avait su réformer la diction ampoulée de ses prédécesseurs, ne comprit pas l'harmonie du costume. Sur la fin de sa carrière dramatique, il joua le jeune Misaël des *Machabées*, vêtu en bourgeois de Paris, avec un toquet d'enfant et des manches pendantes.

Sorel, dans *la Maison des jeux*, raconte que le rôle d'Hercule était interprété par un acteur en vêtements ordinaires, mais en manches retroussées, qui le faisaient ressembler à un cuisinier en fonction. Il portait sur l'épaule, en guise de massue, une petite bûche. Apollon avait l'habitude de mettre derrière son oreille une plaque jaune destinée à représenter le soleil.

En 1747, une jolie comédie en trois actes, de Lachaussée, *l'Amour castillan*, fut donnée aux Italiens avec des costumes espagnols. Cette nouveauté étonna beaucoup, mais ne produisit pas d'autre sensation.

En 1753, madame Favart fit un rôle de paysanne, sans robe à paniers, sans gants, sans coiffure; mais comme une fille de village, en jupon de serge, les cheveux plats, la croix d'or au cou, les bras nus et enfin chaussée de sabots, ce qui déplut aux élégants de l'époque.

En 1755, Lekain et mademoiselle Clairon, guidés par le bon goût et par l'amour de l'art dramatique, sentirent enfin le ridicule du costume et la nécessité d'arriver à une réforme devenue indispensable. Grâce à ces deux grands artistes, les paniers, les chapeaux à plumes disparurent de la tragédie ; les habits furent coupés à la mode antique ; les représentations théâtrales devinrent plus pompeuses. Les décors furent rendus plus semblables à la réalité, le nombre des gardes et des soldats qui environnent les rois fut augmenté. Les changements à vue eurent une plus grande précision. En un mot, tout s'améliora dans ce que l'on appelle la mise en scène.

Toutefois, ni Lekain ni mademoiselle Clairon n'eurent assez de puissance encore, pour faire adopter complétement le costume vrai de l'époque dans chaque œuvre dramatique. Les Scythes et les Sarmates portèrent la peau de tigre, les Turcs le turban et le sabre recourbé ; mais pour bien des rôles l'habit français resta toujours de mise. Il fallut que Talma vînt donner le coup de grâce aux oripeaux que l'on adaptait au vêtement de tous les jours, pour faire disparaître enfin ce reste de barbarie. Il introduisit le costume exact. Le premier exemple qu'il donna fut dans *Charles IX*. Bientôt *Virginie*, de La Harpe, *les Gracques*, d'André Chénier, furent joués avec l'habillement de l'époque ; puis les acteurs et les actrices, Romains ou Grecs, à la scène, se vêtirent en Romains et en Grecs : puis enfin, en dernière analyse, à partir du commencement de ce siècle, on devint au théâtre d'une rigidité extrême pour l'exactitude du costume.

Aujourd'hui, nous rions en songeant à ces bévues, à ces usages extravagants si longtemps maintenus au théâtre. Nous sommes souvent tentés d'accuser nos bons ancêtres de folie, et nous ne pouvons comprendre qu'ils aient pu supporter d'entendre un vers héroïque sortir de la bouche d'un homme habillé en bourgeois de son temps? Avons-nous bien raison, et si nous nous donnions la peine de regarder un peu autour de nous, ne verrions-nous pas des choses tout aussi ridicules? D'abord, chaque jour, à l'Opéra, n'assistons-nous pas à des fêtes de village, dont toutes les villageoises en crinoline, sont ornées de diamants en plus ou moins grande quantité, selon que le leur permettent leurs appointements ou leurs ressources de toute nature? N'en est-il pas de même pour les jolies soubrettes de la Comédie-Française et des autres théâtres? Quelle est la paysanne qui n'entre en scène les bras nus, les épaules (pour ne pas dire plus) très-décolletées, chaussée d'un délicieux petit soulier verni, avec un bas de soie à jour, bien tiré, dessinant la jambe? Quel est le militaire de théâtre, arrivant à franc étrier, d'après son rôle, qui ne se présente en culotte irréprochable, en bottes sans une moucheture, en gants paille du dernier blanc? Tout ce qui sort de la coulisse n'est-il pas à l'état de pastel vivant?

On le voit, il y aurait bien quelques réformes à faire encore au costume. Ces réformes cependant ne nous paraissent pas urgentes. De même que les dandys de Louis XV, nous ne serions peut-être pas charmés à l'aspect d'une soubrette de théâtre malpropre comme une fille d'auberge, ou d'une paysanne déguenillée comme elles le sont dans nos campagnes. Nous acceptons volontiers le soldat couvert de gloire et de laurier, arrivant du combat comme s'il venait à la parade. Nous le trouverions peut-être fort désagréable s'il se montrait à nous, dans un ballet de l'Opéra, en uniforme poudreux ou déchiré.

Soyons donc charitables pour nos pères, ne nous moquons pas trop d'eux ; car s'ils revenaient en ce monde, ils pourraient bien, à leur tour, nous rendre au centuple nos plaisanteries, en voyant les sots lazzis qui font la fortune des théâtres depuis quelques années ; en entendant le jargon de mauvais goût, les scènes obscènes et sans esprit, les gestes déplacés, inconvenants, qu'on applaudit à outrance. Avec quelle stupéfaction eux, qui avaient l'habitude de n'admettre les acteurs à l'honneur de leur parler qu'avec une politesse rigide, avec quelle stupéfaction ne verraient-ils pas le sans-gêne, le sans-façon, la manière d'être des *artistes* du dix-neuvième siècle vis-à-vis leur public?

Non, non, ne rions pas trop. Le théâtre des siècles de Louis XIV et de Louis XV, s'il avait ses défauts, avait aussi de grandes qualités. On y sifflait les mauvaises pièces, on y applaudissait les bonnes. Aujourd'hui on rit trop souvent de sottises indécentes et platement ridicules. Si on mettait en parallèle les qualités de l'ancienne scène française et ses défectuosités avec les vertus et les vices de la nôtre, il est fort probable que cette dernière n'aurait pas l'avantage aux yeux de la morale, de l'esprit et du bon goût.

Après la révolution du costume théâtral, il restait encore à opérer un changement plus important peut-être, celui de la liberté de la scène, si longtemps désirée, demandée, réclamée par les auteurs et les acteurs. On ne put l'obtenir qu'en 1760 ; jusqu'à cette année, la partie du théâtre qui forme la scène sur laquelle agissent les acteurs, était encombrée par les bancs où de grands personnages, les élégants, les lions de l'époque venaient prendre place, nuisant au jeu des machines et des artistes, détruisant toute illusion, et mêlant souvent leurs réflexions aux paroles de la pièce. Qu'on se figure les conversations des avant-scènes d'aujourd'hui ayant lieu sur le théâtre même, à côté ou derrière les acteurs, tandis que ces derniers disent leur rôle, et on aura une idée de l'espèce de cacophonie qui devait régner sur la scène. Ces places, très-recherchées dans le grand monde d'alors, se payaient fort cher, et c'était un revenu important pour la troupe ; cependant la Comédie-Française renonça volontiers au produit considérable qui en résultait pour elle afin de détruire cet abus.

Alors donc, on put voir ouvrir la scène d'une manière imposante. L'illusion fut permise. Le jeu des comédiens, si utile au succès des pièces, n'étant plus entravé, prit un développement naturel. L'art dramatique eut devant lui une porte nouvelle. Les décors purent être placés et enlevés avec facilité. On ne vit plus un temple là où il fallait un salon ; un cabinet à où il fallait un vestibule ou une place publique.

C'est au comte de Lauraguais qu'on dut ce changement radical dans les habitudes du théâtre. Il donna, pour indemniser les comédiens, douze mille francs de sa bourse.

Jusqu'en 1782, le public du parterre fut debout; à cette époque on commença à lui donner des siéges, et il ne fut plus un flot sans cesse agité. C'est pour la salle de l'Odéon que cette dernière modification fut d'abord admise.

V

QUATRIÈME PÉRIODE DRAMATIQUE. — LES DEUX CORNEILLE.

DE 1630 A 1674.

PIERRE CORNEILLE. — Considérations générales sur ses œuvres dramatiques. — Son portrait peint par lui-même. — Sa difficulté d'énonciation. — Anecdotes sur sa vie. — Ses différentes productions, dans l'ordre où elles ont été données au théâtre. — *Mélite* (1630). — Anecdotes. — *Clitandre* (1630). — *La Veuve* et *la Galerie du Palais* (1634). — Innovation due à cette dernière comédie. — *La Suivante* (1634). — *La Place Royale* (1635). — Lettre de Claveret. — *Médée* (1635), première tragédie de Pierre Corneille. — Son peu de succès. — *L'Illusion* (1635). — *Le Cid* (1636). — Réflexions. — Anecdotes. — Le cardinal de Richelieu. — — L'Académie. — Boileau. — L'acteur Baron. — *Les Horaces* et *Cinna* (1639). — *Polyeucte* (1640). — Anecdotes. — Épîtres à la Montauron.— Le maréchal de La Feuillade. — Dufresne. — *La Mort de Pompée* (1641). Le comte de Choiseul. — Ninon de Lenclos. — Pécourt. — *Le Menteur* et *La Suite du Menteur* (1642). — *Rodogune* (1646). — Réflexions. — Anecdotes. — *Théodore*, tragédie (1645). — Anecdote. — *Héraclius* (1647).— *Andromède* (1650). — Anecdote du cheval. — Succès de cette pièce. — *Don Sanche d'Aragon* (1651). — *Nicomède* (1652). — *Pescharite* (1653).— Premier échec grave de Pierre Corneille. — Il veut abandonner le théâtre et mettre l'*Imitation* en vers. — *OEdipe* (1659). — Tragi-comédie de *la Toison d'Or* (1660). — *Sertorius*, tragédie (1662). — Mot de Turenne. — *Sophonisme*. — *Othon* (1664). — Épigramme de Boileau. — *Agésilas*, *Attila* (1666 et 1667).— *Tite et Bérénice* (1670). — Galimatias double. — Baron, Molière et Corneille. — Anecdote. — *Pulchérie* (1672). — *Surena*, tragédie (1674). —*Psyché*, en collaboration avec Molière. — Anecdote. — Hommages rendus au grand Corneille pendant sa vie et après sa mort. — Son petit-neveu. — Premier exemple de représentation à bénéfice. — Deuxième édition des œuvres de Pierre Corneille, donnée en dot par Voltaire à la petite-nièce de l'auteur du *Cid*. — THOMAS CORNEILLE. — Considérations sur cet auteur. — Impromptu à propos de son portrait. — Ses principales productions dramatiques. — L'*Ariane*. — Mme Duclos. — Anecdote. — *Le Comte d'Essex*. — *Le Festin de Pierre* (1665), en collaboration avec Molière. — Origine de cette pièce. — — *L'Inconnu*. — Chanson paysanne. — Le *Ballet de Louis XIV*. — *La Devineresse*, comédie dont le succès fut dû à l'actualité. — *Timocrate* (1656). — Anecdote à la quatre-vingtième représentation de cette pièce. — *Commode* (1658). — *Camma* (1661). — Succès de ces trois dernières tragédies. — *Laodice* (1668). — Bon mot au sujet de cette pièce.—*Achille*. — Anecdote d'un peintre à propos de cette tragédie.

Nous avons dit par suite de quelle circonstance bien simple, Corneille avait eu la révélation de son talent poétique et de son aptitude pour le théâtre. Il n'avait alors que dix-neuf ans. Sa comédie de *Mélite* fut le premier des anneaux qui devaient lui conquérir une gloire littéraire immortelle. Pendant cinquante-trois années, ce grand génie dota la scène française des plus belles productions et fixa définitivement les règles du beau et du sublime. En vain chercha-t-on à le surpasser, il se produisit sans doute des talents de premier ordre qui illustrèrent leur nom, mais aucun n'a encore, dans le genre tragique, atteint à sa hauteur. Racine peut être préféré par beaucoup d'hommes de mérite pour la pureté de son style; mais ses œuvres, à notre avis, n'ont pas les éclats de mâle vigueur qu'on retrouve dans celles de Corneille.

Ce grand poëte donna d'abord dans les travers communs aux auteurs de son époque. Il ne fut pas longtemps à s'apercevoir qu'il faisait fausse route, et il s'empressa d'en changer. Guidé par l'étude des anciens, il entra résolument dans la vraie carrière dramatique, entraînant sur ses pas, littérateurs, orateurs, philosophes et artistes. Sans doute on peut reprocher à ce père du théâtre plus d'un défaut. Son style est souvent inégal, il se met quelquefois au-dessus des règles grammaticales ; sans doute ses chefs-d'œuvre eux-mêmes, *le Cid*, *Cinna*, *Polyeucte*, *Rodogune*, ne sont pas exempts de tout reproche; mais ses ouvrages ont des beautés qu'on ne retrouve dans ceux d'aucun autre poëte. Ses compositions dramatiques, non-seulement ne ressemblent pas à celles qui avaient paru jusqu'alors, mais nulle des siennes n'a d'analogie avec celle qui l'a précédée ou qui l'a suivie, tant son esprit était inventif, tant son génie avait de ressources. Ses plans sont variés, ses caractères sont suivis, bien développés, vigoureusement tracés. Si ses vers ne sont pas toujours de la plus exacte pureté, que d'élévation dans les idées qu'ils expriment ! Si un vieux mot vient quelquefois choquer l'oreille, comme la pensée qu'il exprime est forte et noble ! On peut dire que nul ne sut mieux que Corneille échauffer le spectateur et produire l'enthousiasme.

Chose bizarre, cet homme si élevé, si sublime dans ses écrits, avait la parole difficile, embarrassée. Il s'énonçait si mal qu'une princesse, après l'avoir reçu et causé avec lui, disait : « Il ne faut pas entendre M. Corneille ailleurs qu'à l'Hôtel de Bourgogne. » C'était malheureusement très-vrai, et lorsqu'il récitait ses beaux vers, il fatiguait tout son auditoire. A ce propos, Bois-Robert répondit plaisamment un jour

à Corneille qui lui reprochait d'avoir mal parlé d'une de ses pièces, après l'avoir entendue sur le théâtre :
—Comment pourrais-je blâmer vos vers sur la scène, moi qui les ai trouvés admirables quand vous les *barbouilliez* vous-même?

Corneille sentait cette infériorité. Il envoya un jour son portrait à Pélisson, avec les six vers que voici :

> En matière d'amour je suis fort inégal,
> J'en écris assez bien et le fais assez mal.
> J'ai la plume féconde et la bouche stérile,
> Bon galant au théâtre et fort mauvais en ville ;
> Et l'on peut rarement m'écouter sans ennui,
> Que quand je me produis par la bouche d'autrui.

Sur la fin de sa vie, son talent ne fut plus à la même hauteur; il avait eu, comme tout ici-bas, son commencement et son apogée, il touchait à son déclin. Le duc de Montpensier, son ami, voulant le lui faire sentir, lui dit : « M. Corneille, quand j'étais jeune, je faisais de jolis vers ; à présent que je suis vieux, mon génie est éteint ; croyez-moi, laissons faire des vers à la jeunesse. » Corneille ne profita pas de cette sage leçon, il travailla jusqu'à un âge fort avancé et donna, dans ses dernières années, des comédies que son génie eût repoussées dans ses belles années.

Voici, dans l'ordre où elles furent représentées au théâtre, et avec quelques anecdotes, les pièces que l'on doit à Pierre Corneille.

Nous avons déjà raconté comment avait été composée *Mélite*, comédie en cinq actes et en vers jouée en 1630; mais ce que nous n'avons pas dit, c'est qu'il fallut plusieurs représentations pour faire sentir la supériorité de cette composition dramatique sur celles du même genre qui l'avaient précédée.

Hardy était à cette époque l'auteur le plus en renom au théâtre dont il avait depuis longtemps le monopole, étant même associé avec les comédiens pour les pièces auxquelles il était complétement étranger. Il répondit, lorsqu'on lui apporta sa part du produit des représentations de *Mélite* : *bonne farce.*

Mélite avait paru trop simple au public, Corneille s'en aperçut et composa sa tragi-comédie de *Clitandre*, où les incidents, les aventures compliquent l'intrigue. On y supprima quelques expressions un peu trop décolletées. Cette pièce, donnée en 1630, parut aux spectateurs préférable à *Mélite;* mais Corneille ne fut nullement de cet avis, il sentit qu'il retombait dans l'ornière dont il avait hâte de sortir, il se promit de ne plus sacrifier à des usages de mauvais goût et de revenir à la manière simple, naturelle et vraie. La comédie de *Clitandre* fut la première où la fameuse règle des vingt-quatre heures, si dédaignée de nos jours, ait été observée. L'unité d'action y est fort abandonnée.

Cette pièce fut suivie de *la Veuve* (1634), en cinq actes et en vers, puis quelques mois plus tard de *la Galerie du Palais*, comédie dans le genre de la précédente, mais qui donna lieu à une innovation heureuse, l'abolition du personnage de la nourrice. On conservait avec soin ce rôle dans la plupart des comédies anciennes, parce qu'on pouvait le faire remplir par un homme qui prenait le masque, et qu'alors le nombre des actrices était assez restreint. L'indispensable nourrice devint la non moins indispensable suivante, soubrette, Lisette ou confidente qu'on retrouve dans les comédies d'avant la révolution, et encore beaucoup aujourd'hui dans tous les genres de compositions théâtrales.

Cette suppression de la nourrice et son remplacement par la suivante fut probablement la cause première de la cinquième comédie de Corneille. Elle porte ce nom de *Suivante*. Elle fut représentée à la fin de la même année 1634, et eut, comme les précédentes, un succès qui fixa tous les regards sur l'auteur d'œuvres si différentes de tout ce qu'on avait entendu jusqu'à ce moment à la scène.

En 1635, Corneille fit représenter une jolie comédie en cinq actes et en vers, *la Place royale*, qui lui valut la lettre suivante de Claveret, auteur d'une comédie non imprimée, donnée à Forges devant Louis XIII et portant le même titre :

« Vous eussiez aussi bien appelé votre *Place Royale* la *Place Dauphine* ou autrement, si vous eussiez pu perdre l'envie de me choquer ; pièce que vous résolûtes de faire, dès que vous sûtes que j'y travaillais, ou pour satisfaire votre passion jalouse, ou pour contenter celle des comédiens que vous serviez. Cela n'a pas empêché que je n'aie reçu tout le contentement que j'en pouvais légitimement attendre, et que les honnêtes gens qui se rendirent en foule à ses représentations, n'aient honoré de quelques louanges l'invention de mon esprit, etc. »

Bientôt après, parut la première tragédie de Corneille, *Médée*. C'était la troisième fois que ce sujet était donné au théâtre ; ce ne devait pas être la dernière, puisque cinq autres *Médée* furent représentées sur la scène à différentes époques. La muse tragique ne parut pas d'abord vouloir traiter aussi bien le poëte normand que la muse de la comédie, et il fut si peu satisfait de l'impression produite sur le public par sa tragédie, qu'il revint dès l'année suivante à son genre favori, et qu'il fit représenter *l'Illusion*, pièce assez médiocre et que lui-même avoua plus tard être une *galanterie extravagante*. Heureusement le génie du grand poëte ne devait pas être restreint à la comédie, bien qu'il lui eût donné des formes autrement sages que n'était la tragi-comédie des siècles précédents. L'auteur de *Médée*, cédant au conseil d'un vieux serviteur de la reine Marie de Médicis, retiré à Rouen, se mit à étudier le sujet du Cid dans le poëte espagnol *Guillin de Castro*. Il y puisa l'immortelle tragédie qu'il mit au théâtre en 1636 ; tragédie qui eut dans le public le plus immense succès, tragédie que Richelieu combattit par jalousie, et que les quarante immortels dévoués au ministre, critiquèrent par ordre, ne croyant pouvoir faire autrement que d'obéir à celui auquel ils devaient tout. Des volumes ont été écrits sur le *Cid* ; mais, malgré les critiques qu'on en fit, malgré l'opposition dont la pièce fut l'objet lors de son apparition, par suite de la haute cabale qui s'éleva pour la faire tomber, cette œuvre eut un retentissement inconnu jusqu'alors. Elle fut traduite dans chacune des langues de l'Europe, et pour tout dire en un mot, *elle fit école.* En vain tous les poëtes, à l'exception de Rotrou, tous les académiciens se liguèrent contre *le Cid* et son auteur, la pièce a survécu aux critiques, aux siècles, elle est encore de nos jours au théâtre. Seule elle suffirait pour conquérir à Corneille le premier rang parmi les poëtes dramatiques de tous les pays, de toutes les époques, et cependant elle n'est pas exempte de défauts.

Richelieu, qui se montra si injustement acharné contre *le Cid* et contre Corneille, avait souhaité d'abord passer pour l'auteur de cette tragédie. Si le grand poëte eût voulu y consentir, sa fortune était faite ; mais à l'argent il préférait la gloire, et son refus irrita le ministre tout-puissant au point de lui faire commettre la plus haute iniquité. Par son ordre, l'Académie dut faire l'examen de la pièce, ce à quoi Corneille consentit, en disant à Bois-Robert : « Puisque vous m'écrivez que Monseigneur serait bien aise de voir le jugement de Messieurs de l'Académie sur *le Cid*, et que cela doit divertir son Éminence, ils peuvent faire ce qui leur plaira. » Or, on sait que d'après les statuts, il fallait ce consentement de l'auteur pour que la pièce pût être jugée. Nous ne raconterons pas ici ce singulier procès dramatique si connu et qui fit tant de bruit à cette époque.

Le cardinal, chose étrange, était le bienfaiteur de Corneille et récompensait, comme ministre, le mérite dont il se montrait jaloux comme poëte ; aussi, après la mort de Richelieu, Corneille fit-il ces quatre vers :

> Qu'on parle mal ou bien du fameux cardinal,
> Ma prose ni mes vers n'en diront jamais rien ;

Il m'a trop fait de bien pour en dire du mal ;
Il m'a trop fait de mal pour en dire du bien.

On connaît les vers de Boileau sur *le Cid* :

En vain contre le *Cid* un ministre se ligue,
Tout Paris pour Chimène a les yeux de Rodrigue.
L'Académie en corps a beau le censurer
Le public révolté s'obstine à l'admirer.

Aux premières représentations de cette tragédie, il y avait encore les quatre vers suivants, qui furent supprimés comme contenant une morale contraire à la religion et aux lois de l'État :

Ces satisfactions n'apaisent point mon âme ;
Qui les reçoit n'a rien ; qui les fait, se diffame ;
Et de tous ses accords, l'effet le plus commun,
Est de perdre d'honneur deux hommes au lieu d'un.

Corneille se montra très-choqué d'une innocente plaisanterie de Racine qui, parodiant le vers de Don Diègue, avait mis à peu près le même dans la bouche d'un sergent, en lui faisant dire :

Les rides sur son front gravaient tous ses exploits,

Une foule d'anecdotes se rapportent à la tragédie du *Cid*. En voici deux entre mille :

Baron, père du fameux Baron et assez bon acteur, mais bien loin de valoir son fils, mourut assez jeune pour avoir, dans le rôle de Don Diègue, poussé du pied l'épée que le comte de Gomas lui fait tomber des mains. Il se blessa légèrement, négligea cette blessure, la gangrène s'y mit, et comme il refusa de se faire couper la jambe, disant qu'un roi de théâtre se ferait huer avec une jambe de bois, il succomba.

Son fils reprit le rôle ; mais étant remonté à quatre-vingts ans sur le théâtre qu'il avait abandonné pendant trente années, lorsque, dans le rôle de Rodrigue, il prononça d'un ton nazillard ces deux fameux vers :

Je suis jeune, il est vrai, mais aux âmes bien nées
La valeur n'attend pas le nombre des années,

la salle entière retentit d'un immense éclat de rire. Un Rodrigue de quatre-vingts ans était chose si amusante !

Baron recommença sa déclamation, et les rires éclatèrent de plus belle ; l'acteur s'avança et dit alors aux spectateurs :

« Messieurs, je m'en vais recommencer pour la troisième fois ; mais je vous avertis que si l'on rit encore, je quitte le théâtre. » Baron était tellement aimé qu'on se tut ; malheureusement, quand vint la scène où Rodrigue se jette aux genoux de Chimène, Rodrigue-Baron tomba bien aux pieds de sa belle maîtresse ; mais en vain le pressa-t-elle de se relever, il ne le put sans le secours de deux valets appelés de la coulisse. L'illusion n'était plus possible, Baron abandonna le rôle à plus jeune que lui.

Il semble que *le Cid* ait ouvert à Corneille un filon de mine de chefs-d'œuvre, car on voit le grand poëte abandonner brusquement les comédies légères qui avaient commencé sa réputation, pour jeter coup sur coup à la scène : *les Horaces* et *Cinna* en 1639, *Polyeucte* en 1640.

Lorsque la belle tragédie des *Horaces* parut au théâtre, le bruit se répandit que l'Académie ferait encore des observations et prononcerait son jugement comme sur *le Cid*, ce qui fit dire : Horace fut condamné par les duumvirs et absous par le peuple. L'acteur Baron, le Talma du dix-septième siècle, fut à peu près le seul qui sut faire comprendre le rôle si difficile d'Horace, et prononcer ce fameux vers :

Albe vous a nommé, je ne vous connais plus,

de façon à bien indiquer la pensée de l'auteur. Corneille l'en félicita et s'en montra fort satisfait. On raconte, à propos de cette tragédie, que dans une représentation, l'actrice chargée du rôle de Camille, au lieu de dire :

Que l'un de vous me tue et que l'autre me venge,

s'étant trompée, s'écria :

Que l'un de vous me tue et que l'autre me *mange*

ce qui mit le public tellement en belle humeur qu'on eut peine à continuer la pièce. Dans une autre représentation, une circonstance imprévue vint beaucoup embarrasser *Camille*. Les actrices jouaient encore la tragédie et la comédie avec le costume, non *de l'é-*

poque de leurs rôles, mais dans celui de mode à leur époque à elles. Un jour que Camille des *Horaces*, après avoir lancé son imprécation contre Rome, fuyait vers la coulisse où elle doit être immolée, ses pieds s'embarrassèrent dans la queue traînante de sa robe et elle tomba. L'Horace de la scène, faisan aussitôt trève à sa fureur, met le chapeau à la main et avec la plus exquise galanterie, offre l'autre à l'actrice pour la relever et la conduire dans la coulisse, puis se coiffant brusquement, reprenant sa colère un instant interrompue et rentrant dans son rôle, il s'élance le fer levé pour tuer brutalement Camille. Jamais meurtre de comédie ne causa une si forte explosion d'hilarité. Le grand Baron n'eût pas manqué de tuer Camille tombée à ses pieds, dût-il ensuite lui offrir la main une fois la toile abaissée.

On raconte qu'un révérend Père, prêchant un nouveau converti et l'engageant à abandonner son affection pour une jeune fille de la religion réformée, en eut pour réponse ces deux beaux vers des *Horaces* :

Rome, si tu te plains que c'est là te trahir,
Fais-toi des ennemis que je puisse haïr.

Après *les Horaces*, et dans la même année 1639, parut la magnifique tragédie de *Cinna*. Deux chefs-d'œuvre en moins d'un an, c'était de la part du poëte s'élever à une hauteur inconnue jusqu'alors. *Cinna* est, pour beaucoup d'hommes compétents, la plus admirable création de Corneille, cependant ce dernier lui préférait *Rodogune*. On prétend que Louis XIV dit un jour, en sortant du théâtre où il venait d'entendre la fameuse scène de la clémence d'Auguste : «Si, après la représentation de *Cinna*, on m'avait demandé la grâce du chevalier de Rohan, je l'aurais accordée. » *Cinna* devait être dédiée au cardinal Mazarin ; mais quelqu'un ayant fait observer à l'auteur que ce ministre, aussi avare que son prédécesseur était généreux, ne lui ferait aucun présent, Corneille l'adressa à M. de Montauron qui lui envoya mille pistoles, de là vint le nom d'*épîtres à la Montauron*, donné aux dédicaces lucratives. La tragédie de *Cinna* fit une telle impression sur le grand Condé, qu'on vit couler ses larmes. A l'une des représentations, le vieux maréchal de La Feuillade fit une observation très-fine. Il était sur le théâtre, comme c'était encore l'usage, alors, pour beaucoup de grands personnages. *Auguste* venait de dire ces deux vers :

> Mais tu ferais pitié même à ceux qu'elle irrite,
> Si je t'abandonnais à ton peu de mérite.

— Ah ! s'écria tout haut le maréchal, tu me gâtes le *soyons amis, Cinna*.

Le pauvre comédien crut avoir mal joué et se montra tout interdit : « Mais non, lui dit La Feuillade après la pièce ; ce n'est pas vous qui m'avez déplu, c'est Auguste qui raconte à Cinna qu'il n'a aucun mérite et puis qui lui offre ensuite son amitié ; si le roi m'en disait autant, je le remercierais de cette amitié. »

Lorsque Baron prit le rôle de Cinna, le public était habitué à des déclamations boursoufflées d'acteurs de mauvais goût mugissant les beaux vers de Corneille, au lieu de les dire. La démarche noble, simple, majestueuse du nouveau comédien ne fut pas goûtée d'abord ; mais lorsque dans le tableau de la conjuration, on le voit pâlir et rougir rapidement, le feu et la vérité de son jeu enlevèrent tous les suffrages.

Le rôle de Cinna fut tenu plus tard par un fort bon acteur, Dufresne, mais dont le talent était loin d'égaler celui de Baron. Ce Dufresne imagina un jour un singulier moyen, ou si l'on veut, une *singulière ficelle*, pour produire de l'effet sur les spectateurs. Au moment où il prononça ces deux vers :

> Ici le fils baigné dans le sang de son père,
> Et, sa tête à la main, demandant son salaire,

il mit tout à coup sous les yeux du public, et agita de sa main droite jusqu'alors cachée derrière son dos, son casque surmonté d'une plume rouge. Cela produisit un effet surprenant et on l'applaudit beaucoup. Nous doutons fort qu'une pareille surprise fût aussi bien accueillie de nos jours, et que semblable jonglerie produisît autre chose que des rires, des huées et des coups de sifflet.

Deux ans après cette avalanche de chefs-d'œuvre, en 1641, le grand Corneille donna la belle tragédie de *la Mort de Pompée*. Une femme de beaucoup d'esprit faisait la critique de cette pièce en disant qu'elle ne lui reprochait qu'une chose, c'était le trop grand nombre de héros qui s'y trouvaient, ce qui l'empêchait de fixer son choix. La fameuse Ninon de

Lenclos, poursuivie par le comte de Choiseul qui l'ennuyait de son amour et de ses soupirs, lui répondit un jour plaisamment par ce vers de la tragédie de *Pompée :*

Ah! ciel, que de vertus vous me faites haïr.

On prétend que le futur maréchal avait alors pour rival préféré auprès de Ninon, le danseur Pécourt. Ayant un jour trouvé chez Ninon, Pécourt, vêtu d'un habit qui semblait un uniforme, il lui demanda dans quel corps il servait : — « Monsieur, lui répondit Pécourt blessé du persiflage, je commande à un corps où vous servez depuis longtemps. »

Ayant donné à la scène française quatre tragédies qui y sont encore après plus de deux siècles et qui resteront tant que le goût du beau se conservera dans notre pays, le grand Corneille sembla vouloir reposer son génie et revenir pour se délasser à son genre primitif. Il composa *le Menteur*, belle comédie en cinq actes qu'il tira de l'Espagnol *Lopez de Vega* et qu'il fit jouer en 1642. — Je donnerais, disait-il un jour, mes deux meilleures pièces pour être l'auteur de la comédie de Lopez. Public et acteurs firent fête à ce nouveau produit du grand poëte qui donna l'année suivante (1643), une autre comédie intitulée *la Suite du Menteur*. Elle eut moins de succès ; cependant, un peu plus tard, elle réussit assez bien sur le théâtre du Marais.

Après cinq années de repos, la muse tragique inspira à son grand poëte *Rodogune* (1646), composition pour laquelle l'auteur eut toujours un faible et qu'il préférait à ses autres chefs-d'œuvre, peut-être parce qu'elle lui avait coûté plus de peine et de travail que les précédentes. Il avouait avoir mis plus d'un an à faire le scenario. Corneille avait déjà produit seize grandes compositions dramatiques, il avait quarante ans, il était à l'apogée de son talent immortel. Il devait encore donner au théâtre de bonnes tragédies, des comédies d'un grand mérite ; mais le temps des *Horaces*, des *Cinna* commençait à s'éloigner de lui. Sa muse n'avait plus la verdeur et la force de la jeunesse. Sans doute elle ne pouvait l'entraîner au médiocre, mais elle refroidissait peu à peu son génie. Le poëte, après être monté jusqu'au faîte du sublime, redescendit lentement et une à une les marches qui l'y avaient conduit.

Voici une anecdote assez plaisante relative à la tragédie de *Rodogune* :

A l'une des premières représentations, un soldat en faction sur le théâtre écoutait avec l'attention la plus soutenue. A plusieurs reprises, il avait essayé par divers signes, de faire comprendre à *Antiochus* que le meurtrier de son frère était *Cléopâtre*. Enfin, lorsque le prince s'écrie en s'adressant à Rodogune :

> . . . . Une main qui nous fut chère...
> Madame, est-ce la vôtre ou celle de ma mère ?
> Est-ce vous ? etc...

le brave fantassin, n'y tenant plus, répondit très-haut, en désignant *Cléopâtre* :

— C'est elle !

Le public se livra à de tels éclats de rire, et les acteurs en scène eurent tant de peine à reprendre leur sérieux, que cet incident faillit compromettre le succès de la pièce qu'on acheva très-difficilement.

La tragédie de *Théodore,* que Corneille fit jouer quelque temps après celle de *Rodogune* est loin de valoir celle-ci. On raconte à propos de cette pièce, que Fontenelle, en entendant les deux vers suivants :

> On la verrait offrir d'une âme résolue,
> A l'époux sans macule une épouse impolue.

s'écria : « Quel est donc le Ronsard qui a pu écrire ainsi? » Il fut étonné d'apprendre que c'était son cher oncle, le grand Corneille.

La tragédie d'*Héraclius* suivit en 1647 celle de *Théodore*. Elle ne vaut guère mieux quoiqu'elle servît de modèle à beaucoup de copies. L'abbé Pellegrin appelait cette pièce le désespoir de tous les auteurs tragiques, et Boileau disait d'elle : C'est un logogryphe. Il lui fait allusion, lorsqu'il écrit dans son *Art poétique* :

> Je me ris d'un auteur qui, lent à s'exprimer,
> De ce qu'il veut d'abord ne sait pas m'informer.
> Et qui, débrouillant mal une pénible intrigue,
> D'un divertissement me fait une fatigue.

Ce qu'il y a de plus plaisant, c'est que Corneille assistant à la reprise de cet ouvrage, quelques années après qu'il l'eut composé, avoua n'y plus rien du tout comprendre.

En 1650, l'auteur du *Cid* fut sollicité pour faire une tragédie qui pût prêter à une mise en scène splendide, avec machines et décorations. On voulait amuser le jeune roi Louis XIV, alors dans sa minorité. La reine-mère était décidée à ne rien épargner pour avoir un spectacle dans le genre des opéras de Venise. La pièce fut faite, elle porta le nom d'*Andromède* et fut jouée à l'hôtel du Petit-Bourbon, dont la salle, belle, grande, élevée, se prêtait admirablement à la circonstance. L'ouvrage eut un immense succès, si bien que les acteurs du Marais s'empressèrent de la reprendre et ils eurent raison, car tout Paris y courut. Seulement ce ne fut plus, comme pour *Cinna*, comme pour *Rodogune*, à de beaux vers que Corneille dut le retentissement de sa pièce, mais à la première apparition sur la scène d'un vrai cheval représentant Pégase. Jamais encore on n'avait osé commettre semblable hardiesse. Ce qui prouve que si le théâtre du Cirque fût inopinément tombé au milieu de Paris au dix-septième siècle, avec ses chevaux caparaçonnés et sa brillante mise en scène, il eût fait fureur. Du reste, les honneurs furent moins pour *Andromède* que pour le cheval qui jouait son rôle en acteur consommé. Il marquait une ardeur guerrière, il poussait, au moment opportun, des hennissements, il trépignait avec un tel naturel, que le public ne se lassait point d'admirer sa haute intelligence. Il est vrai que ce bon public français, toujours le même, ne pouvait voir dans la coulisse un brave homme vannant de l'avoine, et qu'il ignorait aussi que le pauvre animal, objet de son admiration, était à jeun et ne soupait qu'après avoir fourni son emploi avec l'instinct que donnent à tout être vivant la faim et la soif.

Don Sanche d'Aragon, comédie héroïque, parut en 1651, après *Andromède*, ou si l'on veut, après le cheval d'*Andromède*. Cette pièce eut d'abord un succès ; mais le prince de Condé, dont le goût faisait autorité, s'en étant montré fort peu enthousiaste, elle tomba bien vite et fut reléguée longtemps sur les planches de province. On y trouve de beaux vers, cependant, et de belles scènes, et on la reprit plusieurs fois sur les théâtres de Paris.

Corneille, après ces quelques pièces qui ne manquent pas de beautés, mais qui ne sont plus à la hauteur de ses belles conceptions, parut vouloir se relever par la tragédie de *Nicomède*, jouée en 1652, et qui eut un très-grand retentissement. Toutefois, disons-le, ce retentissement fut en partie dû à cette circonstance, qu'à l'époque où on représenta l'ouvrage, les princes sortaient de prison et que plusieurs scènes semblaient une allusion à cet événement.

En 1653, parut *Pescharite, roi des Lombards*, tragédie qui n'eut aucun succès, c'était le premier échec grave de Corneille sur la scène. Il en fut si chagrin que le dégoût s'empara de lui. Il résolut d'abandonner le théâtre, et se mit à traduire en vers français l'*Imitation de Jésus-Christ*. Ce qui surtout avait fait tomber la pièce, c'est que le public s'était montré indigné de voir un mari racheter sa femme au prix de son royaume. La bouderie de Corneille avec la muse tragique dura six ans. Son serment avait été un serment de buveur, l'*Imitation* resta inachevée sur sa table, et *Œdipe*, avec les beaux vers qu'il renferme, parut radieux aux yeux du public qui retrouva avec joie son grand poëte en 1659. Le sujet avait été fourni à Corneille par Fouquet, désireux de rendre à l'art dramatique l'homme de génie qui avait tant fait déjà pour la saine littérature.

L'année suivante, Corneille composa la tragi-comédie de *la Toison d'or*, pour être représentée au château de Neubourg, chez le marquis de Sourdeac, à l'occasion du mariage de Louis XIV et de la paix avec l'Espagne, en 1661; la troupe du Marais la joua avec les danses et la musique, mais elle ne resta pas longtemps au théâtre. Elle fut reprise en 1683, avec un prologue de La Chapelle.

Sertorius succéda à la *Toison d'or* en 1662. *Sertorius* a des scènes d'une grande beauté, et on prétend que Turenne, après avoir entendu cette tragédie, s'écria : — « Où donc Corneille a-t-il appris l'art de la guerre? » Ainsi, on le voit, Corneille avait de temps à autre, au déclin de sa vie et de son talent, comme des éclairs qui brillaient d'un vif éclat, puis venant à s'éteindre, laissaient les admirateurs de son immense talent dans un clair-obscur. C'est ce qui arriva lorsqu'il voulut traiter le sujet de *Sophonisme*, déjà mis cinq fois à la scène depuis un siècle, par Saint-Gelais, par Marmet, par Mont-Chrétien, par Montreux, et enfin d'une façon assez brillante par Mairet. La Grange-Chancel et Voltaire ont également fait leur tragédie de *Sophonisme*. Celle de Corneille ne réussit pas, non plus que la pièce d'*Othon*, donnée par lui en 1664, et qui manque d'action. Boileau lui fait allusion, lorsqu'il dit dans son *Art Poétique :*

> Vos froids raisonnements ne feront qu'attiédir
> Un spectateur toujours paresseux d'applaudir ;
> Et qui, des vains efforts de votre rhétorique
> Justement fatigué, s'endort ou vous critique.

Les deux tragédies d'*Agésilas* et d'*Attila*, en 1666 et en 1667, n'étaient pas faites pour venger Corneille de *Sophonisme* et d'*Othon*. Cependant, elles eurent Chapelain pour grand admirateur. On connaît l'épigramme de Boileau :

> Après l'*Agésilas*
> Hélas !
> Mais après l'*Attila*
> Holà !

Corneille, ou se méprit ou voulut bien se méprendre sur le sens de cette épigramme et la traduisit à son avantage. Hélas ! d'après lui, voulait dire que l'*Agésilas* inspirait la pitié, qu'ainsi elle remplissait le but de la tragédie, et le HOLA mis après l'*Attila*, indiquait que c'était le *nec plus ultrà* de l'art.

Attila avait été composé par Corneille pour se venger des comédiens de l'Hôtel de Bourgogne, qui commençaient à préférer le talent jeune et pur de Racine au sien qui semblait fatigué. Il donna donc sa tragédie nouvelle à la troupe du Palais-Royal, où le célèbre La Thorillière lui prêta l'appui de sa belle diction. Malgré cela, cet ouvrage ne resta pas au théâtre.

Tite et Bérénice, représenté en 1670, était de plusieurs degrés au-dessous des deux précédentes tragédies, Boileau disait d'elle que c'était du *galimatias double*, c'est-à-dire du galimatias que non-seulement le public, mais même l'auteur ne comprend pas. Il avait raison, et la preuve ressort de l'anecdote suivante :

Baron, chargé du principal rôle, se mit à l'étudier avec le soin qu'il apportait toujours à se rendre compte des moindres intentions de l'auteur ; mais il trouva tellement d'obscurité dans les pensées et dans les mots, qu'il pria Molière de lui expliquer cette tragédie. Molière la lut, essaya ; mais il finit par avouer qu'il n'y entendait rien. — Attendez, dit-il à Baron, Corneille vient souper chez moi ce soir, soyez des nôtres, vous lui demanderez l'explication. Baron accepte, et dès que Corneille paraît, il lui saute au cou, l'embrasse et le prie de lui expliquer plusieurs vers. Corneille, après les avoir examinés quelque temps, dit à Baron : « Ma foi, je ne les entends pas trop bien non plus ; mais récitez-les toujours, tel qui ne les comprendra pas, les admirera. »

Pulchérie, tragi-comédie, et *Suréna*, tragédie, furent, en 1672 et en 1674, les deux dernières pièces de Corneille, si nous en exceptons la tragi-comédie-ballet de *Psyché*, faite en collaboration avec Molière et Quinault pour les paroles, avec Lully pour la musique.

Psyché fut une dernière galanterie de Corneille à Louis XIV. Déjà bien vieux pour un poëte, puisqu'il avait soixante-cinq ans, il consentit à plier son mâle génie que l'âge rendait sec et sévère, jusqu'à composer un pastiche pour amuser un roi jeune encore et aimant le plaisir. Molière fit le premier acte de cette espèce de pastorale, et quelques scènes détachées ainsi que le prologue; Corneille s'assujettit à broder sur le plan du grand comédien, Quinault composa les paroles de la musique et le fameux Lully la partition.

Grâce à cette condescendance, le théâtre et la littérature furent dotés d'un morceau qui a passé longtemps pour un des plus tendres et des plus naturels qui soient à la scène, et qui, aujourd'hui encore, excite l'admiration, c'est la déclaration de Psyché à l'Amour. Le grand roi goûta fort cette jolie pièce. Les deux rôles principaux, celui de l'Amour et celui de Psyché, furent remplis par le fils du fameux Baron et par mademoiselle Desmares, quand la pièce fut mise à la scène.

Baron, amoureux fou de la Desmares, joua avec tant de feu, que le duc d'Orléans, dont l'actrice était la maîtresse, en conçut des soupçons et de la jalousie. Il eut avec elle une explication orageuse qui se termina par l'aveu de sa flamme pour son camarade et par sa rupture avec l'altesse royale.

Le grand Corneille acquit une gloire immortelle; mais il ne fit pas fortune ou du moins il n'en laissa guère après lui. Admiré des plus grands princes, jalousé par un grand ministre, estimé des plus grands hommes du siècle, il fut l'objet des hommages les plus spontanés et les plus délicats de son vivant; sa mort fut un deuil général, et bien longtemps après qu'il fut descendu dans la tombe, sa mémoire, ainsi que nous allons le dire, fut honorée dans la personne de ses descendants.

Sur la fin de ses jours, il parut au théâtre où on ne l'avait pas vu depuis deux ans ; à l'instant même les acteurs s'interrompent, le grand Condé, le prince de Conti, tous les personnages alors sur la scène se lèvent ; les loges suivent leur exemple ; le parterre applaudit ; des acclamations se font entendre de toutes parts, et malgré sa modestie, il lui est impossible de se dérober à cette manifestation spontanée, à cette véritable ovation.

A sa mort, Racine et l'abbé Delaveau se disputèrent l'honneur de lui faire faire un service funèbre. Un acteur fit ces deux vers :

> Puisque *Corneille* est mort, qui nous donnait du pain,
> Faut vivre de *Racine*, ou bien mourir de faim.

En 1750, près de soixante-dix années après la mort de Pierre Corneille, il restait encore un de ses petits-neveux, et le descendant du grand poëte n'était pas heureux. On le sut, et un des admirateurs du *Cid* eut l'idée de l'engager à solliciter des acteurs du Théâtre-Français une représentation à son bénéfice. C'est peut-être le premier exemple de cet usage depuis si fréquent. La Comédie-Française mit à *ce bénéfice* un empressement qui ne fut égalé que par celui du public à répondre à cette pensée généreuse. On choisit pour la représentation, *Rodogune*, la tragédie de prédilection de Corneille, et *les Bourgeoises de qualité*, comédie dans laquelle presque toute la troupe est en scène, et qui fut adoptée par cette raison, chacun voulant contribuer à cette bonne œuvre. La soirée fut des plus brillantes, elle produisit plus de 5,000 francs. Longtemps après, il parut une ode de Lebrun à Voltaire, pour appeler l'attention de ce poëte riche, généreux et courant après la gloire, sur la fille du petit-neveu de Corneille. Voltaire maria et dota cette jeune personne. La dot fut le prix d'une belle édition des œuvres de l'auteur des *Horaces*, dont Voltaire voulut être lui-même l'éditeur et qui se fit par souscription.

Ainsi voilà deux actes de bienfaisance pour les descendants du grand poëte dramatique qui sont la cause première, peut-être, de deux innovations heureuses pour les artistes et pour les lettres, les représentations à bénéfice et les éditions par souscription.

Pierre Corneille eut, en 1625, un frère, Thomas Corneille, qui voulut marcher sur ses traces et, se sentant la verve poétique, s'essaya de bonne heure au théâtre. Il y réussit, et quoi qu'en dise le satirique Boileau, si *Thomas* n'avait pas été le frère de *Pierre*, son nom de Corneille eût brillé d'un grand éclat. Il ne produisit pas des chefs-d'œuvre comme *Cinna*, *les Horaces*, *Rodogune* ; mais il donna de belles et de bonnes tragédies, de jolies comédies, bien conduites, bien versifiées, et que le public de cette époque loua et applaudit. Plusieurs sont restées à la scène, où elles sont encore de nos jours. C'est à tort que l'auteur de *l'Art poétique* prétend que Thomas Corneille ne fit jamais rien de raisonnable et qu'il semble s'être étudié à copier les défauts de son frère. Ce jugement est partial, injuste, et la postérité comme les contemporains n'ont pas voulu le ratifier. Un mauvais plaisant mit l'impromptu suivant sous le portrait de cet auteur dramatique :

> Voyant le portrait de Corneille,
> Gardez-vous de crier merveille ;
> Et dans vos transports n'allez pas
> Prendre ici *Pierre* pour *Thomas*.

Thomas Corneille se montra observateur fidèle des règles de l'art. En général, dans ses pièces, la partie théâtrale est bien entendue. Les situations sont variées, naturellement amenées et habilement conduites. Il travaillait avec facilité. Il reconnaissait avec plaisir la supériorité de son aîné, qu'il appelait toujours le grand Corneille, et ce dernier, à son tour, a souvent dit qu'il eût voulu être l'auteur de plusieurs des comédies de celui que Boileau désignait sous le nom de *cadet de Normandie*.

Ariane, jouée en 1672 ; *le Comte d'Essex* (1678), *Camma* (1661), *Commode* (1658), *Timocrate* (1656) sont des tragédies qui ont de la valeur et qui eurent du succès. *L'Inconnu* (1675), *le Festin de Pierre* (1677) que l'on joue quelquefois, après deux siècles, sont des comédies qui méritaient mieux que des critiques peu loyales. Était-ce la faute de Thomas Corneille, si, avant lui et en même temps que lui, les plus belles productions dramatiques qui aient encore paru, étaient représentées sous le même nom que le sien ?

Thomas Corneille mourut aux Andelys en 1709,

vingt-cinq ans après son frère, il avait alors quatre-vingt-quatre ans. Le plus bel éloge qu'on puisse faire de lui, c'est que jamais il ne montra la moindre jalousie à l'égard de son aîné. Bien plus, les deux frères épousèrent les deux sœurs ; ils vécurent toujours ensemble, dans la même maison, et, après vingt-cinq ans de mariage, ils n'avaient pas encore songé à faire le partage des biens de leurs femmes.

Thomas Corneille fit représenter trente-cinq ouvrages, tragédies, tragi-comédies, comédies et même opéras ; mais il ne réussit pas dans ce dernier genre. Il avait une mémoire si prodigieuse, que lorsqu'on lui demandait de déclamer une de ses pièces, comme c'était alors l'usage dans les salons des grands personnages, il le faisait sans avoir recours au manuscrit. A l'inverse de son frère, il avait une diction facile et heureuse.

Madame de Sévigné parle dans ses lettres, de l'*Ariane* de Thomas Corneille, à propos de l'actrice chargée du principal rôle, la Champmeslé, qu'elle appelait sa belle-fille, parce qu'elle était entretenue par son fils, le marquis de Sévigné. Mademoiselle Duclos prit le rôle longtemps après la Champmeslé et ce fut son triomphe.

Nous avons déjà dit qu'à cette époque, il y avait deux grands théâtres à Paris, celui de l'Hôtel de Bourgogne et celui du Marais. Le premier avait le pas sur le second, comme aujourd'hui le Théâtre-Français sur l'Odéon. Beaucoup des pièces de Thomas Corneille étaient jouées sur le théâtre du Marais.

Un jour que le public redemandait l'*Ariane*, l'acteur Dancourt s'avança timidement sur le devant de la scène, fort embarrassé pour expliquer d'une manière convenable qu'on ne pouvait donner cette tragédie, vu la position, que nous appellerions aujourd'hui *intéressante*, de mademoiselle Duclos. Enfin, il était parvenu, à l'aide d'un geste assez significatif, à se faire comprendre, lorsque l'actrice, qui le guettait des coulisses, s'élance sur le théâtre, lui applique un superbe soufflet, et, se retournant vers le parterre : « Messieurs, dit-elle, à *demain l'Ariane.* » Au commencement du règne de Louis XV, la *Clairon* joua aussi le rôle d'Ariane, elle y obtint un grand succès.

Le Comte d'Essex, tragédie dans laquelle brilla la belle mademoiselle Lecouvreur, fit dire, par un homme de beaucoup d'esprit : « J'ai vu une reine parmi les comédiens. »

Le Festin de Pierre, comédie de Molière, fut jouée par sa troupe en 1665 ; mais alors cette pièce était en prose. Molière proposa à Thomas Corneille de la mettre en vers, ce qu'il fit, et pour être agréable à l'auteur de *Tartufe* et pour que cette condescendance lui devînt profitable à lui-même. Ce fut en 1667 que cette comédie parut sur la scène, écrite par Corneille. Le succès qu'eut en tout temps le sujet de cette pièce, est prodigieux. Il fut apporté en France par les comédiens italiens qui l'avaient pris au théâtre espagnol de *Tirso di Molina*. Le titre primitif était *el Combibado de Pietra,* ce qui signifie *le Convié de Pierre*, c'est-à-dire la statue de Pierre *conviée à un repas*, dont on fit *le Repas, le Festin de Pierre*, parce que la statue invitée était celle d'un commandeur appelé *Don Pedro*. Il n'y a pas de théâtre, il n'y a pas de troupe dramatique qui n'ait eu, sous un nom ou sous un autre, son *Festin de Pierre*. Devillers en 1659, Dorimond en 1661, Rosimond en 1669, le donnèrent sur diverses scènes, les uns pour les comédiens du Marais, les autres pour ceux de l'Hôtel de Bourgogne ; enfin, Molière et Thomas Corneille pour ceux du Palais-Royal. Le premier de ces deux auteurs y avait hasardé quelques traits un peu forts que le second a retranchés, entre autres une scène où Don Juan dit à un pauvre qui lui demande l'aumône : « Tu passes ta vie à prier Dieu, il te laisse mourir de faim ! prends cet argent, je te le donne pour l'amour de l'humanité. »

Corneille le jeune ne dédaignait aucun genre, son heureuse facilité et son désir de se produire au théâtre, lui ont fait essayer depuis la tragédie jusqu'à l'opéra où il ne réussit nullement, quoique Lully fût son collaborateur pour la musique. En 1675, il livra à la scène une comédie héroïque en cinq actes et en vers, avec prologue et divertissements, le tout mêlé de musique et de danses. Cette pièce, appelée *l'Inconnu*, eut un très-grand nombre de représentations, dont trente-trois consécutives, ce qui était alors assez rare. Il la fit avec *Visé*, qui travailla également à un autre ouvrage, *la Devineresse*, donnée en 1679. A la reprise de *l'Inconnu*, Thomas Corneille y ajouta, dans le divertissement du cinquième acte, une chanson de paysanne qui fit fureur, la voici :

    Ne frippez poan mon bavolet;
    C'est aujordi dimanche.

Je vous le dis tout net :
J'ai des épingles sur une manche.
Ma main pèse autant qu'all'est blanche,
Et vous gagnerez un soufflet :
Ne frippez poan mon bavolet ;
C'est aujordi dimanche.
Attendez à demain que je vase à la ville,
J'aurai mes vieux habits ;
Et les lundis,
Je ne sis pas si difficile ;
Mais à présent, tout franc,
Si vous faites l'impertinent,
Si vous gâtez mon linge blanc,
Je vous barrai comme il faut de la hâte ;
Je vous battrai, pincerai, piquerai ;
Je vous moudrai, grugerai, pilerai ;
Menu, menu, menu, comme la chair en pâte.
Hom ! voyez-vous, j'avons une terrible tâte,
Que je cachons sous not' bonnet.
Ne frippez poan mon bavolet ;
C'est aujordi dimanche.

Bien longtemps après la mort des deux auteurs, le roi Louis XV, encore fort jeune, fit représenter cette comédie au palais des Tuileries. Dans un ballet-intermède, il dansa, ainsi que tous les jeunes seigneurs de la cour. Ce fut une des dernières fois qu'on sacrifia à ce singulier usage, introduit par Louis XIV, et qui nous semblerait aujourd'hui une monstruosité.

La Devineresse, dont nous venons de parler, est une comédie en prose, en cinq actes, et assez médiocre. Elle eut une grande vogue d'actualité. On parlait alors beaucoup dans le monde des empoisonnements de la fameuse Brinvilliers et de la poudre de succession ; or, c'est à la Voisin qu'on fait allusion dans la pièce, et cette empoisonneuse y est désignée sous le nom de madame *Jobin*. Quoi qu'il en soit, *la Devineresse* rapporta, dit-on, la somme énorme de cinquante mille livres, quatre fois peut-être davantage que la plus belle tragédie de Pierre Corneille.

Thomas fit ses trois meilleures tragédies en l'espace de cinq ans, et étant encore assez jeune: ce sont *Timocrate*, en 1656; *Commode*, en 1658, et *Camma*, en 1661.

Timocrate fut donnée quatre-vingts fois de suite et toujours avec un égal succès et un succès tel, que Louis XIV, chose des plus rares, vint exprès au théâtre du Marais, où l'on représentait les compositions de Thomas Corneille, pour assister à l'une des représentations. Les acteurs étaient excédés de jouer cette tragédie que le public la demandait encore. Enfin, un beau jour, ils députèrent un des leurs qui, s'avançant sur le bord de la scène, dit au parterre : « Messieurs, vous ne vous lassez pas d'entendre *Timocrate* ; pour nous, nous sommes las de le jouer ; nous courons risque d'oublier nos autres pièces, trouvez bon que nous ne le représentions plus. » Les comédiens de l'Hôtel de Bourgogne, de beaucoup supérieurs, par le talent, à ceux du Marais, voulurent la jouer ; mais ils furent tellement au-dessous de leurs confrères du *second* théâtre, qu'ils y renoncèrent.

La tragédie de *Commode* eut également le privilége de faire déplacer Louis XIV ainsi que toute la Cour qui vint mêler ses applaudissements à ceux du public.

Camma fut jouée à l'Hôtel de Bourgogne et l'affluence fut si considérable, que la scène était littéralement envahie par les grands personnages qu'on ne pouvait expulser. Les acteurs avaient de la peine à se remuer et cette vogue les décida à jouer les jeudis, ce qu'ils ne faisaient jamais, car alors, les représentations sur le grand théâtre n'avaient lieu que trois fois par semaine, les dimanches, mardis et vendredis. Le dénouement habile et imprévu imaginé par Thomas Corneille pour cette tragédie, est un des principaux motifs du succès qu'elle obtint. Quelques jeux de scène heureux, et qu'on appelle aujourd'hui des *ficelles* en langage vulgaire de théâtre, contribuèrent également à la faire réussir.

Laodice, reine de Cappadoce, tragédie jouée en 1668, fut moins bien traitée que les trois précédentes. A l'une des représentations de cette pièce, l'auteur en expliquait le sujet à un grand seigneur qui paraissait peu le comprendre. « La scène, lui disait-il, est en Cappadoce, il faut se transporter dans ce pays-là et entrer dans le génie de la nation. — Ah! très-bien, très-bien, reprit le courtisan, je crois que votre pièce n'est bonne qu'à être jouée sur les lieux. »

Ainsi que bien d'autres auteurs, Thomas Corneille fit son *Achille*. Un des acteurs qui tint le rôle du héros grec avait été menuisier de son état. Se trouvant superbe sous son casque, il voulut avoir son portrait dans son costume de théâtre. Il fit prix avec le peintre ; mais on prévint ce dernier que le comédien était un mauvais payeur. Le rapin peignit le bouclier de son Achille en détrempe. Le portrait fut trouvé d'une grande ressemblance, cependant l'Achille de comédie refusa de payer le prix convenu. Le peintre feignit d'être très-content de ce qu'on lui offrait et engagea l'acteur à passer plusieurs fois sur le tableau une éponge imbibée de vinaigre, pour lui donner plus d'éclat. Le conseil fut suivi, mais aussitôt l'image d'Achille apparut en casque et en cuirasse un rabot à la main.

A l'instigation de Boileau et de Racine, Thomas Corneille essaya de composer des opéras pour supplanter Quinault, alors fort en vogue pour ce genre de pièces. Lully se prêta avec peine à ses désirs, et il avait raison, car il échoua complétement. C'est ainsi qu'en 1678, parut *Psyché*, composée pour Louis XIV, et fort peu appréciée, comme on disait alors, de la Cour et de la ville.

VI

RICHELIEU ET SES COLLABORATEURS.

DE 1636 A 1652.

RICHELIEU, poëte dramatique. — *La Comédie des Thuileries* (1635). — Colletet et de Saint-Sorlin. — Caractère de ce dernier. — Ses vers sur la violette. — Sa comédie d'*Aspasie* (1636). — La comédie des *Visionnaires* (1637). — Anecdote. — *Roxane.* — VOITURE. — Son épître à M. de Boutillier. — Anecdote relative à l'abbé D'AUBIGNAC. — *Mirame*, tragicomédie (1639). — Efforts de Richelieu pour faire réussir cette pièce. — Peu de succès de *Mirame* à la première représentation. — Anecdote. — Deuxième représentation. — Joie enfantine du cardinal de Richelieu. — Anecdote relative à BOIS-ROBERT. — *Europe*, tragi-comédie (1643). — Tribulations de Desmarets à l'occasion d'*Europe.* — Richelieu sollicite la critique de l'Académie. — Sa colère. — Le public préfère *le Cid* à *Europe.* — Richelieu retire la pièce. — Le nombre des auteurs dramatiques tend à s'accroître au dix-septième siècle. — Les auteurs, les spectateurs de cette époque et ceux de l'époque actuelle. — Critique. — Les réclames. — Les premières représentations. — Les journaux. — Jodelet. — Première pièce faite en vue d'un acteur. — Auteurs contemporains de Corneille. — BOIS-ROBERT. — Ses pièces des *Apparences trompeuses*, de *l'Amant ridicule* et des *Orontes*, en 1652 et 1655. — Anecdote. — La cathédrale de Bois-Robert. — Ce qui donna lieu à la pièce des *Orontes.* — L'abbé BOYER, célèbre par ses revers au théâtre. — Épigramme sur une de ses pièces. — *Clotilde.* — *Agamemnon.* — Anecdote. — Sonnet sur cette pièce.

L'humanité est ainsi faite que bien rarement ici-bas on se contente du lot que la nature nous a dévolu en partage. Le grand homme de guerre veut passer pour grand politique, le politique veut paraître poëte, l'historien a des prétentions à être habile stratégiste. Et chacun est plus flatté des éloges non mérités qu'on lui donnera sur la vertu qu'il veut avoir et qu'il n'a pas, que de ceux qu'il méritera par les qualités qu'il possède réellement. C'est ainsi que le cardinal de Richelieu, l'habile et illustre ministre qui a tant fait pour l'unité et la grandeur de la France, se souciait assez peu qu'on vantât ses talents administratifs, sa haute capacité d'homme d'État, le génie avec lequel il gouvernait le royaume; mais il ne pardonnait pas la plus légère critique des tragédies médiocres dont il avait ou donné le sujet ou barbouillé quelques scènes. Richelieu, le grand Richelieu, voulait être avant tout un grand poëte, il ne jalousait pas le ministre qui lui tenait tête dans les conseils de l'Europe, mais il ne pouvait souffrir qu'on lui vantât les œuvres dramatiques de Corneille. Piqué de la muse tragique, il cherchait à se faire une réputation littéraire, il s'entourait de beaux esprits, il suivait le théâtre, il composait lui-même des pièces qu'il trouvait admirables et qu'il ne pouvait réussir à faire admirer. Les travers des grands sont quelquefois bons à quelque chose. Celui du ministre de Louis XIII aboutit, entres autres mesures heureuses pour la France et pour les lettres, à la création de l'Académie.

En 1635, Richelieu, aidé des cinq auteurs qu'il faisait travailler à ses productions dramatiques, mit au monde une comédie en cinq actes intitulée : *Les Thuileries*. Cette pièce fut représentée dans le Palais-

Cardinal avec une sollicitude toute paternelle. L'Éminence en avait arrangé lui-même toutes les scènes. Corneille, un des auteurs, plus docile à la muse poétique qu'aux volontés du ministre, avait cru devoir faire quelques changements au troisième acte qui lui avait été confié. Cela déplut à Richelieu qui lui dit :
— Il faut avoir un esprit de suite. Or, par *esprit de suite*, Son Éminence entendait une soumission aveugle aux volontés du supérieur ; ce que nous appellerions de nos jours, en termes militaires, une obéissance passive.

Chapelain avait fait le prologue, et quand tout fut prêt, le cardinal-ministre pria le poëte de lui prêter son nom, ajoutant qu'en retour, il lui prêterait sa bourse en quelque autre occasion.

En outre les cinq auteurs furent nommés avec éloge dans le prologue, ils eurent un banc spécial dans une des meilleures places de la salle, et leurs pièces étaient toujours représentées devant le roi et devant toute la cour. Ces avantages ne manquaient pas d'avoir pour eux quelque agrément.

Colletet, un des cinq de la comédie de Son Éminence, ayant porté à Richelieu le monologue dans lequel se trouve une description de la pièce d'eau des Thuileries, le ministre admira beaucoup ces trois vers :

> La cane s'humecter de la bourbe de l'eau ;
> D'une voix enrouée et d'un battement d'aile,
> Animer le canard qui languit auprès d'elle.

Richelieu courut à son secrétaire, prit cinquante

pistoles, les mit dans la main de Colletet en lui disant que c'était seulement pour ces vers qu'il trouvait très-bien ; mais que le roi n'était pas assez riche pour payer tout le reste.

Colletet, ravi, remercia par ces deux vers :

> Armand, qui pour six vers m'a donné six cents livres,
> Que ne puis-je, à ce prix, te vendre tous mes livres !

Ce Colletet, qui n'était certes pas un grand génie, quoiqu'il fût un des quarante immortels, tenait quelquefois tête à Richelieu dans des discussions littéraires. Un jour, un flatteur disait au ministre, que rien ne pouvait lui résister. — Vous vous trompez, reprit le cardinal, je trouve dans Paris même des personnes qui me résistent. Colletet, qui a combattu hier avec moi sur un mot, ne se rend pas encore. Voilà une grande lettre qu'il vient de m'écrire à ce sujet.

La seule production de Colletet est la tragédie-comédie de *Cymiade*, jouée en 1642, écrite en prose par l'abbé d'Aubignac et mise en vers par lui. On voit que son bagage littéraire n'a pu le charger beaucoup pour aller à l'immortalité.

Parmi les écrivains d'un mérite relatif qu'il avait à sa dévotion, se trouvait Jean Desmarets de Saint-Sorlin, né en 1595, qui dut à son crédit auprès de lui, d'être contrôleur-général de l'extraordinaire des guerres, secrétaire-général de la marine du Levant, et l'un des premiers des *quarante immortels*.

Desmarets avait réellement beaucoup d'esprit et d'imagination, mais une imagination déréglée qui n'enfantait habituellement que des chimères. Il donna plusieurs pièces au théâtre, et comme l'une de ses premières comédies porte ce titre : *les Visionnaires*, on dit de lui qu'il était le plus bel esprit de tous les visionnaires, et le plus visionnaire des beaux esprits. Il n'avait nullement de penchant pour le métier de poëte, et s'il *enfourcha Pégase*, ce ne fut que pressé, que contraint, en quelque sorte, par le cardinal, qui lui fournissait lui-même ses sujets de compositions dramatiques, qui y travaillait avec lui et le comblait de caresses et de faveurs. C'est Saint-Sorlin qui fit les jolis vers sur la violette de la *Guirlande de Julie :*

> Modeste en ma couleur, modeste en mon séjour,
> Franche d'ambition, je me cache sous l'herbe ;
> Mais si, sur votre front, je puis me voir un jour,
> La plus humble des fleurs sera la plus superbe.

Aspasie, comédie en cinq actes et en vers (1636), fut le coup d'essai de Saint-Sorlin, et on peut dire qu'il en fut l'auteur bien malgré lui ; voici comment : Richelieu lui ayant reconnu beaucoup d'intelligence, de facilité et d'esprit naturel, le pressa de composer quelque pièce pour le théâtre. Desmarets résista longtemps, mais il n'osa refuser au cardinal de chercher au moins un sujet convenable pour la scène. Il composa le *scenario d'Aspasie.*

Richelieu trouva ce *scenario* fort à son goût, lui donna de grands éloges et finit par dire que celui qui l'avait imaginé était seul capable de le traiter avec succès. Toutes les objections du pauvre auteur, tous ses faux-fuyants furent inutiles, il dut se résigner à devenir poëte de par Son Éminence. Il s'exécuta donc de la meilleure grâce possible, et sa pièce, représentée devant le duc de Parme, fut beaucoup applaudie *par ordre* du ministre qui veilla à son succès.

Richelieu ne tint pas Desmarets quitte pour si peu, il lui demanda un ouvrage du même genre tous les ans. Le malheureux poëte sans le vouloir, pris au piége, prétexta le travail incessant que lui donnait un grand poëme héroïque, *Clovis*, auquel il consacrait tous ses moments, et qui devait faire la gloire du règne de Sa Majesté Louis XIII. Cette occupation, disait-il, ne lui permettait pas de sacrifier à la poésie dramatique.

Le cardinal ne prit pas le change, déclara qu'il n'avait pas assez de temps à vivre pour voir la fin de *Clovis*, que le tracas des affaires exigeait qu'il prît des distractions, que les représentations théâtrales de bonnes pièces en vers étaient ses plus douces distractions, que Desmarets étant né poëte et homme d'esprit, Desmarets lui devait son talent et ses veilles. L'argument était sans réplique, et lorsque le ministre tout-puissant du dix-septième siècle parlait ainsi, tout refus devenait impossible. Desmarets devint donc le collaborateur forcé de Son Éminence.

Tous deux se mirent à l'œuvre, et en 1637 il vint au monde une comédie en cinq actes, de leur façon, *les Visionnaires*, que Molière et Boileau ont, par la suite, appelée un *détachement des petites maisons*, mais qui eut, dans le principe, un très-grand succès. Il est vrai de dire que la protection hautement déclarée du cardinal, alors plus souverain que le roi de

France, fut pour beaucoup dans les éloges du public et dans les applaudissements du parterre. En littérature comme en politique, la puissance du jour, tant qu'elle a le dessus, peut à peu près tout ce qu'elle veut, puis vient la réaction, puis vient le jugement de la postérité. On comprend que Richelieu tenait à faire réussir cette comédie, puisqu'il en était en grande partie l'auteur. C'est lui qui en avait tracé les caractères et donné le sujet. Ce sujet était une allusion à l'époque. Ainsi, par une des visionnaires, celle qui aime Alexandre, le cardinal avait voulu désigner madame de Sablé, auprès de qui lui-même avait échoué, et pour se venger de laquelle il voulait donner à la belle insensible le ridicule de n'aimer que le héros de Macédoine. La coquette était madame de Chavigny ; la visionnaire qui ne se plaît qu'au théâtre, était madame de Rambouillet. La quatrième, celle qui se croit adorée de tous les hommes, est une autre grande dame de la cour. Ce dernier rôle fut fort utile à Molière pour créer le caractère de *Bélise* des *Femmes savantes*. La comédie des *Visionnaires* avait donc au moins le mérite de l'actualité. Plus tard, on se permit de nombreuses critiques sur cette pièce, Desmarets finit par en être choqué et mit en tête de sa préface ces quatre vers :

> Ce n'est pas pour toi que j'écris,
> Indocte et stupide vulgaire ;
> J'écris pour les nobles esprits,
> Je serais marri de te plaire.

Une fois qu'il fut admis dans le public que Richelieu travaillait avec Saint-Sorlin, ce dernier ne put donner la moindre pièce sans qu'on ne l'attribuât en grande partie au cardinal. Ainsi *Roxane*, tragédie qui parut en 1640, fut, dit-on, écrite par son Éminence. A ce compte-là, le grand ministre eût passé son temps à rimer tant bien que mal. Quoi qu'il en soit, Voiture, dans le doute où il était sur la paternité de *Roxane*, aima mieux l'admirer que la critiquer. Il en fit un éloge pompeux, ridicule même, dans son épître latine à M. de Boutillier de Chavigny, et il dut se féliciter de sa prudence, lorsqu'il vit les portes de l'Académie française refusées à l'abbé d'Aubignac qui avait commis le crime de trouver cet ouvrage médiocre. Ce d'Aubignac (Hedelin) était un singulier personnage ; chargé par Richelieu de l'éducation du duc de Fronsac, et récompensé de ses soins par deux abbayes ; il avait du talent et de l'esprit. Tour à tour grammairien, humaniste, poëte, antiquaire, prédicateur et romancier, il possédait le caractère le plus hautain, le plus difficile, et trouvait le moyen de se brouiller avec tout le monde. Ayant *commis* un insipide roman, *Mascarisse*, dont Richelet ne fit pas à son gré un assez grand éloge, il ne voulut plus voir son ami. Richelet lui écrivit :

> Hedelin, c'est à tort que tu te plains de moi,
>   N'ai-je pas loué ton ouvrage?
>   Pouvais-je plus faire pour toi
>   Que de rendre un faux témoignage?

Mais revenons au collaborateur du grand cardinal. En 1639 et en 1643, il prêta son nom à deux tragi-comédies, *Mirame* et *Europe,* qui firent alors bien du bruit dans le monde des lettres et sur la scène française. Pour ces deux ouvrages, Richelieu se remua si bel et si bien, montra un tel amour, fit de telles dépenses, qu'il est difficile de ne pas admettre qu'il en est réellement l'auteur. Du reste, *Mirame* et *Europe* sont des pièces aussi mauvaises l'une que l'autre.

Mirame lui coûta cent mille écus ; car il voulut, pour la faire jouer, une salle de spectacle qu'il fit construire à grands frais dans le Palais-Cardinal. Lors de la première représentation, il vint au théâtre, et voyant que la pièce n'avait aucun succès, il partit au désespoir et s'en fut cacher son dépit à Rueil, en faisant dire à Saint-Sorlin de venir le trouver. Saint-Sorlin, assez peu désireux d'affronter seul l'humeur du ministre, pria un de ses amis, homme de ressource, de l'accompagner. Du plus loin que le cardinal les aperçut, il leur cria : — « Eh bien ! les Français n'auront jamais de goût ; ils n'ont point été charmés de *Mirame.* » Desmarets baissait l'oreille, son ami se hâta de prendre la parole : « Monseigneur, dit-il, ce n'est pas la faute de l'ouvrage ni du public, mais bien celle des comédiens. Votre Éminence a dû s'apercevoir qu'ils ne savaient pas leurs rôles et même qu'ils étaient ivres ? — C'est vrai, reprit le cardinal, ils ont tous joué d'une façon pitoyable. » Cette pensée consola Richelieu qui devint d'une humeur charmante et les retint à souper pour parler encore de *Mirame.* Dès que les deux amis furent libres, ils coururent à la comédie prévenir les acteurs de ce qui venait de se passer à Rueil, puis ils se mirent en quête de spectateurs de bonne volonté et disposés à faire accueil à *Mirame*. A la seconde représentation, la pièce fut applaudie à outrance, Richelieu était au comble du bonheur. Il applaudissait lui-même, trépignait des pieds et des mains, se levait dans sa loge, mettait la moitié du corps en dehors, imposait silence pour faire mieux goûter les endroits qu'il jugeait sublimes, enfin il témoignait la joie d'un enfant! Hélas! le grand homme d'État ne put, malgré tous ses efforts, que sauver *Mirame* d'un éternel oubli, en rendant cette tragi-comédie et celle d'*Europe*, célèbres, non par les beaux vers qu'elles renferment, mais par le souvenir qui se rattache à leur mise en scène. A l'une des représentations de *Mirame*, Richelieu avait défendu de laisser entrer d'autres personnes que celles qu'il désignerait. L'abbé de Bois-Robert, qui jouissait d'un grand crédit près de Son Éminence, à cause de son esprit toujours porté à la gaieté, introduisit dans la salle deux beautés d'une réputation passablement équivoque. La duchesse d'Aiguillon, nièce de Richelieu, le sut et le fit exiler. L'Académie, dont Bois-Robert était membre, députa près du ministre pour demander son rappel, cette grâce fut refusée. Le médecin du cardinal, Citois, fut plus heureux. Un jour que son illustre malade était dans un de ses accès taciturnes, il lui fit cette singulière ordonnance : *Recipe Bois-Robert.*

Le pauvre Desmarets n'avait pas eu tout à fait tort, lorsque, sous prétexte d'un *Clovis* infinissable, il refusait l'honneur de la collaboration du grand ministre. Après les tribulations de *Mirame*, vinrent celles d'*Europe*, autre tragi-comédie tout aussi ennuyeuse que la première et jouée quatre ans plus tard.

Lorsque cette pièce fut terminée, Richelieu, la trouvant sublime, l'envoya, par Bois-Robert, à Messieurs de l'Académie française, en les priant de donner leur avis avec la plus scrupuleuse impartialité et la plus entière bonne foi. Messieurs de l'Académie obéirent ponctuellement et maladroitement. Le jugement fut des plus sévères, si sévère même, que quelques vers échappèrent seuls à la critique. Bois-Robert rapporta le manuscrit ; l'infortuné cardinal-auteur, piqué au vif, déchira et jeta de dépit sa pièce dans la cheminée. Heureusement, ou malheureusement pour *Europe*, on était au printemps, il n'y avait pas de feu. Son Éminence s'étant couchée là-dessus, est mordue, au beau milieu de la nuit, d'un irrésistible sentiment de tendresse paternelle pour son œuvre. Elle se lève, ordonne d'appeler son secrétaire Chevest, et l'envoie dans la lingerie demander aux femmes de l'empois. Bientôt les voilà, l'un et l'autre, collant de leur mieux chacune des pages du manuscrit sacrifié dans un moment d'humeur. Le lendemain, *Europe* était retapée, recopiée à peu près telle qu'elle avait été faite, sauf quelques légères corrections, et renvoyée à l'Académie par Bois-Robert, chargé d'observer aux Immortels que l'on avait *profité* de leurs lumières. Cette fois, Messieurs de l'Académie comprirent ; ils n'eurent garde de toucher à *Europe*, qui sortit vierge de leurs mains, et de plus, approuvée, louée, acclamée comme la plus belle fille qui ait jamais paru au théâtre. Hélas! le chef-d'œuvre, mis à la scène, eut le succès le plus négatif! Le public, beaucoup moins dans les secrets du cardinal que Messieurs de l'Académie, à l'inverse du savant aréopage, condamna *Europe* et applaudit *le Cid*.

Europe, tragi-comédie entièrement politique, était, en effet, peu propre au théâtre. C'était un amalgame de scènes dans lesquelles les grandes puissances exposaient, de la façon la plus fastidieuse, leurs intérêts. Par suite d'une autre circonstance fâcheuse, cette pièce fut donnée à l'Hôtel de Bourgogne en même temps que *le Cid*. Lorsque la représentation de la pièce du cardinal fut terminée, un acteur s'avança pour en faire un pompeux éloge et pour annoncer qu'elle serait jouée le surlendemain. Ce n'était pas l'affaire des spectateurs. Des huées, des murmures s'élevèrent de toutes les parties de la salle, et tout le monde sembla s'entendre pour demander à la place la tragédie de Corneille.

Richelieu, choqué au dernier point, retira sa pièce et résolut de se venger sur *le Cid* de la chute de son *Europe*. De là vint la ligue, à l'Académie, contre l'un des chefs-d'œuvre du grand Corneille, et la fameuse critique qui restera comme un triste exemple de platitude et une preuve de ce que peut, en France, même sur les beaux-arts, un pouvoir despotique.

Au dix-septième siècle, le nombre des auteurs dramatiques s'était considérablement accru et tendait à s'accroître. A cette époque, quelques *noms* n'avaient pas seuls, comme de nos jours, le monopole du théâtre. Les acteurs des troupes de l'Hôtel de

Bourgogne ou du Marais, n'acceptaient pas les yeux fermés une tragédie ou une comédie, parce qu'elle était signée de Monsieur un tel, et n'en refusaient pas de propos délibéré une autre, parce que le nom du poëte ne s'était pas encore fait connaître. Les grands et bons auteurs n'empêchaient nullement leurs jeunes confrères de s'approcher du tabernacle ; ils encourageaient leurs efforts et applaudissaient à leurs succès. Un homme qui se sentait la fibre dramatique, pouvait s'essayer à la scène, sans crainte de se voir rejeter par un directeur, plus jaloux de mettre sur ses affiches un nom connu du public que d'offrir à ce public quelque bonne composition dramatique. Et puis, outre le parterre qui existait encore et savait faire respecter les droits *qu'à la porte il achète en entrant*, il y avait des juges compétents dans la littérature, des juges n'ayant pas d'intérêt à porter de faux témoignages, des juges dont le goût épuré n'était mis en doute par personne et faisait loi. Il y avait enfin des spectateurs de toutes les classes, qui voulaient être intéressés, qui applaudissaient lorsqu'ils croyaient devoir applaudir et désapprouvaient impitoyablement et hautement lorsqu'ils trouvaient le spectacle mauvais (1). On ne connaissait ni les intrépides *chevaliers du lustre*, ni les réclames à tant la ligne, ni la mise en scène des premières représentations, les loges données, les stalles offertes pour le succès de la pièce. Le succès était fait par le public, qui pouvait se trom-

---

(1) C'est seulement en 1686, lors de la représentation du *Baron de Fondrières*, comédie *attribuée* à Thomas Corneille, que l'usage des sifflets commença à se généraliser parmi les spectateurs du parterre.

per et se trompait quelquefois, sans doute, mais qui ne se trompait pas avec connaissance de cause. Aujourd'hui, *que les temps sont changés* pour le théâtre ! N'a-t-on pas vu des directeurs commander des pièces à un auteur utile à ménager dans un but quelconque? L'auteur, ou les auteurs (car ces Messieurs se réunissent quelquefois jusqu'à trois ou quatre pour fabriquer un acte), se mettent à l'œuvre. L'acte, ou les actes bons ou mauvais, sont reçus, appris, joués, entonnés (qu'on nous passe l'expression), de gré ou de force au public, qui l'avale comme les boulettes dont on gave le dindon à engraisser. La pièce a dix, vingt, trente représentations, jusqu'à ce que tout Paris soit venu se prendre bêtement à la glu d'une réclame bien stupide, commercialement acceptée par les journaux, et le tour est joué. Il y a bien le critique, chargé de rendre compte des nouvelles représentations, qui pourrait et devrait, dans les feuilles hebdomadaires, charitablement prévenir ses lecteurs ; mais les trois quarts n'auraient garde, et le voulussent-ils, ils ne le pourraient pas, les colonnes du journal leur seraient fermées, s'ils tentaient de critiquer le théâtre qui envoie loges et billets, et s'ils essayaient de louer le théâtre qui les refuse ! D'un autre côté, comme au temps où nous vivons, on ne va guère plus d'une fois entendre la même pièce, on ne se donne pas volontiers la peine de l'applaudir ou de la siffler. Si elle est bonne, on approuve tout bas, en disant du bout des lèvres *bravo* ou en frappant légèrement le parquet du bout de sa canne. Si elle est mauvaise, on se contente de murmurer : *Dieu! que c'est bête !* puis on sort en levant les épaules, bien décidé à laisser *voler* les autres comme on a été volé soi-même.

Enfin et pour terminer ce tableau critique, contre lequel nous ne craignons pas qu'on s'inscrive en faux, nous ajouterons qu'au temps des Corneille, des Racine, des Molière, l'acteur était fait pour les pièces et non les pièces pour l'acteur. On ne composait pas une comédie pour que, dans son rôle, mademoiselle A pût écraser tous ses camarades en brillant aux dépens du reste de la troupe ; pour que le nez du comédien B, son ton de voix nasillard ou tel autre défaut naturel, mis en évidence, pût amuser le public. A l'exception du poëte Scarron, qui fit pour l'acteur *Jodelet* plusieurs pièces comiques, jamais encore on n'avait songé à mettre en scène l'individualité d'un acteur. L'auteur composait son œuvre sans se préoccuper de ceux qui devaient l'interpréter. Il est vrai d'ajouter aussi qu'alors Paris possédait deux ou trois scènes sérieuses, et qu'aujourd'hui Paris a deux ou trois douzaines de théâtres qu'on alimente avec toute espèce de produits plus ou moins frelatés.

Mais revenons au dix-septième siècle, au siècle de Richelieu et de Corneille. Quelques auteurs dramatiques contemporains du grand poëte, obtenaient au théâtre, en même temps que lui, de temps à autre, des succès. Parmi eux, nous citerons l'âme damnée du cardinal, l'abbé de Bois-Robert, né en 1592, qui dut à son esprit jovial d'être en grande faveur auprès du ministre de Louis XIII. Richelieu ne pouvait se passer de Bois-Robert, dont il fit un conseiller d'État et un membre de l'Académie. Autant pour complaire au maître que pour sa propre satisfaction, l'abbé composa et fit jouer une vingtaine de pièces de divers genres, assez médiocres en général. Il en est trois cependant : *les Apparences trompeuses, l'Amant ridicule* et *les Trois Orontes*, qui lui acquirent une sorte de réputation.

Bois-Robert n'était pas un abbé des plus orthodoxes, ce qui lui attira maintes fois des aventures. Le jour où l'on devait donner la première représentation de sa comédie des *Apparences trompeuses* (1655), il était aux Minimes de la Place-Royale, à genou, un énorme livre de messe devant lui. Quelqu'un demanda à un ecclésiastique quel était cet abbé de si bonne mine : « C'est l'abbé Mondory, répondit l'ecclésiastique, il doit prêcher cet après-midi à l'*Hôtel de Bourgogne*, et il prie pour le succès de son *sermon*. » Après la représentation de sa pièce, qui fut, en effet, bien accueillie par le public, Bois-Robert, s'en revenant à pied, fut rencontré par un de ses amis qui lui demanda ce qu'il avait fait de son carrosse. « Figurez-vous, lui dit l'abbé, qu'on me l'a enlevé pendant que j'étais à la comédie. — Quoi, s'écria plaisamment l'ami, à la porte de votre *cathédrale*. Ah! ce n'est pas supportable. » — Un jour que le familier de Richelieu passait dans une rue, on l'appela pour confesser un pauvre diable prêt à mourir. Bois-Robert s'approcha de lui : — « Mon ami, lui dit-il, pensez à Dieu et récitez votre *Benedicite*. »

On prétend que l'une des disgrâces qu'il éprouva fut due à une aventure assez scandaleuse, parvenue aux oreilles de Richelieu. Comme il cherchait à se disculper en affirmant que la personne au sujet de laquelle on l'accusait était affreuse : — « Si elle est laide, reprit Beautru, vous n'en êtes que plus coupable. »

Pour compléter le tableau des vertus évangéliques de Bois-Robert, nous ajouterons qu'il était joueur enragé. Il perdit un jour dix mille écus contre le duc de Roquelaure. Pour payer, il vendit tout ce qu'il possédait, ce dont il eut quatorze mille francs. Quant aux seize mille autres, comme il ne pouvait les faire, son ami Beautru fut trouver le duc, lui remit la somme réalisée et lui promit une ode à sa louange par Bois-Robert, disant : « Quand on saura dans le monde que M. le duc a fait présent de seize mille francs pour une méchante pièce de vers, on s'écriera : Que n'eût-il pas fait pour une bonne ? »

Bois-Robert s'empara d'une aventure plaisante pour en faire le sujet d'une de ses comédies, *les Trois Orontes,* représentés en 1652. Une demoiselle de Gournay avait un désir extrême de connaître Racan. Deux amis de ce poëte s'entendirent et se firent annoncer l'un après l'autre chez elle ; mademoiselle de Gournay fut charmante pour le premier faux Racan. Elle déplora avec le second l'impudence du premier ; mais lorsqu'on vint lui annoncer un troisième Racan qui, cette fois, était le vrai Racan, elle se mit dans un état de fureur tel que, prenant sa pantoufle, elle le poussa à la porte en l'accablant de coups et sans lui permettre de dire un mot. Plus tard on fit sur le même sujet *les Trois Gascons.*

L'Amant ridicule, comédie en un acte et en prose

de Bois-Robert, resta quelque temps au théâtre. On représenta cette pièce avec le ballet des *Plaisirs*, de Benserade, dans lequel Louis XIV dansa.

Il est un autre abbé de cette époque, BOYER, dont nous ne devons pas oublier la figure. C'est à lui qu'on eût pu dire : *Honneur au courage malheureux.* Ce pauvre poëte montra une ténacité, une ardeur pour le théâtre que rien ne put rebuter. A l'inverse de Corneille, de Molière, il courut de défaite en défaite, de chute en chute, et cependant il ne se lassa pas de composer pour celui qu'il eût pu justement appeler *son ingrat public.* Évidemment ce malheureux était né sous une mauvaise étoile, puisqu'il se rejeta sur le théâtre après avoir échoué comme prédicateur et qu'il ne fut ni plus compris ni plus apprécié sur la scène que du haut de la chaire. Pendant cinquante années, il laboura péniblement le champ pour lui stérile de la poésie dramatique, et, bien que ne manquant pas d'esprit, il fut toujours ridicule par l'enflure de son langage, l'incorrection de ses vers et son manque absolu de goût et de sens commun. Il fut membre de l'Académie en 1666 et mourut en 1698. Jusqu'à quatre-vingts ans, il conserva sa vivacité et son accent gascon. Il se vengeait de l'injustice de ses contemporains par l'amour-propre le plus excessif. Boileau et Racine se sont, on peut dire, acharnés après les ouvrages dramatiques de ce poëte, qu'ils eussent volontiers salué du titre de *Roi du galimatias.*

A la suite d'une des nombreuses chutes de ses nombreuses pièces, on fit plusieurs épigrammes, l'une suivit la représentation de *Clotilde*, la voici :

> Quand les pièces représentées,
> De Boyer sont peu fréquentées,
> Chagrin qu'il est d'y voir peu d'assistants,
> Voici comment il tourne la chose :
> Vendredi, la pluie en est cause,
> Et le dimanche, le beau temps.

Comme nous l'avons dit, Boyer travailla pendant cinquante ans pour le théâtre et ne vit jamais réussir aucun de ses ouvrages. Pour éprouver si leur chute ne devait pas être imputée au mauvais vouloir du parterre à son égard, il fit afficher la tragédie d'*Agamemnon* sous le nom de Pader d'Affezan, jeune homme nouvellement arrivé à Paris. La pièce fut généralement applaudie. Racine même, le plus grand fléau de Boyer, se déclara pour le nouvel auteur. Boyer s'écria du milieu du parterre : « Elle est pourtant de Boyer, malgré M. de Racine. »

Le lendemain, cette même tragédie fut sifflée, et l'on en fit une analyse peu favorable dans un sonnet que voici :

> On dit qu'*Agamemnon* est mort,
> Il court un bruit de son naufrage,
> Et Clytemnestre tout d'abord
> Célèbre un second mariage.
>
> Le roi revient, et n'a pas tort
> D'enrager de ce beau ménage ;
> Il aime une nonne bien fort,
> Et prêche à son fils d'être sage.

De bons morceaux par-ci, par-là,
Adoucissent un peu cela;
Bien des gens ont crié merveilles.
J'ai fort crié de mon côté;
Mais comment faire? En vérité,
Les vers m'écorchaient les oreilles.

VII

CONTEMPORAINS DE PIERRE CORNEILLE.

Singulier hommage rendu à Corneille par Mlle Beaupré. — Réflexions. — Contemporains du grand poëte. — TRISTAN. — Sa tragédie de *Marianne* (1626). — Anecdote de Mondory et de l'abbé Boyer, chez Richelieu. — *Panthée* (1637). — *Phaéton* (1637). — Singulier portrait des Destinées. — *Osman* (1656). — *Le Parasite.* — Qualités et défauts de Tristan. — Son épitaphe. — CLAVERET, ami puis rival de Corneille. — Ses productions dramatiques. — LA CALPRENÈDE, auteur gascon. — Anecdote. — Ses tragédies de *Mithridate* (1638), du *Comte d'Essex*, de la *Mort des Enfants de Brute* (1647). — Son style. — BENSERADE. — Anecdotes. — Ses tragédies de *Cléopâtre* (1636), de *Méléagre* (1640). — Citation. — Petite vanité de Benserade. — Anecdote. — Vers au bas de son portrait. — URBAIN CHEVREAU, poëte poitevin. — Son instruction. — Singulier anachronisme dans sa tragédie de *Lucrèce* (1637). — *Coriolan* (1638). — Citation. — GUÉRIN DE BOUSCAL. — Son esprit. — Ses qualités. — *La Mort de Brute*, tragédie (1637). — *La Mort d'Agis* (1642). — Ses comédies sur *Don Quichotte* et *Sancho Pança*. — LA MESNARDIÈRE et LA SERRE. — Anecdotes sur ces deux auteurs. — Réflexions. — Tragédies en prose de La Serre. — *Pandoste*. — *Thomas Morus* et le *Sac de Carthage*. — Anecdote. — L'auteur du *Parnasse Réformé*. — LECLERC, de l'Académie Française. — Sa modestie. — *Iphigénie* (1645). — Épigramme de Racine. — MAGNON. — Sa vanité présomptueuse. — Son livre de la *Science universelle*. — Ses principales productions dramatiques (1645). — *Zénobie*. — Anecdote. — GOMBAULT, un des fondateurs de la Société savante qui fut la base de l'Académie. — Sa tragédie des *Danaïdes* (1646). — GILBERT. — Notice sur ce poëte, un des plus féconds de l'époque. — Ses tragédies. — *Hippolyte* (1646). — Anecdote. — *Rodogune* (1646). — Gilbert, plagiaire de Corneille. — *Sémiramis* (1646). — *Les Amours de Diane et d'Endymion*, tragédie (1659). — Épigramme. — *Cresphonte* (1659). — Anecdote. — *Arie et Petus* (1659). — Pastorales de Gilbert. — La tragi-comédie du *Courtisan* (1668). — Citation. — Qualités et défauts de Gilbert. — MONTAUBAN. — Ses deux tragédies. — Sa pastorale des *Charmes de Félicie* (1651). — Citation. — L'ABBÉ DE PURE, rendu célèbre par Boileau. — Mme DE VILLEDIEU et MILLOTET. — *Manlius Torquatus* (1662). — *Nitetis* (1663). — Citation. — Millotet et son extravagante tragédie de *Sainte-Reine* (1660). — QUINAULT, considéré comme poëte tragique. — Notice sur cet auteur. — La Cour des Comptes. — Voltaire venge Quinault des satires de Boileau. — Nature de son talent. — Ses tragédies. — *Les Rivales* (1653). — Anecdote. — Origine des droits d'auteur. — *Cyrus* (1656). — *Agrippa* (1661). — *Astrate* (1663).

Mademoiselle Beaupré, une des premières actrices qui parut sur la scène (car pendant longtemps les hommes tinrent l'emploi des femmes au théâtre), rendait, sans s'en douter, un bien grand hommage à Corneille : « Il nous a fait tort, disait-elle; nous avions avant lui des pièces pour *trois* écus et nous gagnions beaucoup, aujourd'hui les pièces sont fort cher et nous gagnons peu. Il est vrai que les premières étaient misérables et que maintenant elles sont excellentes; mais bah! le public était accoutumé aux mauvaises, il ne s'en trouvait pas plus mal et le talent des comédiens les faisait passer. »

La preuve de la régénération complète de l'ancien théâtre, en France, est dans ce mot de mademoiselle Beaupré. En exhalant cette plainte, l'actrice prononçait un jugement très-vrai.

Corneille, par ses compositions dramatiques, modifia le goût et fixa irrévocablement les règles de l'art. On put encore s'écarter plus ou moins du beau ou approcher plus ou moins du maître; mais au bout de quelques années, il ne fut plus permis à personne de retomber dans les anciens errements, sous peine de chutes éclatantes. Aussi voyons-nous beaucoup des auteurs tragiques contemporains de Corneille que le génie du grand poëte ne dégoûta pas de la scène, faire les plus louables efforts pour marcher sur ses traces. Nul ne put atteindre à sa hauteur; mais quelques-uns récoltèrent encore quelques palmes sur la route où lui-même en avait fait si ample moisson.

Tristan, l'un d'eux, donna sa première tragédie de *Marianne* en 1626, très-peu d'années avant que le grand poëte de l'époque ne fît son apparition au théâtre, et quoique les productions de son esprit eussent à soutenir avec celles de Corneille une concurrence redoutable, il obtint cependant des succès.

Né en 1601, au château de Souliers, dans la Marche, Tristan, surnommé l'*Hermite*, parce qu'il comptait, parmi ses aïeux, le promoteur fameux de la première croisade, eut le malheur, très-jeune encore, d'avoir un duel et de tuer son adversaire. Forcé de passer en Angleterre, il revint ensuite en Poitou et fut accueilli par Scevole de Sainte-Marthe (1) chez lequel il commença à puiser le goût des lettres. Gracié par Louis XIII, protégé par le maréchal d'Humières, nommé gentilhomme de Gaston d'Orléans, Tristan, qui partageait ses loisirs entre le jeu, les femmes et

---

(1) Auteur distingué auquel on doit la première tragédie de *Médée*.

la poésie, fit d'abord paraître en 1626 une tragédie de *Marianne* qui produisit à cette époque une véritable sensation. Le célèbre comédien Mondory, chargé du principal rôle dans cette œuvre dramatique, l'interpréta avec talent et contribua beaucoup au succès de l'ouvrage. Le bruit de cette tragédie parvint aux oreilles de Richelieu qui fut curieux de l'entendre et manda l'acteur au Palais-Cardinal. Le comédien se surpassa; l'Éminence, qui n'avait pas un cœur des plus tendres, laissa échapper quelques larmes, aussitôt l'abbé Bois-Robert de prétendre qu'il s'acquitterait encore mieux du rôle que Mondory, Mondory fût-il présent. Le jour fut convenu pour cette espèce de défi. Bois-Robert déclama avec âme, si bien que l'acteur lui-même s'avoua vaincu. Cette aventure valut au favori de Richelieu le surnom d'abbé Mondory. Pour en revenir à la *Marianne* de Tristan, nous dirons que non-seulement cette tragédie fut longtemps maintenue au théâtre, mais que Rousseau s'en occupa pour y introduire quelques corrections.

Tristan, qui s'était révélé avec tant d'éclat, resta plusieurs années sans rien produire. En 1637, il donna *Panthée*, où l'on trouve ces deux beaux vers :

> Et lorsqu'il est tombé sanglant sur la poussière,
> Les mains de la Victoire ont fermé sa paupière.

A peu près vers la même époque, il fit paraître la *Chute de Phaéton*, qui n'eut pas le succès de *Marianne*, d'autant que Pierre Corneille était alors entré en ligne, au théâtre. C'est dans cette tragédie de *Phaéton* que l'on trouve le très-singulier portrait suivant des *Destinées* :

> Ces juges souverains de la terre et de l'onde,
> Ont toujours dans leurs mains le gouvernail du monde.
> C'est eux qui, de Thétis, règlent tous les efforts,
> L'empêchent de passer au delà de ses bords.
> C'est eux qui, des enfers, établissent les bornes;
> C'est eux qui, des *cocus, font paraître les cornes.*

On voit par ce dernier vers que le goût n'était pas encore fort épuré, puisque cette tirade n'excita pas les murmures et parut toute naturelle. *La Folie du Sage*, tragi-comédie, *la Mort de Crispe*, et *la Mort du grand Osman*, les deux premières pièces jouées en 1644 et 1645, la dernière après la mort de l'auteur en 1656, composent, avec les tragédies citées plus haut, le bagage dramatique de Tristan. Nous devons encore y ajouter deux comédies : l'*Amarillis* de Rotrou, retouchée par lui en 1650, et *le Parasite*, représenté au théâtre de l'Hôtel de Bourgogne en 1654.

Tristan mourut fort pauvre, si pauvre même que Boileau a dit de lui : qu'il passait l'été sans linge et l'hiver sans manteau. Après sa mort, Quinault, son élève, fit jouer par reconnaissance la tragédie d'*Osman*, dans laquelle on trouve de fort beaux vers, tels que ceux-ci :

> . . . . . . Ne t'imagine pas
> Que ta grandeur passée eut pour moi des appas.
> . . . .

. . . .
J'aimais Osman lui-même et non pas l'Empereur.

Si les décrets du ciel, si l'ordre du destin,
Avaient mis sous mes lois les climats du matin,
Et si, par des progrès où ta valeur aspire,
Le Danube et le Rhin coulaient sous mon empire,
Osman dans mes États serait maître aujourd'hui ;
Il n'aurait qu'à m'aimer, et tout serait à lui.
Ne fût-il qu'un soldat vêtu d'une cuirasse,
N'eût-il rien que son cœur, son esprit et sa grâce ;
Et mon âme serait encore en désespoir,
De n'avoir rien de plus pour mettre en son pouvoir.

Dans sa comédie du *Parasite*, on lit ces quatre vers d'une crudité par trop hardie. Le parasite, toujours affamé, dit à une servante avec laquelle il est seul :

Que ton nez aussi bien n'est-il un pied de veau ?
Je serais fort habile à *torcher* ton museau.
Si tes deux yeux étaient deux pâtés de raquête,
Je ficherais bientôt mes deux yeux dans ta tête.

La scène française, après Corneille et Racine, s'est enrichie de trop de chefs-d'œuvre pour que les tragédies de Tristan n'aient pas été oubliées, cependant *Marianne* et *la Mort de Crispe* ont un mérite réel. Tristan a su éviter bien des écueils. Il n'a pas sacrifié au jargon galant et ennuyeux dont bien des auteurs de l'époque n'ont pas osé débarrasser leurs œuvres. Sous sa plume, la passion prend des couleurs fortes et tragiques. Ses vers sont harmonieux, ses récits sont pompeux. La partie dramatique est traitée avec suite et régularité, les événements sont naturels, bien amenés et vraisemblables.

Tristan, du reste, fut reçu en 1648 à l'Académie, il mourut en 1655 à l'hôtel de Guise, ayant composé lui-même et pour lui la bizarre et misanthropique épitaphe que voici :

> Ébloui de l'éclat de la splendeur mondaine,
> Je me flattai toujours d'une espérance vaine,
> Faisant le chien couchant auprès d'un grand seigneur,
> Je me vis toujours pauvre et tâchai de paraître ;
> Je vécus dans la peine attendant le bonheur,
> Et mourus sur un coffre en attendant mon maître.

Nous avons déjà eu occasion de parler de CLAVERET, autre poëte de la même époque, d'abord l'ami et bientôt après le rival assez ridicule de Corneille. Claveret composa plusieurs comédies et une tragédie, *le Ravissement de Proserpine* (1639). Le poëte eut une singulière idée à propos de cette pièce. Ne sachant comment faire pour observer l'unité de lieu, il imagina de prévenir le public que la scène se passant au *ciel*, en *Sicile* et aux *enfers*, et ces trois endroits se trouvant sur une ligne perpendiculaire tirée du céleste au sombre séjour, la règle pouvait être considérée comme étant observée. Parmi les comédies qu'on doit à cet auteur, nous citerons celle de *l'Écuyer* ou *les Faux Nobles*, en cinq actes et en vers (1666). Cette pièce fut inspirée par une mesure prise à cette époque pour la recherche des individus qui prenaient des titres de noblesse sans en avoir le droit. On voit que rien n'est nouveau sur la surface du globe et que les travers du dix-neuvième siècle étaient déjà ceux du dix-septième.

Un troisième contemporain du grand Corneille, LA CALPRENÈDE, gentilhomme gascon, fit parler de lui à la même époque que les deux précédents, et son nom fût passé à la postérité, même à défaut de ses œuvres, grâce à ces deux vers de Boileau :

> Tout est humeur gasconne en un auteur gascon,
> Calprenède et Juba parlent du même ton.

Homme d'un certain mérite, La Calprenède était bien, en effet, des bords de la Garonne, dans toute l'acception qu'on donne à cette phrase ; ainsi, Richelieu lui disant un jour, après avoir entendu une de ses tragédies, que la pièce n'était pas mauvaise, mais que les vers en étaient *lâches* : « Cadedis ! s'écria le Gascon, il n'y a rien de lâche dans la maison de La Calprenède. » Il était, du reste, d'une bonne famille. Son grand talent de conteur plein de verve lui fit accorder par la reine, qu'il avait amusée en lui disant son roman de *Silvandre*, une pension assez ronde. Avec cet argent il se fit faire un habit et répétait avec orgueil en montrant la belle étoffe de son pourpoint : *C'est du Silvandre.*

Il fit paraître en 1635, *Mithridate*, tragédie dont la première représentation tomba le jour des Rois, en 1638, *le Comte d'Essex*, la meilleure pièce de son répertoire, en 1647, *la Mort des enfants de Brute* où l'on trouve quelques beaux vers, tels que ceux de Brutus, après avoir condamné ses fils :

Laisse-moi soupirer, tyrannique vertu ;
Je t'ai donné mes fils, Rome que me veux-tu ?
J'ai donné tout mon sang à tes moindres alarmes ;
Souffre qu'à tout mon sang je donne quelques larmes.

JUNIE.

Qu'as-tu fait de ton sang, Brutus ?

BRUTUS.

Je l'ai versé.
Femme, viens achever ce que j'ai commencé.

JUNIE.

Rends-moi mes fils, cruel ?

BRUTUS.

Ils ont perdu la vie.
. . . .
Fuis de moi, femme, fuis ; et, cachant tes douleurs,
Souviens-toi qu'un Romain punit jusques aux pleurs ?
. . . .
Souffre que mes neveux adorent ma mémoire ;
Et qu'ils disent de moi, voyant ce que je fis :
Il fut père de Rome, et plus que de ses fils.

La Calprenède a fait représenter encore quatre ou cinq tragédies plus ou moins médiocres, mais dont aucune ne vaut ses romans de *Silvandre* et de *Cléopâtre*, genre dans lequel il excellait. Les personnages de ses tragédies parlent beaucoup en héros de romans ; ils ont sans cesse à la bouche des pointes, des phrases à effet et à sentiment exagéré.

BENSERADE, dont le nom eut du retentissement au commencement du dix-septième siècle, naquit en Normandie en 1602. Fils d'un procureur de Gisors, il eut le travers de prétendre à la noblesse. Destiné d'abord à l'autel, il jeta bien vite le froc aux orties afin d'être tout à sa passion pour l'une des plus charmantes actrices de cette époque, la Belle-Rose. Son esprit fit sa fortune. La Cour l'accueillit avec faveur, la reine, le cardinal Mazarin le comblèrent de bienfaits, en sorte qu'il vécut toujours dans l'abondance. On aimait alors beaucoup les ballets, il s'attacha à composer ce genre de pièce ; il y réussit, et pendant vingt années il exploita presque seul cette littérature facile et productive. Il est vrai de dire qu'il changea totalement la composition de ces ballets et les rendit à peu près supportables. Il écrivit six tragédies qui n'ont pas relativement la valeur de ses autres productions littéraires, mais qui, cependant, ne sont pas dénuées d'un certain mérite. La première, *Cléopâtre*, donnée en 1636, lui fut inspirée par la Belle-Rose. Le public accueillit favorablement cette pièce. Il fit ensuite *Iphis*, puis *la mort d'Achille*, *Gustave* (1637), *la Pucelle d'Orléans* et enfin *Méléagre* (1640).

Voici quelques vers de cette dernière pièce. Ils sont propres à donner une idée du *faire* tragique de Benserade. Déjanire s'étonne qu'Atalante coure au danger comme un homme et lui dit :

DÉJANIRE.

Après tout, mon souci, dans l'état où nous sommes
Ne devons-nous pas vivre autrement que les hommes ?

Nos maux sont différents, de même que nos biens,
Ce sexe a ses plaisirs, et le nôtre a les siens;
Encore qu'ils semblent nés pour se faire la guerre,
Nous ne le sommes pas pour dépeupler la terre.

ATALANTE.

Pour vous, vous êtes fille, et fille infiniment :
Et moi, si je la suis, c'est de corps seulement.

Après tout, on voit que Corneille n'avait rien à craindre d'un pareil rival. Benserade avait une grande vanité ; il fit placer sur sa petite maison de Gentilly, où il se retira vers la fin de ses jours, des armes et une couronne de *comte :* « C'est aux poëtes à en faire, » dit plaisamment un bel esprit. Il mourut à quatre-vingts ans, ayant mis en rondeaux les *Métamorphoses d'Ovide* et ayant composé outre ses tragédies, vingt-un ballets. Senecé écrivit au bas de son portrait :

Ce bel esprit eut trois talents divers,
Qui trouveront l'avenir peu crédule :
De plaisanter les grands, il ne fit point scrupule,
Sans qu'ils le prissent de travers.
Il fut vieux et galant, sans être ridicule,
Et s'enrichit à composer des vers.

A l'époque où Benserade commença à se faire connaître, un autre poëte donna également quelques tragédies et trois comédies. Ce poëte, URBAIN CHEVREAU, fils d'un avocat du Poitou, était fort instruit. Les langues grecque, latine, arabe, italienne et espagnole, et même la langue hébraïque, lui étaient familières. Il passa la première partie de sa vie en voyages, dans l'un desquels il vint à Stockholm où la reine Christine le retint quelque temps. Elle le nomma même secrétaire de ses commandements. Précepteur du duc du Maine, il écrivit une *Histoire du Monde,* plusieurs romans, des voyages de philosophie et enfin quelques pièces dramatiques qui obtinrent du succès sur la scène française. Chose bizarre, cet homme, qui avait rédigé une *histoire universelle,* donne à *Tarquin,* dans sa première tragédie de *Lucrèce,* représentée en 1637, le titre d'*empereur de Rome.* Après *Lucrèce* vinrent : *La vraie suite du Cid* en 1638, et la même année *Coriolan.* Voici un échantillon de la versification de cette pièce : Virginie, en voyant son époux assassiné par les Volsques, lui dit :

>Mon cher Coriolan, si tu n'as rendu l'âme,
>Pousse au moins pour me plaire, un petit trait de flamme ;
>Reprends un peu tes sens. Ah! discours superflus ?
>La vie est une mer qui n'a point de reflux.
>Nos jours sont des ruisseaux que les Parques retiennent ;
>Qui s'écoulent toujours et jamais ne reviennent ;
>Et depuis que la mort en arrête le cours,
>Tous les dieux n'y sauraient apporter du secours.

Et deux années auparavant, Pierre Corneille avait donné *le Cid !...* Mais il fallait quelque temps pour que le génie du grand poëte pût développer dans l'âme des spectateurs l'amour de la bonne et saine littérature, et pour que les auteurs consentissent à abandonner les niaiseries sentimentales, les expressions ridicules, les pensées barbares et révoltantes, pour adopter franchement le langage noble et élevé que Racine allait bientôt *polir* encore, en lui faisant atteindre un dernier degré de pureté.

Guérin de Bouscail, poëte contemporain des précédents, fournit quelques bonnes compositions à la scène française au milieu du dix-septième siècle. C'était un poëte ayant, à défaut de génie, de l'esprit et de l'âme. Il eut l'intelligence de comprendre qu'il fallait jeter de côté toutes les vieilleries admises jusqu'alors au théâtre. Ses pièces sont remarquables par une absence presque complète du ridicule et même, disons-le, de l'extravagance qu'on est en droit de reprocher à la plupart des bons auteurs de cette époque. Nous avons dit à dessein une absence presque complète ; car, dans sa première tragédie, *la Mort de Brute et de Porcie*, jouée en 1637, au milieu de très-beaux vers, on trouve cette description pitoyable d'une bataille :

Ce fut lors que l'Enfer fit voir en abrégé,
Ce qu'il a de plus noir et de plus enragé.
Ce fut lors, qu'on craignit que le ciel en colère
Voulût noyer de sang l'un et l'autre hémisphère ;
Et que Bellone même, hérissant ses cheveux,
Arrêta sa fureur pour recourir aux vœux.
L'Assurance et la Peur, à travers la fumée,
Repassèrent cent fois de l'une à l'autre armée :
Et la Victoire errante, en ce danger mortel,
Douta qui resterait pour lui faire un autel.

Dans *la Mort d'Agis* (1642) au contraire, le poëte a fait une belle peinture des mœurs grecques au temps où fleurissaient les lois de Lycurgue :

> La morale régnait dedans tous les esprits.
> Le bienfait de lui-même était l'unique prix.
> Chacun de la vertu recherchait les caresses.
> . . . .
> Le soldat négligeait le butin pour l'honneur.
> Au bonheur du pays consistait son bonheur.
> Il ne savait point l'art d'aller faire la guerre,
> Plutôt pour ravager, que pour sauver la terre.
> Les orateurs parlaient avec sincérité.
> La Justice régnait avec égalité ;
> Et jamais les présents n'avaient eu la puissance
> De faire lâchement trébucher la balance.
> Les trônes de leurs rois n'étaient point revêtus
> Des ornements de l'or, mais de ceux des vertus, etc.

On est induit à penser que Guérin fut un grand admirateur du roman de Cervantes, car il en fit le sujet de trois comédies en vers, intitulées : *Don Quichotte* 1re *et* 2e *partie*, *Sancho Pança* (1638, 1639 et 1844). Dancourt, quatre-vingts ans plus tard, s'empara si bel et si bien de cette dernière pièce, qu'on fut sur le point, au Théâtre-Français, de lui refuser ses droits d'auteur.

Guérin de Bouscail avait compris, sans les écrire, les règles de l'art dramatique. LA MESNARDIÈRE, médecin du frère de Louis XIII, écrivit ces règles et ne put les appliquer. Richelieu, auquel il plut beaucoup, fit recevoir La Mesnardière à l'Académie, en 1655, et cet auteur, qui rédigea une *poétique* fort bien pensée, ne put faire réussir ni la tragédie d'*Alinde* (1642), ni celle de *la Pucelle d'Orléans* de la même époque, et qu'on attribue aussi à l'abbé d'Aubignac.

Un autre poëte, La Serre, collègue de La Mesnardière, puisqu'il était, comme ce dernier, employé dans la maison de Monsieur, frère de Louis XIII, ne put jamais ni comprendre, ni appliquer les règles dramatiques, ce qui ne l'empêcha pas d'écrire et même d'écrire beaucoup et très-vite. Il se vantait, en outre, de gagner de l'argent, et c'était vrai. Du reste, il se faisait si peu illusion, qu'ayant entendu un détestable discours, il alla embrasser l'orateur en s'écriant : « Ah ! Monsieur, que je vous ai d'obligations ; depuis vingt-cinq ans, j'ai bien débité du *galimatias*, mais vous venez d'en dire plus en une heure que j'en ai écrit en toute ma vie. » La Serre se plaisait à répéter avec une sorte de cynisme, qu'il avait sur les autres auteurs un avantage immense, celui de tirer de mauvais ouvrages plus qu'ils ne tiraient de bonnes productions. On lui reprochait souvent le peu de soin qu'il mettait à ses travaux, et sa promptitude. « Je suis toujours pressé, répondait-il, quand il s'agit de gagner de l'argent, et je préfère les pistoles qui me font vivre à la chimère d'une vaine gloire avec laquelle on meurt de faim. » Si La Serre vivait aujourd'hui, que d'auteurs il trouverait pour le comprendre ! C'est à des écrivains de cette trempe que le siècle doit être redevable de l'annonce et de la réclame qui sont en si grand honneur de nos jours, et sans lesquelles le bon public rejette impitoyablement tout ouvrage. Glu de l'époque à laquelle chacun se laisse piper.

Une des productions de ce singulier poëte, est la tragédie de *Pandoste ou la Princesse malheureuse*,

en quatre journées, chacune de cinq actes. Probablement La Serre avait imaginé ce nouveau genre pour être sûr de tenir plus longtemps son public. Il avait dédié cette œuvre à une Uranie (nom supposé) dont il exalte les qualités *extérieures*, ajoutant ensuite :
« Le reste de votre corps est une huitième merveille dont on ne parle point parce qu'elle n'a pas de nom propre. »

Trouvant sans doute que des tragédies en vers prenaient trop de temps à confectionner, La Serre, *le premier et bien avant Lamotte*, inventa la tragédie en prose. Il donna dans cette forme, celle du *Sac de Carthage* en 1642. Le comédien Montfleury la mit plus tard en vers et la fit paraître sous le titre de *la Mort d'Esdrubal*.

En 1642, on joua une nouvelle tragédie en prose de La Serre, *Thomas Morus ou le Triomphe de la Foi et de la Constance*.

L'auteur du *Parnasse réformé, ou Apollon à l'École* (jolie petite pièce jouée dans les colléges), fait parler ainsi La Serre au sujet de sa tragédie de *Thomas Morus* :

« On sait que mon *Thomas Morus* s'est acquis une réputation que toutes les autres comédies du temps n'avaient jamais eue. M. le cardinal de Richelieu a pleuré dans toutes les représentations qu'il a vues de cette pièce. Il lui a donné des témoignages publics de son estime, et toute la Cour ne lui a pas été moins favorable que Son Éminence. Le Palais-Royal était trop petit pour contenir ceux que la curiosité attirait à cette tragédie. On y suait au mois de décembre, et l'on tua quatre portiers, de compte fait, la première fois qu'elle fut jouée. Voilà ce qu'on appelle de bonnes pièces; M. Corneille n'a point de preuves si puissantes de l'excellence des siennes; et je lui céderai volontiers le pas, quand il aura fait tuer cinq portiers en un seul jour. »

Si nous continuons l'étude des poëtes tragiques contemporains de Corneille, nous trouvons MICHEL LECLERC de l'Académie Française, auteur plein de feu et d'imagination qui, certainement, eût donné au Théâtre des œuvres remarquables, s'il se fût occupé davantage de l'art dramatique. Mais au moment où il fit paraître sa première pièce : *Iphigénie*, Corneille était dans toute la splendeur de sa gloire. Il n'osa joûter contre ce terrible rival et se voua tout entier au barreau. — *Iphigénie*, quoique fort passable, n'eut que cinq représentations. Coras, ami de Leclerc, en revendiqua la collaboration, ce qui donna lieu à Racine de lancer cette charmante épigramme :

> Entre Leclerc et son ami Coras,
> Tous deux auteurs, rimant de compagnie,
> N'a pas longtemps sourdirent grands débats
> Sur le propos de leur *Iphigénie*.
> Coras lui dit : « La pièce est de mon cru. »
> Leclerc répond : « Elle est mienne et non vôtre : »
> Mais aussitôt que l'ouvrage eut paru,
> Plus n'ont voulu l'avoir fait l'un ni l'autre.

Deux autres tragédies : *Virginie* et *Oreste*, sont encore attribuées à Leclerc.

JEAN MAGNON, poëte, né à Tournus, avait le défaut

diamétralement opposé à celui de Leclerc. Autant le second était modeste et réservé, autant le premier était présomptueux et plein de vanité. L'un était toujours en défiance de lui-même, l'autre disait à qui voulait l'entendre, qu'il avait pour la poésie les plus heureuses dispositions. Ses tragédies, prétendait-il, lui coûtaient moins de temps et de peine à écrire qu'elles n'en demandaient pour êtres lues et jouées. Il affirmait avoir composé en dix heures les sept cent cinquante vers d'un ouvrage sur l'*Entrée du Roi et de la Reine à Paris*; enfin il eut l'aplomb de raconter qu'il travaillait à une *Science universelle* en deux cent mille vers, et qu'en ayant fait déjà cent mille, il aurait bientôt mis la dernière main à cette encyclopédie digne de son génie immense. Un beau jour, il prétendit que la poésie dramatique était au-dessous de ses talents et qu'il abandonnait le théâtre pour s'adonner à des compositions d'un ordre plus élevé. Malheusement chez ce poëte, qui aurait dû naître sur les bords de la Garonne plutôt que sur les rives de la Saône, les actions étaient peu en rapport avec le langage. *La Science Universelle* ne parut jamais ; le monde fut déshérité de ce chef-d'œuvre, et les pièces qu'il donna, au nombre de huit à dix, tragédies ou comédies, sont assez médiocres, bien qu'il ne manquât ni d'esprit, ni d'imagination, ni de facilité. *Artaxerce* paru en 1645, *Josaphat* et *Séjames* en 1646, *Jeanne de Naples* en 1654, sont loin de passer pour des œuvres de mérite.

Magnon eut l'idée assez malheureuse de mettre en vers une tragédie faite en prose par l'abbé d'Aubignac. Cette pièce, intitulée *Zénobie*, ne réussit ni en vers, ni en prose. Son premier auteur l'avait composée, disait-il, comme modèle des préceptes suivis par Aristote. — « Parbleu ! s'écria le prince de Condé, à qui l'on racontait cela, je sais bon gré à d'Aubignac d'avoir si bien observé les règles d'Aristote ; mais je ne pardonne pas aux règles d'Aristote d'avoir fait faire à ce pauvre d'Aubignac une si déplorable tragédie. »

Nous ne parlerions pas de GOMBAULT, gentilhomme calviniste de la Saintonge, qui donna au théâtre deux comédies et la tragédie des *Danaïdes* en 1646, si nous ne voulions rappeler ici que cet estimable auteur, homme d'esprit et de mérite, fut un des fondateurs de la petite Société savante qui se réunissait chez Conrad, Société qui fut le principe de l'Académie Française.

De tous les émules, car nous ne pouvons dire les rivaux de Corneille, l'un des contemporains qui eut le plus de succès et par son esprit et par ses compositions dramatiques et par son extrême fécondité, fut GILBERT, d'abord secrétaire de la duchesse de Rohan, puis résident en France, de Christine de Suède. Malgré les occupations que lui donnait cette dernière place, Gilbert travailla toujours avec la plus louable ardeur pour le Théâtre. Outre un grand nombre de tragédies et de comédies, il composa en vers et en prose un assez grand nombre d'ouvrages de divers genres. Malgré tout cela, Gilbert mourut fort pauvre, les dernières années de sa vie se fussent même écoulées dans la misère, s'il n'eût trouvé sur son chemin

Hervard, protecteur des gens de lettres de cette époque, qui lui donna asile. Les premières productions dramatiques de Gilbert sont : *Marguerite de France* et *Téléphonte* (1641), qui eurent un succès médiocre. Il fut ensuite cinq ans avant de rien donner à la scène ; enfin, en 1646, il se décida à faire paraître une tragédie d'*Hippolyte* à laquelle plus tard Racine ne dédaigna pas de faire quelques emprunts. Ainsi, dans la pièce de Gilbert, lorsque Thésée exile son fils, Hippolyte répond :

>Si je suis exilé pour un crime si noir,
>Hélas ! qui des mortels voudra me recevoir !
>Je serai redoutable à toutes les familles,
>Aux frères pour leurs sœurs, aux pères pour leurs filles.
>Où sera ma retraite en sortant de ces lieux ?

THÉSÉE.

>Va chez les scélérats, les ennemis des Dieux,
>Chez ces monstres cruels, assassins de leurs mères,
>Ceux qui se sont souillés d'incestes, d'adultères ;
>Ceux-là te recevront.

Racine fait dire aux deux mêmes personnages :

HIPPOLYTE.

>Chargé du crime affreux dont vous me soupçonnez,
>Quels amis me plaindront, quand vous m'abandonnez ?

THÉSÉE.

>Va chercher des amis dont l'estime funeste
>Honore l'adultère, applaudisse à l'inceste ;

Des traîtres, des ingrats, sans honneur et sans foi,
Dignes de protéger des méchants tels que toi.

Voici maintenant les adieux de l'*Hippolyte* de Gilbert :

Adieu, chers compagnons, mes fidèles amis,
En qui mes jeunes ans ont trouvé tant de charmes.
Mais ne m'accusez point, en répandant des larmes,
Quand on n'est point coupable on n'est pas malheureux.
Comme je suis constant, montrez-vous généreux.
Que je sorte d'ici, non de votre mémoire.
Et toi, qui fus toujours compagne de ma gloire,
Vertu, qui vois qu'à tort les miens m'ont accusé,
Suis-moi dans mon exil, puisque tu l'as causé.

Encouragé par le succès d'*Hippolyte*, le poëte donna la même année (1646) une tragédie de *Rodogune;* mais il commit une mauvaise action. Un ami commun de lui et de Corneille, auquel ce dernier avait confié son projet de composer *Rodogune*, trahit le grand poëte et communiqua son plan à Gilbert, qui s'empressa de faire paraître sa tragédie. Corneille, dont l'âme était pleine d'élévation et de noblesse, sut taire ce procédé. L'immense succès de sa tragédie le vengea en faisant tomber celle de son rival. Que de Gilbert, de nos jours, se font plagiaires sans scrupules !...

L'année 1646 fut bien employée par Gilbert, car il donna encore à la scène une *Sémiramis* en cinq actes.

Pendant près de onze ans, on ne vit plus rien de lui. Il se trouvait à Rome, en mission de la reine de

Suède, lorsque, par ordre de Christine, il fit jouer dans la capitale du monde chrétien une tragédie *des Amours de Diane et d'Endymion*, laquelle vint ensuite en 1657 sur la scène française. Cette pièce a du mérite et eut du succès, ce qui n'empêcha pas la *Gazette Burlesque*, le *Charivari* de cette époque, d'en rendre compte ainsi qu'il suit :

> L'histoire d'Endymion,
> Qui, selon mon opinion,
> Est celle de tout le monde,
> En plusieurs beaux traits est féconde,
> Et fait juger Monsieur Gilbert
> Écrivain tout à fait expert.

Chrisphonte ou le retour des Héraclides, joué la même année (1657), faillit être un revers pour l'auteur, malgré le mérite de la pièce, parce qu'au dénouement, le confident ayant dit à Mérope :

> Madame, c'en est fait, la bataille est donnée,
> La fortune répond à vos justes souhaits ;
> Le vainqueur qui vous plaît vous donnera la paix.
> C'est de ces deux rivaux le plus digne de gloire,
> C'est...

Mérope l'interrompt brusquement :

> Je sais le vainqueur, conte-moi la victoire.

Arie et Petus, en 1659, fut une des dernières tragédies de Gilbert. Il ne fit plus, à partir de cette époque, que des comédies ou des pastorales, si l'on en exempte *Léandre et Héro* (1667), qui ne fut pas imprimé. *Les Amours d'Ovide, les Amours d'Angélique et de Médor, les Intrigues Amoureuses, les Peines et les Plaisirs de l'Amour*, sont des pastorales qui furent bien reçues du public, mais qui ne peuvent être mises en parallèle avec les compositions sérieuses de Gilbert.

Nous ne devons pas, avant de terminer, oublier la tragi-comédie du *Courtisan Parfait* (1668), pièce originale qui en renferme *deux*, la seconde commençant au troisième acte. Joconde, un des personnages, énumérant les qualités que doit posséder le parfait courtisan, s'exprime ainsi :

> Il faut qu'il soit beau fils et malin de nature,
> D'esprit fort corrompu, mais fort bien fait de corps ;
> Haïssable au dedans, et charmant au dehors ;
> Qu'il n'ait de la vertu rien que les apparences,
> Et qu'il mêle aux beaux mots les belles révérences ;
> Qu'il promette beaucoup et qu'il ne tienne rien.

Gilbert, comme auteur dramatique, a des qualités et des défauts. Il sut choisir avec art ses sujets, mais il les traita quelquefois avec assez peu de goût. Ses tragédies, sans être bonnes, présentent des situations heureuses et la versification en est facile. Ses comédies et ses pastorales ont des scènes de bon aloi. On ne peut reprocher à ses compositions, comme à celles de ses contemporains, de sortir des bornes du naturel ; au contraire, tout y est bien et sagement réglé ; aussi, ne trouve-t-on pas dans ses œuvres de grands défauts ; et même à côté des productions de Corneille, son théâtre mérite d'être lu.

MONTAUBAN fit jouer les deux tragédies de *Zénobie* et de *Seleucus* en 1650 et 1652, mais il est plus connu par ses comédies, dont une surtout : *les Charmes de Félicie*, représentée pour la première fois en 1651, eut un tel succès qu'elle resta trente ans entiers à la scène.

On trouve dans cette jolie pastorale en cinq actes et en vers, un caractère de bergère coquette traité avec habileté. Ismène trace à son amant jaloux la ligne de conduite qu'elle veut lui voir tenir :

>Je suis libre, Timante, et ne veux point de maître.
>Je ne prétends jamais dépendre que de moi.
>Eh ! t'avais-je promis de ne parler qu'à toi?
>Penses-tu que tu sois l'amant seul qui me serve?
>N'en ai-je pas encore qu'il faut que je conserve?
>Et de tous les bergers dont j'ai reçu la foi,
>Si je n'ouvre la bouche et les yeux que pour toi,
>Et que l'un de ces jours je cesse de te plaire,
>Ou que je change aussi, comme tout se peut faire,
>Tous les autres, jaloux de ces bons traitements,
>Quand je t'aurai perdu, seraient-ils mes amants?
>Et si ma liberté pour tous n'était soufferte,
>Qui d'entre eux me voudrait consoler de ta perte?
>Je songe à l'avenir, dont tu n'es pas garant :
>Du moins si l'un me quitte, un autre me reprend.
>Vois si l'humeur te plaît, ou si, sans jalousie,
>Tu pourras me servir ainsi toute ma vie?
>Et si cela se peut, espère quelque jour,
>Et la bouche et la main, pour flatter ton amour :
>Et peut-être le cœur, si mon humeur me change, etc.

Montauban, ami de Boileau, de Chapelle et de Racine, et que l'on prétend même avoir travaillé aux *Plaideurs* de ce dernier, était un auteur ayant de l'esprit et de la facilité. Avocat distingué, il se fit plus de renom au palais qu'au théâtre.

Nous ne citerions pas ici l'abbé DE PURE, si les Satires de Boileau ne l'avaient rendu célèbre. L'abbé de Pure était un homme fort agréable, mais d'une figure peu avantageuse; aussi le grand critique a-t-il écrit satiriquement :

> Quand je veux d'un galant dépeindre la figure,
> Ma plume, pour rimer, trouve l'abbé de Pure.

Une tragédie : *Ostorices*, et une comédie : *Les Précieuses*, pièces jouées l'une et l'autre en 1659, constituent tout le bagage dramatique de l'abbé de Pure, dont le nom ne fût pas arrivé sans doute jusqu'à nous, sans l'acharnement de Despréaux à le décrier. A quelque chose malheur est bon !

Il nous reste, pour compléter la série des poëtes tragiques contemporains de Corneille et ayant joui d'une certaine célébrité, à parler de Madame de VILLEDIEU et de MILLOTET, auteur de la tragédie de *Sainte-Reine*.

Madame Desjardin de Villedieu, femme d'un capitaine du régiment de Dauphin, avait beaucoup d'esprit. Ayant obtenu la cassation de son mariage, elle épousa un M. de Challe, le perdit et se maria de nouveau, mais sans quitter le nom de son premier époux. Ses romans l'ont fait plus connaître que son *Manlius Torquatus*, joué cependant avec succès en 1662. On prétendit, dans le temps, que l'abbé d'Aubignac n'était pas étranger au plan de cette pièce ; mais l'abbé s'en est toujours défendu. *Nitetis*, tragédie représentée en 1663, fut également bien accueillie du public. Dans cette pièce, *Nitetis*, surprise par son mari avec son amant, lui dit sans se troubler et avec un cynisme qui ne passerait pas au théâtre de nos jours :

> Bien que tes cruautés augmentent chaque jour,
> La loi fait dans mon cœur l'office de l'amour.
> . . . .
> Le même sentiment me force à t'avertir,
> Que c'est au nom d'époux que mon amour se donne ;
> Qu'en t'aimant comme tel, j'abhorre ta personne ;
> Et que, si dans sa place un monstre avait ma foi,
> Il aurait dans mon cœur le même rang que toi.

MILLOTET, chanoine de Flavigny, au lieu d'appliquer le peu de talents qu'il pouvait avoir à composer de bonnes tragédies, s'appliqua à faire un véritable tour de force. Il *fabriqua : Sainte Reine ou le Chariot du triomphe tiré par deux aigles, de la glorieuse, noble et illustre Sainte Reine d'Alise, vierge et martyre.* Toutes les scènes commencent par chacune des lettres de ces cinq mots : *Sainte Reine, priez pour nous.* Mais ce qu'il y a de plus bizarre, c'est que l'auteur a eu l'incroyable patience de faire en sorte que tous les acteurs et actrices qui représentaient cette tragédie, eussent leur acrostiche dans leurs paroles, par chaque lettre de leurs noms ou de leurs surnoms. On comprend le ridicule d'une pièce faite pour vaincre une difficulté de cette espèce.

Peut-être a-t-il existé encore quelques auteurs tragiques contemporains de Pierre Corneille; mais nous croyons avoir passé en revue ceux d'entre eux dont les œuvres, au point de vue littéraire ou anecdotique peuvent offrir quelque intérêt aux lecteurs de l'époque actuelle. Quant à ceux qui se sont plus spécialement adonnés à la comédie ou aux pastorales, fort en vogue sous Louis XIII et sous Louis XIV, nous les avons réservés pour faire escorte au père de la bonne comédie, à Molière, autour duquel nous les grouperons à leur tour. Il est un homme cependant dont le nom ne saurait être passé sous silence, c'est QUINAULT; mais comme en lui se trouvent deux poëtes en la même personne, le poëte tragique et comique et le poëte lyrique, nous ne parlerons ici que du Quinault, auteur de plusieurs tragédies et d'un certain nombre de comédies, mettant de côté, pour l'instant, le Quinault qui charma son siècle par les productions littéraires dont il gratifia la scène de l'Opéra Français.

Occupons-nous donc de l'auteur de : *la Mort de Cyrus*, de *Stratonice*, d'*Agrippine* et de bien d'autres œuvres dramatiques. Nous dirons d'abord que Quinault occupe un rang élevé dans les lettres, beaucoup moins grâce à ses tragédies, que grâce aux pièces légères si bien mises en relief par la musique de Lully. Poëte lyrique, Quinault est en tête de la pléïade, poëte tragique, Quinault est sur le second plan.

C'était du reste un homme des plus aimables, plein d'esprit et d'aménité que Quinault. Son premier état fut celui de clerc d'un avocat au Conseil. Fort jeune encore, et se sentant de la verve et du goût pour la scène, il composa quelques pièces. Un marchand passionné pour le théâtre, fit sa connaissance et le supplia de prendre un appartement dans sa maison. Quinault ne se fit pas prier ; le marchand mourut et son hôte épousa la veuve, qui lui apporta une fort jolie fortune. Ceci se passait en 1671. Le poëte, ne se trouvant plus assez grand seigneur, imagina d'être quelque chose dans l'État. Il acheta à beaux deniers une charge d'auditeur des comptes. Mais ce qu'il n'avait pas prévu, c'est l'opposition de Messieurs de la Chambre des comptes, qui trouvèrent peu digne d'admettre dans un corps aussi recommandable par sa gravité, un homme de théâtre. Ce débat eut pour résultat la plaisanterie suivante en quatre vers, d'un anonyme :

> Quinault, le plus grand des auteurs,
> Dans votre corps, Messieurs, a dessein de paraître ;
> Puisqu'il a fait tant d'*auditeurs*,
> Pourquoi l'empêchez-vous de l'être ?

Les histoires de son temps le font fils d'un boulanger et domestique de l'acteur Mondory. Qu'il ait été d'une famille obscure, qu'il ait servi les autres, le fait positif, c'est que, comme Rousseau et bien des hommes de talent, il est l'enfant de ses œuvres. Modeste, sociable, d'une grande douceur de caractère, il alliait à beaucoup de bonnes qualités de véritables talents. En vain le satirique Boileau lui a-t-il lancé les traits les plus acérés ; ces traits ont fini par faire plus de tort à l'auteur de l'*Art poétique* qu'à Quinault. On connaît les vers de l'épître sur la calomnie, de Voltaire :

> O dur Boileau, dont la muse sévère,
> Au doux Quinault envia l'art de plaire.
> . . . .
> Chacun maudit ta satire inhumaine.
> N'entends-tu pas nos applaudissements
> Venger Quinault quatre fois par semaine.

Le fait est qu'il a fallu du temps pour fixer la réputation de cet auteur. On ne s'est déterminé que fort tard à lui rendre justice. Pendant près de cent ans on applaudit ses opéras, et ce ne fut qu'à la fin du dix-huitième siècle qu'on voulut bien lui reconnaître quelque mérite. Ce préjugé, l'ingénieux et satirique Despréaux l'avait fait admettre, et les jugements du critique parurent longtemps sans appel. On ne les contrôlait même pas, on s'inquiétait peu de savoir si Quinault était la victime d'un mauvais vouloir et si les productions de son esprit étaient, oui ou non, aussi médiocres que le prétendait son détracteur. Ce qu'il y a de plus original dans cette singulière condamnation, c'est que les juges allaient chaque soir applaudir leur victime dans ses plus gracieuses compositions, lui donnant ainsi gain de cause contre eux-mêmes.

Parmi les nombreuses tragédies de Quinault, nous citerons : *les Rivales* (1653), pièce copiée de Rotrou et à laquelle se rattache une anecdote assez curieuse et un usage qui a prévalu depuis lors. Jusqu'à cette époque, il était d'usage que les comédiens achetassent des auteurs, à prix débattu, leurs compositions dramatiques et restassent maîtres de la recette entière. Il en résultait que, souvent, de bonnes choses étaient payées fort mal et de mauvaises au-dessus de leur valeur. On payait enfin le *nom* de l'auteur, ainsi que cela se pratique encore aujourd'hui par les éditeurs (1). Tristan avait pour élève Quinault. Voulant lui être utile, il se chargea de lire *les Rivales* aux comédiens qui firent grand éloge de la pièce, l'acceptèrent, fixant le prix à cent écus. Tristan leur apprit que cette tragi-comédie n'était pas de lui, mais d'un jeune homme de talent. Aussitôt les comédiens de se récrier et de diminuer de moitié les honoraires de l'auteur. Tristan insiste sur la première évaluation et il parvient, par une habile transaction, à obtenir que le neuvième de la recette sera alloué à Quinault. Ce moyen parut si ingénieux et si équitable, qu'à partir de ce moment, il devint une règle toujours suivie. Pour les pièces en un acte et en trois actes,

---

(1) Ceci nous rappelle une anecdote contemporaine dont nous avons été témoin. Un de nos amis porte à un éditeur en renom un fort joli roman, le priant de le lire et de le lui éditer, s'il le trouve digne de l'impression. « Volontiers, lui dit l'éditeur, sans même prendre connaissance du titre de l'ouvrage; si cela forme un volume, c'est 1,000 francs ; deux volumes, 1,500 francs que cela vous coûtera. » Le jeune homme se récrie. Alors, avec une franchise tant soit peu cynique, le vendeur de livres reprend : « Monsieur, votre nom n'est pas connu ; votre roman serait-il excellent, je ne ferais pas les frais de l'édition ; mais apportez-moi le *factum* le plus stupide signé d'un des grands noms de la littérature moderne, et je vous compte à l'instant 1,500 francs. Votre excellent ouvrage, signé de vous, je ne le vendrai pas; la rapsodie signée d'un grand nom, je l'écoulerai de suite ; c'est comme cela. » A qui la faute ? A l'éditeur ou au public ? — Au public, selon nous, qui ne mord qu'à l'hameçon de la réclame et du charlatanisme, se souciant fort peu du talent.

les droits furent fixés au douzième et au dix-huitième de la recette.

Quinault donna, en 1656, la tragédie de *Cyrus*, dans laquelle il fait dire à la reine Thomiris :

> Que l'on cherche partout *mes tablettes* perdues,
> Et que, sans les ouvrir, elles me soient rendues.

Le public accueillit favorablement la pièce et ne s'aperçut pas du ridicule anachronisme de ces deux vers ; mais Boileau n'était pas homme à les laisser passer sans critique. *Amalazonte, le Feint Alcibiade* (1658), *Stratonice* (1660), se succédèrent rapidement.

En 1661, Quinault fit jouer sa tragédie d'*Agrippa ou le Faux Tibérius*. Elle réussit, malgré l'absurdité de la donnée sur laquelle elle repose, donnée inacceptable, car comment admettre que la ressemblance de *Tibérius* et d'*Agrippa* est telle, au physique et au moral, que la maîtresse d'*Agrippa*, après avoir été longtemps avec l'un, continue à le prendre pour l'autre ? Deux ans plus tard, en 1663, parut *Astrate*, très-bien reçue du public et très-prônée dans le *Journal des Savants* de cette époque, tandis que Boileau, dans sa troisième satire, se plaît à *l'abîmer*, selon l'expression consacrée de nos jours. Cette tragédie, si elle a des défauts, a cependant du mérite, et il n'en est pas moins positif qu'elle resta près d'un siècle au théâtre.

En 1666 et 1670, Quinault écrivit encore deux tragédies : *Pausanias* et *Bellérophon* ; mais, comme nous l'avons dit en commençant à parler de cet auteur célèbre, c'est comme poëte lyrique qu'il faut l'envisager, si l'on veut rendre hommage à son véritable talent (1).

(1) Nous parlerons des opéras de Quinault à l'article où il sera question du genre lyrique.

VIII

RACINE.

DE 1666 A 1690.

RACINE. — Parallèle avec Corneille. — Talent comparé de ces deux grands poëtes. — Qualités de Racine. — Notice. — Sa tragédie de la *Thébaïde*, en 1664. — Anecdote. — Jugement de Corneille sur Racine. —Tragédie d'*Alexandre* (1666).— Son peu de succès dans le principe.— On l'ôte à la troupe de Molière pour la donner à la troupe de l'Hôtel de Bourgogne. — Son succès. — Plaisante anecdote à ce sujet. — Le *Dialogue des Morts*, de Boileau, et l'*Alexandre*, de Racine. — *Andromaque* (1667). — La Champmeslé et la Desœillets. — Mot judicieux de Louis XIV. — Boutade d'un spectateur. — Première parodie. — Chagrin de Racine. — *Les Plaideurs* (1668). — Histoire anecdotique de cette jolie comédie. — *Britannicus* (1669). — Dénouement, critiqué par Boileau. — Effet produit sur Louis XIV par quelques vers de cette tragédie. — Anecdote. — *Bérénice* (1671). — Sujet donné par Henriette d'Angleterre. — Parodie. — Mot de Chapelle. — Mlle de Mancini. — Le Grand Condé. — Anecdote de la sentinelle et de Mlle Gaussin. — Vers à ce sujet. — *Bajazet*, (1672). — Racine, poëte satirique, de par Boileau. — *Mithridate* (1673). — Anecdotes relatives à cette tragédie. — *Iphigénie* (1674), donnée à Versailles au retour de la campagne de la Franche-Comté. —Vers de Boileau à cette occasion. — Anecdote de Lully.—Singulière annonce à propos d'*Iphigénie*.—Mlle Gaussin, dans le rôle d'Iphigénie. — Vers qu'on lui adresse. — *Phèdre* (1677).—Ce qui donna l'idée première de cette tragédie à Racine.—La Champmeslé.—Cabale contre cette pièce. — La *Phèdre* de Pradon. — Mme Deshoulières, la duchesse de Bouillon et le duc de Nevers. — Les trois sonnets. — Grande querelle.—Frayeur de Racine et de Boileau. — Le fils du Grand Condé les rassure. — Les tribulations essuyées par le tendre Racine, à propos de cette tragédie, le font renoncer au théâtre, à l'âge de trente-huit ans, malgré Boileau. — *Esther* (1689). — Anecdotes relatives à cette pièce. — *Athalie* (1690). — Cette pièce, mal jugée, est comprise par Louis XIV et défendue par Boileau. — Mme de Maintenon la fait jouer en présence du roi. — En 1702, après la mort de Racine, Louis XIV la fait représenter à Versailles. — Les principaux personnages de la cour y prennent des rôles. — En 1716, le Régent donne l'ordre aux Comédiens de la mettre au théâtre. — Le public commence enfin à admirer ce dernier chef-d'œuvre de Racine.— Succès de cette pièce. — Son actualité pendant la Régence.

Après les belles tragédies de PIERRE CORNEILLE, on était loin de penser qu'un auteur dramatique pût égaler le maître; c'est cependant ce qui arriva quand parut RACINE.

Plus heureux que Corneille, Racine sut s'arrêter dans un âge et à un moment où sa réputation n'ayant fait que grandir, on pouvait affirmer que ce poëte était à l'apogée de sa gloire. — Ces deux hommes ont également contribué à élever l'art dramatique en France, l'un en faisant justice des pièces absurdes qui, jusqu'à sa venue, occupaient despotiquement la scène et en fixant les règles dont il n'était plus permis de s'écarter; l'autre en rectifiant la langue et en lui donnant une douceur qu'elle a conservée depuis les belles compositions de son génie. Le théâtre de Corneille, comme celui de Sophocle, brille par la vigueur des pensées. Racine, comme Euripide, a su donner au sien la tendresse des sentiments. On peut dire que la tragédie chez l'un prend les formes d'une statue qui frappe par la fierté, la hardiesse de ses proportions; que chez l'autre, c'est un tableau dont l'expression tendre, délicate, naturelle, animée, charme les yeux et touche le cœur. Corneille, c'est le torrent qui grossit avec violence et brise ses digues pour faire une irruption; Racine, c'est le fleuve majestueux qui, dans son paisible cours, répand la fertilité dans les lieux qu'il arrose. Corneille enfin va au cœur par l'esprit, Racine trouve le chemin de l'esprit par le cœur. Ils marchent parallèlement sur deux lignes à la hauteur l'un de l'autre, immortels l'un et l'autre et dignes l'un comme l'autre de la gloire dont ils jouiront dans le monde, tant qu'il y aura des hommes capables d'apprécier le beau et de comprendre le sublime. Boileau disait : le *pompeux* Corneille et le *tendre* Racine, et il avait raison.

Conduit par un goût qui ne faisait jamais fausse route, Racine choisissait avec un tact parfait tous les sujets de ses grandes compositions. Il aimait mieux devoir beaucoup à la bonté du sujet que de compromettre le succès d'une pièce en cherchant à vaincre une situation difficile. Son esprit fin, délicat, plein de noblesse et d'élévation, saisissait avec un grand bonheur les nuances du sentiment. Il savait, en peignant la nature sous ses plus riants aspects, l'embellir encore sans la déguiser. Les grandes passions avaient en lui un interprète sage, tendre et qui sut, de prime-abord, débarrasser la scène des fadaises dont on se croyait obligé de surcharger le langage, surtout lorsque l'on voulait exprimer le sentiment si naturel de l'amour. Dans ses belles et suaves compositions, Racine intéresse et fait passer l'âme du spectateur ou du lecteur par toutes les péripéties du drame intime.

Faiblesse, inquiétude, emportements, détours cachés, secrets passionnés, on comprend tout avec lui, au besoin on excuserait tout. Le style est d'une douceur, d'une noblesse, d'une élégance dont rien jusqu'à lui n'avait donné l'idée. On peut affirmer que Racine est le poëte de l'intelligence ; car l'oreille, l'esprit et le cœur, en l'écoutant, sont satisfaits. Aussi, jamais auteur n'eut un succès plus réel, plus soutenu et plus durable. Aujourd'hui encore, après deux siècles, il fait loi.

Né, en 1639, à la Ferté-Milon, où son père était contrôleur du grenier à sel, Racine fut trésorier en la généralité de Moulins, secrétaire du roi, gentilhomme ordinaire de la Chambre, membre de l'Académie française et désigné par Louis XIV pour être l'historiographe de son règne. Il mourut à Paris, en 1699, et, selon son désir, il fut enterré à Port-Royal-des-Champs, où il avait été élevé dans sa jeunesse. Ami de Corneille, de Molière, avec lequel il fut par la suite en froid, il fut surtout très-lié avec Boileau, dont les utiles conseils aidèrent au développement de son talent admirable. Aussi disait-il avec la franchise d'un beau caractère, qu'il était plus redevable des succès de la plupart de ses pièces aux sages avis du judicieux et célèbre critique, qu'à l'étude des préceptes d'Horace et d'Aristote.

Racine fit son entrée dans le monde des lettres par la tragédie de *la Thébaïde ou les Frères Ennemis*, en 1664. O . prétend que le sujet lui en fut donné par Molière et que dans la pièce, telle qu'elle fut jouée d'abord, des scènes entières étaient puisées presque littéralement dans l'*Antigone* de Rotrou. Quoi qu'il en soit, lorsque cette tragédie, qui commença sa réputation, fut imprimée, les plagiats, s'ils ont existé, avaient disparu.

Sa seconde composition dramatique fut *Alexandre*, en 1666. Il la lut à Corneille avant que de la faire jouer, et Corneille, qui n'était mu par aucun sentiment de jalousie, lui dit : « Cette pièce me fait voir en vous de grands talents pour la poésie, mais ces talents ne sont point pour le tragique. » Corneille préférait Lucain à Virgile. Ce jugement parvint aux oreilles de Boileau, qui écrivit plus tard :

> Tel excelle à rimer, qui juge sottement,
> Tel s'est fait par ses vers admirer dans la ville,
> Qui jamais, de Lucain, n'a distingué Virgile.

Les amis de Racine ne furent pas de l'avis de Corneille ; ils trouvèrent la pièce d'*Alexandre* fort belle et fort bonne, et le rassurèrent complétement. L'ouvrage fut livré à la troupe de Molière, dont les acteurs, excellents pour le genre comique, n'entendaient rien à la tragédie. Elle tomba. Le jeune auteur se plaignit du mauvais conseil qu'on lui avait donné : « Votre pièce est excellente, lui dit-on ; mais il faut des gens qui sachent l'interpréter ; faites-la jouer à l'Hôtel de Bourgogne. » Racine adopta l'idée, et son *Alexandre* eut un succès immense. Cette détermination causa une petite révolution intérieure dans la troupe de Molière ; mademoiselle Duparc, la meilleure actrice du théâtre de *Monsieur*, passa à l'Hôtel de Bourgogne.

Molière en fut mortifié, et cela jeta entre Racine et lui un froid qui subsista toujours depuis, quoiqu'ils se rendissent justice l'un à l'autre en toute circonstance.

On raconte, à propos de ce fait, une plaisante histoire. Un abbé était au sermon, faisant d'épouvantables contorsions et répétant sans cesse ces mots : « O Racine ! ô Racine ! » — Mon Dieu, lui dit un de ses amis, l'abbé, qu'avez-vous donc à prononcer le nom de Racine ? — Eh ! mon cher, répondit l'autre, vous ne voyez donc pas l'identité de ma position avec celle de l'auteur d'*Alexandre ?* — Comment cela ? — C'est moi qui ai fait le sermon que vous venez d'entendre ; il est admirable ; mais ce bourreau le débite comme les acteurs de Molière ont débité la pièce de Racine ; si je l'avais donné à un autre, mon sermon eût eu le succès qu'a eu l'*Alexandre* à l'Hôtel de Bourgogne.

Racine disait à Boileau, en lui parlant de cette pièce, qu'il se sentait une surprenante facilité pour faire les vers. « Moi, lui dit le grand critique, je veux vous apprendre à faire avec peine des vers faciles, et vous avez assez de talent pour le savoir bientôt. »

On eut, à cette époque, l'idée maligne et fort plaisante d'attribuer à Boileau la pensée d'avoir eu en vue la tragédie d'*Alexandre*, dans un de ses *Dialogues des Morts*. Pour cela, on avait adroitement intercalé quelques-uns des vers doucereux mis dans la bouche du conquérant par Racine, au milieu de ce dialogue.

Voici le morceau tel qu'on le publiait :

PLUTON.

Mais qui est ce jeune étourdi qui s'avance d'un air moitié sérieux et moitié badin? Le voilà bien échauffé!

DIOGÈNE.

Je crois que c'est Alexandre. Qu'il est changé! J'ai peine à le reconnaître. Sa physionomie n'est ni grecque, ni barbare : c'est un guerrier petit-maître; apparemment que ses longs voyages l'ont un peu gâté. C'est pourtant Alexandre, je le reconnais encore.

PLUTON.

Oh! pour le coup, nous avons un véritable héros et non pas un fade doucereux. Il n'a jamais soupiré que pour la gloire. Il s'est même si peu piqué de galanterie, que, dans sept ans, il n'a visité qu'une fois la femme et les filles de Darius, bien qu'elles fussent les plus belles princesses du monde et ses prisonnières. Je jurerais qu'il s'est garanti du mauvais air que les autres ont respiré, et qu'ayant entendu parler de révolte, il se hâte de la venir apaiser. Approchez, généreux vainqueur de l'Asie, approchez. Il s'agit de combattre. Le roi des enfers a besoin de votre bras.

ALEXANDRE.

Je suis venu. L'Amour a combattu pour moi.
La Victoire elle-même a dégagé ma foi.
Tout cède autour de vous. C'est à vous à vous rendre.
Votre cœur l'a promis, voudra-t-il s'en défendre?
Et lui seul pourrait-il échapper aujourd'hui
A l'ardeur d'un vainqueur qui ne cherche que lui.

DIOGÈNE.

Ne l'avais-je pas bien dit, qu'il s'était gâté dans ses voyages? Alexandre le Grand est devenu conteur de fleurettes.

PLUTON.

Quel diable de jargon nous vient-il parler? Quoi! Alexandre, qui ne respirait que les combats, s'oublie auprès d'une maîtresse!

ALEXANDRE.

Que vous connaissez mal les violents désirs
D'un amour qui, vers vous, porte tous mes soupirs!
J'avouerai qu'autrefois, au milieu d'une armée,
Mon cœur ne soupirait que pour la renommée.
Mais, hélas! que vos yeux, ces aimables tyrans,
Ont produit sur mon cœur des effets différents!
Ce grand nom de vainqueur n'est plus ce qu'il souhaite.

DIOGÈNE.

Il faut l'envoyer auprès du grand Cyrus.

ALEXANDRE.

Hé quoi! vous croyez donc qu'à moi-même barbare,
J'abandonne en ces lieux une beauté si rare?

PLUTON.

Peste soit de l'extravagant et de sa tendresse mal imaginée? Il est, ma foi! tout aussi fou que les autres. On avait bien raison, là-haut, de plaindre la Macédoine de n'avoir pas eu de Petites-Maisons pour le renfermer. Si, pendant sa vie, on l'avait traité en fou, il serait venu plus sage ici. Qu'on l'enferme donc au plus vite.

Boileau vantait le portrait d'Alexandre, fait par Racine dans les vers suivants :

Quelle étrange valeur, qui, ne cherchant qu'à nuire,
Embrase tout, sitôt qu'elle commence à luire ;
Qui n'a que son orgueil pour règle et pour raison ;
Qui veut que l'univers ne soit qu'une prison ;
Et que, maître absolu de tous tant que nous sommes,
Les esclaves en nombre égalent tous les hommes !

« Il est, disait-il, de la main d'un poëte héroïque,
« et celui que j'ai fait est de la main d'un poëte sa-
« tirique. »

Voici celui de Boileau :

L'enragé qu'il était, né roi d'une province
Qu'il pouvait gouverner en bon et sage prince,
S'en alla follement, et pensant être dieu,
Courir comme un bandit qui n'a ni feu ni lieu,
Et traînant avec soi les horreurs de la guerre,
De sa vaste folie emplit toute la terre.

En 1667 parut *Andromaque*, un des chefs-d'œuvre de Racine. Cette tragédie eut un succès immense. mademoiselle Champmeslé y fit ses débuts par le rôle d'Hermione, au grand désespoir de l'auteur, qui fut bientôt rassuré en voyant le beau talent de la nouvelle actrice. Dans le principe, le rôle d'Hermione avait été tenu par mademoiselle Desœillets qui, ayant voulu assister au début de la Champmeslé, ne put s'empêcher de dire en sortant du théâtre : « Il n'y a plus de Desœillets. » Cependant, il paraît que si la débutante avait plus de feu dans les trois derniers actes, l'autre était meilleure dans les deux premiers, ce qui fit dire très-judicieusement à Louis XIV : « Il faudrait que la Desœillets jouât les deux premiers actes d'*Andromaque* et la Champmeslé les trois derniers. »

Cette tragédie causa la mort de Montfleury, qui tomba malade par suite de ses efforts pour représenter les fureurs d'Oreste. Mondory était mort de la même façon, après la *Marianne* de Tristan. Aussi un bel esprit de l'époque disait-il : « Il n'y aura plus désormais un poëte qui ne veuille avoir l'honneur de crever un comédien dans sa vie. »

Une débutante au Théâtre-Français, dont les talents étaient médiocres et la figure désagréable, jouait un soir le rôle d'Andromaque, et le jouait mal. Un des spectateurs du parterre, grand admirateur de Racine, souffrait d'entendre estropier les vers de son poëte favori; n'y tenant plus, lorsque l'actrice prononce ce vers d'Andromaque à Pyrrhus :

Seigneur, que faites-vous? et que dira la Grèce?

il s'écrie tout haut :

Que vous êtes, Madame, une laide bougresse!

puis il se lève et sort au milieu des rires, des battements de mains de la salle, laissant la malheureuse actrice toute décontenancée.

Andromaque fut la première tragédie qui donna lieu à une comédie critique ou *parodie*. On l'intitula *la Folle querelle*. L'auteur était Subligny; mais on l'attribua à Molière, ce qui brouilla encore davantage les cartes entre Racine et lui.

De cette parodie date en France ce genre bâtard qui prête aux lazzis et qui va du reste assez bien à l'esprit de la nation. Depuis, il est peu de pièces d'une certaine importance qui n'aient eu leur parodie, parce qu'il est toujours facile de trouver ou de faire naître un côté plaisant et même grotesque, à propos de l'œuvre dramatique la plus belle. La tragédie, l'opéra, la comédie même, sont en effet des œuvres soumises à des règles de convention. De nos jours, il n'est pas un petit théâtre qui ne donne la parodie de la grande pièce en vogue. Ce qui peut paraître étonnant, c'est que Racine se montra très-affecté de *la Folle querelle*. Au lieu d'en rire, comme font les auteurs modernes, dont plusieurs sont les premiers à aider à la parodie de leur pièce, le grand poëte ressentit de cette aventure un chagrin véritable.

Racine, qui ne pardonnait pas l'innocente plaisanterie dont son *Andromaque* avait été l'objet, fut entraîné lui-même, en 1668, à composer une comédie qui est restée au théâtre comme type de comique de bon aloi, *les Plaideurs*, et qu'on peut considérer comme la parodie de tous les talents et de tous les originaux du parquet et du barreau de cette époque. L'auteur d'*Alexandre* avait un oncle, brave religieux, dont le plus vif désir était d'arracher son neveu au théâtre, et qui, pour cela, avait imaginé de lui laisser un prieuré de son ordre, sous la condition expresse qu'il en prendrait l'habit. Racine accepta le bénéfice, mais ne se pressa pas de se faire moine. Un régulier lui disputa le prieuré, il s'ensuivit un procès qui fut à l'avantage du religieux, et ce n'était que justice. Un jour que Racine, en compagnie de Despréaux, de Lafontaine, de Chapelle, de Furetière, en un mot, de tous les beaux esprits et les élégants de l'époque, se trouvait chez un traiteur fameux, à l'enseigne du *Mouton*, il raconta son aventure. Les cafés n'existaient pas encore, et encore bien moins les clubs; mais, par le fait, cette réunion était un petit club de gens d'esprit, puisqu'ils avaient chez ledit traiteur un salon réservé spécialement pour leur société. Or donc, l'histoire du procès ayant égayé la joyeuse compagnie, il fut proposé, séance tenante, de faire une comédie où seraient mis en relief tous les travers de messieurs de la Cour et de messieurs du barreau. Ainsi fut dit, ainsi fut fait. Mille propos joyeux servirent de fond à la pièce future, pour laquelle un conseiller au Parlement, de Brilhac, apprit à Racine les termes de la chicane. Cette jolie pièce, si spirituelle et si gaie, n'eut aucun succès aux premières représentations. Molière, alors en assez mauvais termes avec Racine, ne se trompa point sur la valeur de l'ouvrage, et après l'avoir lu un jour, il dit que ceux qui s'en moquaient étaient des sots qui méritaient qu'on se moquât d'eux. On la joua à la Cour, un mois après son apparition au théâtre. Le roi en rit beaucoup, et son entourage s'empressa naturellement de l'imiter. C'était un succès inouï. La représentation à peine terminée, les comédiens partent de Saint-Germain dans trois voitures, à onze heures du soir, et viennent porter cette bonne nouvelle à Racine. Tout le quartier est réveillé par le bruit des carrosses et des acteurs; on se met aux fenêtres, on s'enquiert, on cherche à savoir ce qui produit cette rumeur inusitée. On entend répéter le mot *Plaideurs*, il n'en faut pas davantage pour que la nouvelle se répande que l'on est venu enlever Racine et le conduire en prison, parce qu'il a mal parlé des juges. Il est vrai qu'un vieux conseiller des requêtes avait fait grand bruit au palais de cette charmante comédie ; mais cela n'avait abouti qu'à la mettre en vogue, dès que le roi et la Cour avaient *daigné* s'en amuser.

La plupart des avocats du temps étaient parodiés dans *les Plaideurs*, et les différents tons sur lesquels l'*Intimé* déclame, sont autant de copies de différents tons des avocats de l'époque. L'exorde est un ridicule donné à une célébrité du barreau qui avait employé le même pour la cause d'un boulanger de ses clients ; la scène de Chicaneau et de la comtesse eut lieu en original chez le greffier Boileau, frère aîné de Despréaux. Un président, neveu de Boileau, et la comtesse de Crissée, vieille et enragée plaideuse, étaient les deux originaux d'après lesquels la scène avait été imaginée. Cette comtesse de Crissée avait tellement fatigué la Cour de ses procès, que le Parlement de Paris lui fit défendre d'en intenter à l'avenir, sans l'avis par écrit de deux avocats désignés *ad hoc*. Cette interdiction mit la plaideuse dans une fureur et un désespoir dont rien ne saurait donner l'idée. Elle s'adressa aux juges, aux avocats, à son procureur, et enfin elle alla renouveler ses plaintes au greffier Boileau, chez lequel se trouvait alors, par hasard, le neveu de Despréaux, qui crut se rendre utile en donnant des conseils à la plaideuse. Elle les écouta d'abord avec avidité, puis, par suite d'un malentendu, croyant qu'on voulait l'insulter, elle accabla le président d'injures.

Ce vers de Dandin à Petit-Jean :

Et vous, venez au fait, un mot du fait,

est une allusion à une anecdote du palais, du temps de Racine. Un avocat, chargé de plaider pour un homme sur le compte duquel on voulait mettre un enfant, se jetait à dessein dans des digressions étrangères à la cause. Le juge ne cessait de lui dire : « Au fait, venez au fait. » Impatienté, l'avocat termine brusquement son plaidoyer, en s'écriant : « Le fait est un enfant fait ; celui qu'on dit l'avoir fait, nie le fait, voilà le fait. » Enfin, la femme du lieutenant-criminel d'alors fournit à Racine le caractère de la femme de Perrin-Dandin. C'est d'elle qu'il dit :

Elle eût du buvetier emporté les serviettes,
Plutôt que de rentrer chez elle les mains nettes.

Elle avait effectivement pris quelques serviettes chez le buvetier du palais. *Les Plaideurs* sont un hors-d'œuvre dans les compositions sérieuses de Racine. En 1669, il continua le cours de ses études dramatiques par la tragédie de *Britannicus*. Quoique cette pièce fût fort belle, elle tomba à la huitième représentation. L'auteur était très-sensible à un revers ; il composa contre ses critiques une préface un peu vive et dans laquelle il semblait diriger quelques attaques contre Corneille. Dans la suite, il la supprima. Boileau lui-même, l'ami sincère et l'admirateur de Racine, critiquait le dénouement de *Britannicus*. Il trouvait avec raison que Junie entre chez les Vestales, après la mort de son amant, un peu comme on entrait, sous Louis XIV, au couvent des Ursulines.

Cette tragédie produisit une petite révolution dans les coutumes de la Cour. On sait que, dans la pièce, Narcisse dit à Néron :

> Pour toute ambition, pour vertu singulière,
> Il excelle à conduire un char dans la carrière,
> A disputer des prix indignes de ses mains,
> A se donner lui-même en spectacle aux Romains,
> A venir prodiguer sa voix sur un théâtre,
> A réciter des chants qu'il veut qu'on idolâtre.

Louis XIV crut voir une critique de sa conduite dans ce tableau, ou du moins cette peinture admirable le fit réfléchir, sans doute ; car, à partir de ce moment, il cessa de danser dans les ballets où il figurait souvent.

Boileau, tout en critiquant quelques détails du *Britannicus* de son ami, trouvait cependant cette tragédie admirable, et le voyant un jour tout chagrin du peu de succès qu'elle avait obtenu, il courut à lui, l'embrassa avec transport en lui disant que c'était son chef-d'œuvre.

On raconte qu'une actrice, au lieu de ce vers du rôle d'Agrippine :

> Mit *Claude* dans mon lit et *Rome* à mes genoux,

se trompa et fit éclater de rire le public, en disant :

Mit *Rome* dans mon lit et *Claude* à mes genoux.

Bérénice parut deux ans après *Britannicus*, en 1671, à l'époque où Corneille, arrivé à la fin de sa carrière littéraire, abandonnait, trop tard déjà, le théâtre. Le sujet de *Bérénice* fut donné à Racine par Henriette d'Angleterre, belle-sœur de Louis XIV, qui fit demander également à Corneille de traiter les *Adieux de Titus et de Bérénice*. Elle espérait voir une allusion aux sentiments qu'elle et Louis XIV avaient eus l'un pour l'autre. Racine fut courtisan, s'engagea, et fit une admirable pièce que l'on parodia avec assez d'esprit.

Racine avait une grande susceptibilité de sentiments ; il ne pouvait pardonner les critiques que l'on faisait de ses œuvres.

Il se montra très-chagrin des vers suivants, qui se trouvent dans la parodie de *Bérénice :*

COLOMBINE *dit à Arlequin, en le tirant par la manche.*

Répondez donc.

ARLEQUIN.

Hélas ! que vous me déchirez !

COLOMBINE.

Vous êtes Empereur, seigneur, et vous pleurez ?

ARLEQUIN.

Oui, Madame, il est vrai, je pleure, je soupire,
Je frémis ; mais enfin, quand j'acceptai l'Empire,
Quand j'acceptai l'Empire, on me vit empereur.

Racine fut encore plus sensible au mot de Chapelle. Tous ses amis vantaient le talent avec lequel il avait traité le sujet; Chapelle gardait le silence. « Dites-moi franchement votre sentiment, lui dit Racine. Que pensez-vous de *Bérénice?* — Ce que je pense, répond Chapelle : *Marion pleure, Marion crie, Marion veut qu'on la marie.* »

Mademoiselle de Mancini avait dit à Louis XIV, en partant : « Vous m'aimez, vous êtes roi, vous pleu-« rez et je pars. » Racine s'est souvenu de ces mots pour Bérénice :

Vous m'aimez, vous me soutenez,
Et cependant je pars.

mais les paroles de mademoiselle de Mancini sont empreintes d'un sentiment bien autrement énergique.

On raconte que Louis XIV, rencontrant son médecin au sortir de la représentation de cette tragédie, lui dit avec beaucoup d'esprit et d'à-propos : « J'ai été sur le point de vous envoyer chercher pour secourir une princesse qui voulait mourir sans savoir comment. »

Le grand Condé fit un compliment très-délicat à Racine, à propos de cette pièce. On lui demandait son avis, il répondit par ces deux vers de Titus à Bérénice :

Depuis deux ans entiers, chaque jour je la vois,
Et crois toujours la voir pour la première fois.

A l'une des représentations, dont le rôle principal était joué par mademoiselle Gaussin, une des sentinelles, fondant en larmes, laissa tomber son fusil. Cela donna lieu aux vers suivants :

Quel spectacle touchant a frappé mes regards,
    Quand sous le nom de Bérénice,
Gaussin de son amant déplorait l'injustice !
J'ai vu des flots de pleurs couler de toutes parts,
    Et jusqu'aux fiers soldats en larmes,
Oubliant leurs emplois, laisser aller leurs armes.
Quel contraste divers, quand sous le même nom,
L'orgueilleuse Montrose a paru sur la scène !
Aucun cœur n'a senti la moindre émotion ;
Aucun n'a retrouvé, dans sa froide action,
    Bérénice, ni Melpomène.
Aussi dans ces adieux, si tristes pour Titus,
Le public, trop charmé de sa fuite soudaine,
Lui répondait : Partez et ne revenez plus :
    O Racine, ombre révérée,
De quel ravissement ne dois-tu pas jouir,
Lorsque tu vois, du haut de l'Empyrée,
    La tendre Gaussin embellir
    Les chefs-d'œuvre de ton génie,
Répandre sur tes vers les grâces et la vie
    D'un sentiment aimable et délicat ;
Surpasser Lecouvreur, étonner Melpomène,
    Et remontrer sur notre scène
    Bérénice avec plus d'éclat,
Que tu n'en sus prêter aux pleurs de cette reine.

Les tragédies de Racine se succédaient pour ainsi dire régulièrement, soit chaque année, soit de deux en deux ans, et pas une n'était entachée de médiocrité.

En 1672 vint *Bajazet*, dont il est question dans les lettres de madame de Sévigné. Cette pièce réussit à merveille. Corneille, qui assistait à la première représentation, se penchant à l'oreille de M. Segrais, lui dit : « Les personnages de cette tragédie ont, sous des habits turcs, des sentiments trop français ; je n'avoue cela qu'à vous, d'autres croiraient que la jalousie me fait parler. » Cette critique était fort juste. Boileau concluait des quatre vers suivants :

> L'imbécile Ibrahim, sans craindre sa naissance,
> Traîne, exempt de péril, une éternelle enfance,
> Indigne également de vivre et de mourir,
> On l'abandonne aux mains qui daignent le nourrir ;

concluait, disons-nous, de ces vers, que Racine avait, plus encore que lui, le génie satirique.

La belle tragédie de *Mithridate*, donnée en 1673, marque l'époque où Racine est dans toute la splendeur de son immense talent et où le talent de Corneille est entièrement à son déclin ; car c'est à cette époque que le grand nom de l'auteur du *Cid* ne put préserver *Pulchérie* d'une chute complète.

De ce jour on vit s'accroître le parti de Racine et s'affaiblir celui de Corneille. Ce jour-là, ce dernier eût pu se dire à lui-même, comme jadis Pompée à Scylla : « Ne sais-tu pas que tous les yeux se tournent vers le soleil levant ? »

Mithridate eut un grand succès. De toutes les

tragédies que Charles XII, de Suède, lut pendant les loisirs de sa captivité, c'était celle qui l'avait le plus fortement impressionné, et il en avait, dit-on, retenu les endroits les plus saillants. Beaubourg, Baron, La Thorillière, tous les grands acteurs ont joué le rôle de Mithridate, et beaucoup d'entre eux ont voulu débuter à la scène par cette pièce.

Beaubourg, dont nous venons de prononcer le nom, était fort laid. Mademoiselle Lecouvreur, qui jouait Monime, lui ayant dit ce vers de *Mithridate* :

Ah! Seigneur, vous changez de visage,

on cria du parterre : « *Laissez-le faire,* » ce qui jeta un moment le trouble dans la représentation.

Bannières, qu'on appelait le Toulousain, débuta en 1729 par *Mithridate*. Il joua le rôle avec un emportement qui excita un rire universel. A la fin de la pièce, cet acteur, qui était un homme d'esprit, comprenant la faute qu'il avait faite, vint plaisamment supplier le public de vouloir bien *revenir* à la représentation suivante, pour juger s'il avait profité de sa leçon. En effet, il joua, à son second début, avec tant d'intelligence, qu'on l'applaudit du parterre et des loges.

Un autre acteur, Rousselet, après avoir débuté aux Français, en 1740, passa à l'Opéra-Comique, puis revint quelques années plus tard au premier théâtre.

Un jour, qu'il jouait *Mithridate* et avait été mal

accueilli du public, il s'avança vers la rampe pour parler ; mais un plaisant ne lui en laissa pas le temps, et, s'adressant, du parterre, au Mithridate de la scène, il lui débita avec beaucoup d'à-propos ces deux vers du rôle qu'il venait de jouer :

> Prince, quelques raisons que vous puissiez nous dire,
> Votre devoir ici n'a point dû vous conduire.

Les comédiens annoncèrent un jour *Mithridate*. Dans l'intervalle, les premiers sujets reçurent l'ordre de se rendre à Saint-Germain, où était la Cour, pour y jouer devant le roi. On fut obligé de donner les *doublures* au peuple de Paris. Ces doublures débitèrent si mal le premier acte, qu'il y eut un *tolle* général. La salle était comble, les malheureux n'osaient rentrer en scène et opinaient pour rendre l'argent. « Mais non ! mais non ! s'écrie Legrand, la recette est bonne, ce serait folie que de s'en dessaisir ; laissez-moi faire, je vais conjurer l'orage. » Alors, il s'avance sur le devant du théâtre, et s'adressant au parterre, il lui dit d'un air fort humble :

« Messieurs, mademoiselle Duclos, M. Beaubourg,
« MM. Ponteuil et Baron ont été obligés d'aller rem-
« plir leurs devoirs et de jouer à la Cour ; nous sommes
« au désespoir de n'avoir pas leur talent et de ne
« pouvoir les remplacer ; nous n'avons pu, pour ne
« pas fermer notre théâtre aujourd'hui, vous donner
« que *Mithridate*. Nous vous avouons qu'il est et sera
« joué par les plus mauvais acteurs ; vous ne les avez
« même pas encore tous vus ; car je ne vous cacherai

« point que c'est moi qui joue le rôle de Mithridate.»
Sur cela, grands éclats de rire, applaudissements de toute la salle, et la représentation put continuer.

Quinault l'aîné, frère de Quinault de Fresne, avait beaucoup d'esprit. Dînant un jour avec Crébillon et trois P. Jésuites, la conversation tourna en une grave dissertation sur le genre masculin ou féminin du mot *amour* d'un vers du *Mithridate* de Racine. Quinault soutenait que le mot est du genre féminin. Les Révérends prouvaient, par nombre d'exemples puisés aux meilleures sources, qu'il était du genre masculin. Après une discussion à n'en plus finir, Quinault, s'écrie tout à coup : « Allons, Messieurs, un peu de complaisance, passons l'amour masculin en faveur de la société, et qu'il n'en soit plus question. »

A son retour de la campagne de la Franche-Comté, Louis XIV voulut offrir des divertissements splendides à toute la Cour. Un grand théâtre avait été dressé à cette occasion dans le parc de Versailles. Le monarque vainqueur fit choix, pour y être représentée, d'une tragédie nouvelle de Racine, *Iphigénie*, jouée pour la première fois en 1674, et qui avait eu un beau et légitime succès. Ce chef-d'œuvre fut applaudi à la Cour comme à la ville, tout le brillant auditoire laissait couler ses larmes, ce qui inspira à Despréaux ces quatre vers :

Jamais Iphigénie, en Aulide immolée,
N'a coûté tant de pleurs à la Grèce assemblée;
Que dans l'heureux spectacle à nos yeux étalé,
En a fait, sous son nom, verser la Champmeslé.

Une anecdote qui prouve bien la puissance du génie musical de Lully, se rattache à cette pièce. Dans une soirée, les amis du célèbre compositeur lui firent un reproche que déjà ses ennemis lui avaient adressé, celui de ne pouvoir mettre en musique que des vers faibles comme ceux que lui fabriquait Quinault, ajoutant qu'il aurait bien autrement de peine si on lui donnait des vers pleins d'énergie. Lully, animé par cette plaisanterie, court à un clavecin, et, après avoir promené un instant ses mains sur les touches, il chante tout à coup ces quatre vers d'*Iphigénie :*

> Un prêtre, environné d'une foule cruelle,
> Portera sur ma fille une main criminelle,
> Déchirera son sein, et d'un œil curieux,
> Dans son cœur palpitant consultera les dieux !

Un des témoins de cette scène racontait, longtemps encore après, que tous ceux qui y assistèrent croyaient voir commencer l'odieux sacrifice, et que la musique expressive dont Lully accompagna les vers de Racine, lui fit dresser les cheveux sur la tête.

En 1718, les Comédiens Français, voulant sans doute attirer beaucoup de monde et ne sachant comment faire concurrence aux autres théâtres, pour lesquels on délaissait le leur, eurent recours à un moyen que l'on a bien perfectionné, embelli, augmenté, et dont on a usé et abusé depuis cette époque, *l'annonce* et *la réclame*. Ils affichèrent qu'à la représentation du 9 septembre, on verrait dans *Iphigénie*, de M. Racine, quelque chose d'extraordinaire. Tout Paris courut au théâtre, on excita l'impatience du public jusqu'au quatrième acte ; enfin, on vit paraître le vieux Poisson en Achille, et le jeune et beau La Thorillière en Agamemnon. Cette singulière et ridicule mascarade fit d'abord rire un instant ; mais bientôt le bon sens prenant le dessus, on trouva cette charge de mauvais goût, et les huées commencèrent. On fut obligé de baisser le rideau.

Mademoiselle Gaussin, jouant le rôle d'Iphigénie, était ravissante. On lui adressa les vers suivants :

> Les Grecs, Agamemnon, Chalcas et les dieux même,
> Ne sauraient m'effrayer pour ses jours précieux.
>   Les efforts d'Achille amoureux,
>   Pour se conserver ce qu'il aime,
> Ne sont point mon espoir, et je le fonde mieux
>   Sur l'attendrissement des dieux.
> Osez les regarder, aimable Iphigénie ;
>   Vers le ciel, levez vos beaux yeux,
> Leur douceur me répond d'une si belle vie.

Une grande dame de l'époque avait la prétention d'être un fin connaisseur en peinture. Elle possédait beaucoup de tableaux de grands maîtres, mais il y en avait un dont elle ne pouvait parvenir à comprendre le sujet. Elle le montra un jour à plusieurs artistes de talent, qui lui dirent : « Ce tableau, c'est le sacrifice d'Iphigénie en Aulide. — Quelle bonne folie, reprend en riant la maîtresse de la maison, voilà plus d'un siècle que ce tableau est dans ma famille, et il n'y a pas dix ans que M. Racine a fait sa tragédie ! »

Phèdre, qui parut en 1677, laissa trois années d'intervalle entre elle et *Iphigénie*. On assure que l'auteur de ce chef-d'œuvre fut singulièrement conduit à traiter ce sujet, un des plus difficiles qu'on puisse mettre à la scène. Il se trouva un jour amené, par la conversation, à soutenir qu'un bon poëte peut faire excuser les plus grands crimes et même inspirer de la compassion pour les criminels. Racine, en soutenant cette thèse, ajoutait avec feu qu'il ne fallait, pour cela, que de la fécondité, de la délicatesse, et surtout de la justesse d'esprit, prétendant qu'il n'était nullement impossible, par exemple, de rendre aimables Médée ou Phèdre. Personne ne fut de son avis, et l'on affirma que tout le monde échouerait dans une entreprise pareille. Cela piqua au jeu l'habile poëte tragique, et ne voulant pas avoir le démenti de son opinion, il se mit à travailler *Phèdre*. On sait comment il réussit à jeter, sur les crimes de la belle-mère, un sentiment de pitié qu'on accorde à peine au vertueux Hippolyte.

La Champmeslé avait prié l'auteur de lui créer un rôle dans lequel seraient développées toutes les passions. Celui de Phèdre parut parfaitement convenable pour cela, et Racine le traça de façon à faire valoir les rares qualités et toutes les belles facultés de l'actrice.

Phèdre fut la première tragédie contre laquelle on vit s'organiser une cabale partie de haut et qui prit des proportions considérables. La chose faillit dégénérer en dispute de prince, et elle eut pour la scène française et pour la littérature une bien autre et bien triste portée ; elle causa tant de chagrin à Racine, qu'elle le détermina à abandonner le théâtre. En vain Boileau le supplia de n'en rien faire, sa résolution fut inébranlable, et ce ne fut que mû par un sentiment de piété qu'il composa, quelques années avant sa mort, les deux tragédies d'*Esther* et d'*Athalie*. Mais revenons à *Phèdre* et à la cabale qu'elle engendra.

Lorsqu'on sut que Racine travaillait à cette tragédie et allait la faire paraître, la célèbre madame Deshoulières, qui n'aimait ni Boileau, ni Racine, noua une intrigue pour faire éprouver une chute complète au poëte favori de la cour et de la ville. Elle s'adjoignit la duchesse de Bouillon, son frère le duc de Nevers, et plusieurs personnages haut placés. Ce petit aréopage imagina d'opposer à la *Phèdre* de Racine, une autre *Phèdre*. Pradon fut mis du complot et chargé de produire une œuvre ayant le même titre.

Dès que la coterie Deshoulières connut les jours de la représentation des deux *Phèdre*, elle fit retenir, à prix d'or, toutes les premières loges aux deux théâtres, pour les cinq premières représentations. On se rendit en foule à la *Phèdre* de Pradon, qu'on applaudit, qu'on vanta, qu'on porta aux nues, bien qu'elle fût détestable et que le public dût en faire bientôt justice. Au contraire, on laissa les loges vides pour la *Phèdre* de Racine. Il en résulta naturellement une certaine froideur, et de la part du public et même dans le jeu des acteurs.

Madame Deshoulières, qui avait trop d'esprit pour ne pas sentir la supériorité de la pièce de Racine sur celle de Pradon, revint cependant de l'Hôtel de Bourgogne rejoindre sa petite société, en faisant, avec Pradon, des gorges-chaudes sur le chef-d'œuvre de Racine. Pendant tout le temps du souper, il ne fut question que de cette déplorable, de cette détestable tragédie, qui coulait à tout jamais son auteur, le reléguant au second rang ; puis, séance tenante, la Deshoulières composa le fameux sonnet-parodie que nous allons donner :

> Dans un fauteuil doré, Phèdre, tremblante et blême,
> Dit des vers où d'abord personne n'entend rien.
> Sa nourrice lui fait un sermon fort chrétien,
> Contre l'affreux dessein d'attenter sur soi-même.
>
> Hippolyte la hait presque autant qu'elle l'aime ;
> Rien ne change son cœur ni son chaste maintien.
> La nourrice l'accuse ; elle s'en punit bien.
> Thésée a pour son fils une rigueur extrême.
>
> Une grosse Aricie, au teint rouge, aux crins blonds,
> N'est là que pour montrer deux énormes tétons,
> Que, malgré sa froideur, Hippolyte idolâtre.
>
> Il meurt enfin, traîné par ses coursiers ingrats.
> Et Phèdre, après avoir pris de la mort aux rats,
> Vient, en se confessant, mourir sur le théâtre.

Les amis de Racine attribuèrent cette satire, fort méchante, mais spirituelle, au duc de Nevers, qui se mêlait quelquefois *d'enfourcher Pégase*, comme on disait alors, et qui le montait assez mal. Indignés, et ne faisant pas à Pradon l'honneur de le croire l'auteur du sonnet, ils répondirent par un autre, composé sur une forme identique et dirigé contre le duc. Le voici :

Dans un palais doré, Damon, jaloux et blême,
Fait des vers où jamais personne n'entend rien.
Il n'est ni courtisan, ni guerrier, ni chrétien,
Et souvent, pour rimer, il s'enferme lui-même.

La Muse, par malheur, le hait autant qu'il l'aime.
Il a d'un franc poëte et l'air et le maintien.
Il veut juger de tout et ne juge pas bien.
Il a pour le Phœbus une tendresse extrême.

Une sœur vagabonde, aux crins plus noirs que blonds,
Va partout l'univers promener deux tétons,
Dont, malgré son pays, Damon est idolâtre.

Il se tue à rimer pour des lecteurs ingrats ;
L'*Énéide*, à son goût, est de la mort aux rats ;
Et, selon lui, Pradon est le roi du théâtre.

Le second sonnet fit fureur et eut autrement de succès dans le monde des lettres et dans le monde de la cour, que celui dont on attribuait la paternité au duc de Nevers. Tout le monde désigna Racine et Boileau comme en étant les auteurs. Or, comme il était des plus méchants, comme il attaquait en quelque sorte les mœurs et l'honneur d'un fort grand seigneur de l'époque, la chose devint grave, et les deux poëtes commencèrent à avoir des craintes sérieuses. Le duc de Nevers, pour les effrayer encore davantage, cassa les vitres par un troisième sonnet :

Racine et Despréaux, l'un triste et l'autre blême,
Viennent demander grâce, et ne confessent rien.
Il faut leur pardonner, parce qu'on est chrétien ;
Mais on sait ce qu'on doit au public, à soi-même.

Damon, pour l'intérêt de cette sœur qu'il aime,
Doit de ces scélérats châtier le maintien ;
Car il serait blâmé de tous les gens de bien,
S'il ne punissait pas leur insolence extrême.

Ce fut une furie, aux crins plus noirs que blonds,
Qui leur pressa du pus de ses affreux tétons
Ce sonnet qu'en secret leur cabale idolâtre.

Vous en serez punis, satiriques ingrats,
Non pas en trahison, par de la mort aux rats,
Mais à coups de bâton donnés en plein théâtre.

Le duc fit aussi répandre le bruit qu'il avait donné ordre de chercher partout Racine et Boileau pour les faire assassiner. Or, comme la bravoure n'était pas le côté brillant des deux amis, la peur commença à les galoper de la belle manière. Ils désavouèrent hautement le deuxième sonnet ; heureusement pour eux, ils trouvèrent un protecteur puissant dans le fils du grand Condé, le duc Henri-Jules, qui leur dit : « Si vous n'avez pas fait le sonnet, venez à l'hôtel de Condé, où M. le prince saura bien vous garantir de ces menaces, puisque vous êtes innocents ; et si vous l'avez fait, ajouta-t-il, venez aussi à l'hôtel de Condé, et M. le prince vous prendra de même sous sa protection, parce que le sonnet est très-plaisant et plein d'esprit. »

Le duc de Nevers se borna aux menaces contenues dans ses vers, et il eut raison de ne pas pousser les choses plus loin ; Racine et Boileau étaient déjà fort bien en Cour, le grand roi allait, quelques mois après cette aventure, les choisir l'un et l'autre pour les nommer historiographes de son règne. En venir aux voies de fait envers eux, c'était risquer toute la colère du monarque, colère qu'on ne bravait pas volontiers. D'ailleurs, le grand Condé, dès qu'il eut connaissance du troisième sonnet, fit dire en termes assez durs au duc de Nevers, qu'il vengerait, comme faites à lui-même, les injures dont on se permettrait de se rendre coupable envers deux hommes d'esprit qu'il aimait et qu'il prenait sous sa protection.

Le public, mieux encore que le grand Condé, vengea Racine. Sa *Phèdre* fut comprise. On l'admira, on l'applaudit et on plaignit l'auteur d'avoir été mis en parallèle avec un adversaire aussi méprisable que Pradon. Enfin, le poëte Lamotte, pour exprimer l'ascendant des femmes sur les hommes, ne trouva rien de plus fort que ce joli mot : — « Elles seraient capables de faire rechercher la *Phèdre* de Pradon et abandonner celle de Racine. »

Malgré tout cela, l'auteur de tant de chefs-d'œuvre ne voulut plus entendre parler de théâtre. Il s'arrêta court dans sa brillante carrière dramatique, abreuvé de dégoût, et résistant à toutes les supplications de ses meilleurs amis. Peut-être est-ce une grande perte pour la littérature française, car Racine n'avait alors que trente-huit ans; peut-être aussi est-ce une chose heureuse, parce qu'il n'eût pu s'élever davantage. *Esther* et *Athalie* devaient fermer la couronne littéraire dont les premiers fleurons avaient été *la Thébaïde* et *Alexandre*. En treize ans, le poëte du grand siècle avait donné à la scène neuf tragédies admirables et une charmante comédie.

Dix années avant sa mort, en 1689, et après avoir laissé dormir douze années sa muse, Racine, mu par un sentiment religieux et par la reconnaissance qu'il devait au roi et à madame de Maintenon, se décida, un peu à contre-cœur, à céder aux désirs presque souverains de la femme de Louis XIV. On raconte que madame de Maintenon, qui voulait développer le goût de la belle poésie chez les jeunes élèves de Saint-Cyr, se trouva un jour dégoûtée des mauvaises pièces que mademoiselle de Brinon, première supérieure de ce grand établissement, faisait représenter aux jeunes filles. En outre, elle fut scandalisée de la manière trop passionnée avec laquelle on leur avait laissé jouer *Andromaque*. Elle pria donc Racine de lui composer un poëme moral ou historique, dont l'amour fût entièrement banni. La tâche n'était pas facile. Écrire une œuvre *dramatique* en enlevant du drame le sentiment le plus *dramatique*, parut d'abord à Racine un tour de force dont il ne se sentait pas capable. En outre, il craignait de réveiller la haine de ses ennemis et de compromettre sa réputation. C'étaient bien des difficultés à vaincre, bien des écueils à éviter. Toutefois, ayant eu le bonheur de trouver le sujet d'Esther, il se mit au travail, encouragé par Boileau qui, d'abord, avait cherché à le détourner de répondre aux vues de madame de Maintenon.

Esther fut donc représentée à Saint-Cyr pendant le carnaval de 1689. Racine se chargea de former lui-même à la déclamation les jeunes personnes chargées des rôles dans sa nouvelle tragédie. Madame de Caylus, sortie depuis peu de l'établissement, ayant assisté à une répétition, fut prise d'un tel désir d'avoir un rôle, que, pour la satisfaire, l'auteur ajouta un prologue et le lui donna. *Esther* fut jouée devant la Cour et fut applaudie plus que n'avaient jamais été les grandes tragédies du poëte, aux plus beaux jours de ses triomphes. Courtisans, dévots, prélats, jésuites, c'est à qui put obtenir ses entrées au théâtre de Saint-Cyr. Singulière et modeste éducation pour des jeunes personnes, on en conviendra! Mais il fallait, avant tout, amuser le Grand Roi, qui ne s'amusait plus de beaucoup de choses, et il fallait l'amuser *saintement,* ce qui était bien plus difficile encore. Louis XIV y mena Jacques II, roi d'Angleterre, et sa femme. On se disait bien bas à l'oreille que la pièce était allégorique. Assuérus était le Roi; l'altière Vasthy, madame de Montespan; Esther, madame de Maintenon; Aman, M. de Louvois.

Il parut, à propos de cette tragédie, une ode, dans laquelle chacun des personnages anciens était désigné sous le nom du personnage de l'époque; mais le poëte établissait une différence entre la conduite de la femme d'Assuérus et celle de Louis XIV, et ce n'était pas en faveur de la favorite du dix-septième siècle. L'une, disait-il, avait servi la nation juive, sa nation à elle, tandis que l'autre, loin d'empêcher la proscription des huguenots, ses frères, les avait poursuivis de sa haine en excitant le roi contre eux. Il est vrai, ajoutait-il, que les juifs n'avaient pour ennemis, ni *jésuites*, ni *bigots*.

Madame de Sévigné, dans une de ses lettres, raconte à sa fille la représentation d'*Esther*, à laquelle elle a assisté, et sa conversation (du reste parfaitement banale, mais qui lui fit bien des envieux) avec le vieux roi.

La tragédie d'*Esther* ne fut imprimée et donnée au théâtre que bien longtemps après son apparition à Saint-Cyr. Le public ne ratifia pas le succès immense qu'elle avait obtenu. M. de La Feuillade appelait l'impression de cette pièce *une requête civile contre l'approbation publique.*

Athalie, un des chefs-d'œuvre du maître, et sa dernière tragédie, ne fut pas représentée à Saint-Cyr, comme on le croit généralement. Vers la fin de 1690, l'auteur se disposait à la faire jouer par la jolie troupe qui avait interprété *Esther*, lorsque madame de Maintenon, soit par suite des avis nombreux qu'elle reçut, soit éclairée par la raison et réfléchissant aux inconvénients qu'il y avait réellement à mettre en scène, devant la Cour, ses jeunes et jolies pensionnaires, coupa court aux représentations théâtrales et les défendit. On a pensé que les ennemis de Racine étaient pour quelque chose dans cette défense; la chose n'est point impossible. Cependant, comme tout était prêt pour les représentations d'*Athalie*, madame de Maintenon ne voulut pas se priver du plai-. sir de voir exécuter cette pièce avec tous les chœurs. Elle fit venir deux fois à Versailles les jeunes actrices qui avaient dû remplir les rôles à Saint-Cyr, et se fit déclamer la tragédie en présence du roi, dans une chambre du théâtre, mais sans apparat, sans costumes. L'impression que cette représentation, ou plutôt ce récit, produisit sur Louis XIV, fut des plus vives, et cela valut à Racine la charge de gentilhomme ordinaire de la chambre. Le roi, qui avait le goût du beau, ne partageait pas l'avis de beaucoup de gens, qui répandaient partout que cette tragédie était plus que médiocre. On prétend même qu'à cette époque il était de bon ton de la décrier. On fit une méchante épigramme qui se terminait par ces deux vers :

> Pour avoir fait pis qu'*Esther*,
> Comment diable a-t-il pu faire?

Quelques Parisiens se trouvaient à la campagne quand *Athalie* venait d'être imprimée, et on la leur avait envoyée. Le soir, en jouant aux petits jeux à gages, on infligea pour pénitence, à un des hommes de la joyeuse société, de lire tout seul le premier acte de la dernière tragédie de Racine. Il se récria contre la sévérité de la punition ; mais, obligé de s'exécuter, il se retira dans sa chambre et prit en tremblant le livre. Tout à coup il fut saisi d'admiration, et, le lendemain, il déclara qu'*Athalie* était le chef-d'œuvre du grand poëte ; on crut qu'il voulait plaisanter ; il affirma qu'il parlait sérieusement et demanda la permission de lire tout haut la pièce entière. L'ouvrage qu'on avait traité avec tant de mépris fut trouvé admirable.

Racine ne croyait pas cette tragédie supérieure à ses autres pièces ; il donnait la préférence sur toutes à *Phèdre*. Boileau fut le seul qui maintint, envers et contre tous, son opinion. « Je m'y connais bien, disait-il, on y reviendra ; *Athalie* est un chef-d'œuvre. »

Ce fut en 1716, longtemps après la mort de Racine, que la tragédie d'*Athalie* fut mise à la scène. La Cour avait toujours conservé pour elle une prédilection marquée. C'est au point qu'en 1702, Louis XIV voulut la voir représenter à Versailles. La duchesse de Bourgogne se chargea du rôle de Josabeth ; ceux d'Abner, d'Athalie, de Joas, de Zacharie, furent remplis par le duc d'Orléans, la présidente de Chailly, le comte de l'Esparre, second fils du comte de la Guiche, et M. de Champeron. Baron père eut le rôle de Joad ; le comte d'Ayen, plus tard maréchal de Noailles, et sa femme, nièce de madame de Maintenon, y remplirent également des rôles secondaires. Trois fois cette admirable tragédie fut jouée à la Cour par ces grands personnages. Comme ces représentations n'avaient qu'un nombre restreint de spectateurs, elle n'en acquit pas plus de célébrité. On continua, dans le public, à la croire détestable, et ce ne fut qu'après son interprétation par les comédiens de Paris, qui durent affronter l'orage d'un public mal disposé, que ce public comprit enfin qu'il avait fait fausse route et revint franchement sur son opinion erronée. C'est le duc d'Orléans, régent de France, qui, sur le compte que lui en firent des hommes d'esprit, voulut juger par lui-même de l'effet produit à la scène par *Athalie*. Il ordonna aux acteurs du Théâtre-Français de l'apprendre, malgré la clause insérée dans le privilége et qui leur défendait de la représenter. Par une suite de circonstances politiques, *Athalie* avait à cette époque une sorte de mérite d'actualité qui servit encore à la faire valoir. Louis XV avait l'âge du Joas de Racine ; ce prince, comme le Joas de l'histoire juive, restait seul d'une famille nombreuse éteinte par la mort. Le public de Paris, si prompt à saisir les à-propos, applaudit avec force ces vers :

> Voilà donc votre roi, votre unique espérance ?
> J'ai pris soin jusqu'ici de vous le conserver,
> . . . .
> . . . .
> Du fidèle David c'est le précieux reste,
> . . . .
> . . . .
> Songez qu'en cet enfant tout Israël réside,
> . . . .

Nous allons grouper autour de Racine, comme nous avons groupé autour de Corneille, les principaux auteurs tragiques dont les pièces furent mises au théâtre pendant la période qui s'étend de la fin du dix-septième siècle au milieu du dix-huitième, époque à laquelle nous aurons à parler d'un autre grand poëte, Arouet de Voltaire. Nous aborderons ensuite la comédie avant, pendant et après Molière.

« Racine, dit un homme d'esprit, forma, sans le savoir, une école, comme les grands peintres ; mais ce fut un Raphaël qui ne fit point de Jules Romain. »

IX

CONTEMPORAINS DE RACINE.

Examen anecdotique des contemporains de Racine. — PRADON. — Son genre de talent. — *Starita*. — Anecdote. — *Tamerlan* (1676). — Mot de Pradon au prince de Conti. — *La Troade* (1679). — Sonnet-parodie de Racine au sujet de cette pièce. — *Scipion* (1697). — Épigramme de Gacon. — *Germanicus* (1694). — Épigramme. — Anecdote du quatorze de dames. — *Régulus* (1688). — Le manteau de Régulus. — Épigramme de Rousseau. — Épitaphe de Pradon. — Mme DESHOULIÈRES. — *Genseric* (1680). — Analyse-épigrammatique de cette tragédie. — LA CHAPELLE. — Il cherche à imiter Racine. — Ses tragédies de *Zaïde*, de *Cléopâtre*, de *Téléphonte* et d'*Ajax*, de 1681 à 1684. — Anecdotes. — CAMPISTRON, élève de Racine. — Auteur fécond. — Son genre de talent. — *Virginie* (1683). — *Arminius*. — Succès de son *Andronic* (1685). — Anecdote. — *Alcibiade* (1685), et *Phraate* (1686). — *Phocion* (1688). — La bague de Péchantré. — *Adrien* (1690), tragédie chrétienne. — Citation. — *Alcide* (1693). — Quatrain sur cette pièce. — PÉCHANTRÉ. — Histoire de la paternité de *Géta*, première tragédie de Péchantré. — *Jugurtha*. — *La Mort de Néron* (1703). — Anecdote. — ABEILLE. — Ses tragédies d'*Argélie*, de *Coriolan*, de *Lyncée*, de *Soliman* (de 1673 à 1680). — Anecdotes. — Épitaphe d'Abeille. — Épigramme. — LAGRANGE-CHANCEL, dernier élève de Racine. — Sa prodigieuse facilité. — Sa première pièce faite quand il avait *neuf ans*. — Sa tragédie de *Jugurtha*. — Sa lettre à propos de cette pièce. — *Oreste et Pilade* (1697). — *Méléagre* (1699). — *Athénaïs, Amadis, Alceste, Ino, Sophonisbe* (de 1700 à 1716). — Anecdotes. — Ses autres pièces. — Ses aventures romanesques. — FERRIER, GENEST, LONGEPIERRE, RIUPEROUX autres con-

temporains de Racine. — Leurs tragédies. —Anecdotes. — BOURSAULT.
— Son éducation négligée. — Ses principales productions dramatiques.
— Sa tragédie de *Germanicus* (1679). — De *Marie Stuart* (1683). — De
Méléagre (1694). — Anecdotes. — Comédies. — *Ésope à la Cour* (1701).
— Vers retranchés. — *Ésope à la Ville* (1690), première pièce à tiroir.—
Quatrain de Boursault. — *Le Mercure Galant* (1679), première pièce
dans laquelle un acteur fait plusieurs rôles. — Anecdotes sur Visé. —
Phaëton (1691). — *Les Mots à la mode* (1694). — Brochures chez Barbin,
le Dentu du dix-septième siècle. — Autres ouvrages de Boursault. —
— Jugement sur cet auteur. — FONTENELLE. — Mérite de ses œuvres.
— Sa tragédie d'*Aspar* (1680). — Épigramme. — Couplets, — Ses opéras. — *Thétis et Pelée* (1689). — Anecdotes. — *Énée et Lavinie* (1690). —
Bellérophon (1719). — Anecdotes curieuses. — *Endymion* (1731). — Couplets.

Le grand Corneille avait eu point ou peu de rivaux, en ce sens qu'on n'avait fait l'honneur à personne de le comparer à lui. Racine en eut plusieurs. Cela provenait sans doute de ce que Corneille était entré tout à coup avec une supériorité telle dans la carrière dramatique, que Richelieu seul avait osé lui faire une opposition qui, littérairement parlant, n'avait pu être sérieuse, et qui, aujourd'hui, ne semble que ridicule. Lorsque Racine parut, au contraire, la route était déblayée, tracée déjà, et l'art débarrassé de ses entraves; la carrière étant plus facile à parcourir, plus d'hommes d'esprit pouvaient se mettre sur les rangs et aspirer à cueillir les palmes poétiques. Toutefois, aucun de ceux que l'opinion, ou plutôt la coterie, posèrent au dix-septième siècle en rivaux de Racine, ne peut soutenir le moindre parallèle avec lui. Aujourd'hui que deux siècles, en passant sur les cendres de l'auteur de *Phèdre* et d'*Athalie*, ont enlevé jusqu'aux moindres traces des passions des contemporains, aujourd'hui qu'on n'est plus que juste pour les littérateurs du grand règne, personne ne songe à lui opposer une bannière rivale. L'histoire et la postérité finissent tôt ou tard par juger en dernier ressort, et leur jugement est sans appel.

Commençons l'examen anecdotique des contemporains de Racine, par ceux que les passions de l'époque lui firent opposer comme rivaux, honneur bien grand et qu'ils étaient loin de mériter pour la plupart. En tête, nous trouvons celui que la coterie Deshoulières avait choisi pour composer une *Phèdre* dont nous avons raconté l'histoire.

PRADON, né à Rouen, n'était pas un poëte sans valeur, il s'en faut de beaucoup. Il avait de l'esprit, de l'imagination, de la facilité, une connaissance exacte des règles du théâtre, du goût pour la saine littérature, et il est hors de doute que, si au lieu de se laisser sottement poser en rival d'un homme qu'il eût dû considérer comme un maître, il se fût borné à prendre cet homme pour modèle, il se fût épargné beaucoup de critiques souvent injustes, mais fort spirituelles, et eût été mieux apprécié de ses contemporains. Longtemps Pradon resta sans pouvoir se relever, courbé sous les pointes acérées de Boileau ; longtemps son nom fut pour le public le nom d'un poëte ridicule, et aujourd'hui même il est plutôt connu par les épigrammes et les satires auxquelles il donna lieu, que par ses œuvres dramatiques. Encore une fois cependant, Pradon a fait de beaux vers et de bonnes tragédies. Il savait ménager les incidents, placer çà et là, dans ses pièces, des traits heureux, des situations intéressantes, des mouvements forts et véhéments. Nous le répétons, il s'est perdu par la vanité ridicule avec laquelle il a voulu se comparer à Racine. Si Pradon eût été un poëte modeste, il eût eu la réputation d'un poëte de mérite.

Une des tragédies de Pradon, *Starita*, faillit lui coûter fort cher. A la première représentation, il s'en va, le nez dans son manteau, avec un ami, se glisser au parterre pour jouir, incognito, des applaudissements qu'on ne peut manquer de donner à sa pièce. Mais, dès le premier acte, les sifflets se font entendre ; Pradon perd contenance ; son ami lui conseille de faire comme tout le monde et de siffler à son tour. Le conseil lui paraît bon ; il se met de la partie. Un mousquetaire trouve mauvais cette musique, pousse le coude de Pradon en lui disant que la tragédie est fort belle, que l'auteur est bien en cour et qu'il l'engage à se taire. Pradon, un peu vif, repousse le mousquetaire. Ce dernier jette sur le théâtre la perruque et le chapeau du poëte ; celui-ci allonge un soufflet au militaire, qui, mettant l'épée à la main, lui fait deux estafilades sur la joue. Le malheureux auteur, sifflé, battu, blessé pour l'amour de lui-même, n'a que le temps de sortir pour aller se faire panser, jurant qu'on ne le prendra jamais à défendre un poëte méconnu. *Starita*, donnée en 1679, était cependant une de ses bonnes pièces.

Sa seconde tragédie, *Tamerlan*, jouée en 1676, eut plus de succès. Elle fut fort applaudie ; aussi disait-on, plaisamment : « L'heureux *Tamerlan* du malheureux Pradon. » En sortant du théâtre, le prince de Conti fit observer à l'auteur qu'il avait transporté en Europe une ville qui est en Asie. « Je prie Votre Altesse de m'excuser, dit le poëte, je ne sais pas la *chronologie*. »

La Troade, représentée en 1679, fut parodiée de la manière suivante, dans un sonnet de Racine :

> D'un crêpe noir, Hécube embéguinée,
> Lamente, pleure et grimace toujours ;
> Dames en deuil courent à son secours ;
> Oncques ne fut plus lugubre journée.
>
> Ulysse vient, fait nargue à l'hyménée,
> Le cœur fera de nouvelles amours.
> Pyrrhus et lui font de vaillants discours ;
> Mais aux discours leur vaillance est bornée.
>
> Après cela, plus que confusion ;
> Tant il n'en fut dans la grande Ilion,
> Lors de la nuit aux Troyens si fatale.
>
> En vain Baron attend le brouhaha ;
> Point n'oserait en faire la cabale ;
> Un chacun bâille, et s'endort ou s'en va.

En outre, on fit sur le même sujet cette épigramme :

> Quand j'ai vu de Pradon la pièce détestable,
> Admirant du destin le caprice fatal,
> Pour te perdre, ai-je dit, Ilion déplorable,
>   Pallas a toujours un cheval.

En 1697, il fit paraître *Scipion,* et son nouveau héros n'eut pas plus de chance que les autres grands hommes qu'il avait patronés. *Scipion* fut horriblement sifflé, et comme cette tragédie avait été jouée en carême, le poëte Gacon lança cette épigramme :

> Dans sa pièce de *Scipion,*
> Pradon fait voir ce capitaine
> Prêt à se marier avec une Africaine;
> D'Annibal il fait un poltron ;
> Ses héros sont enfin si différents d'eux-mêmes,
> Qu'un quidam, les voyant plus masqués qu'en un bal,
> Dit que Pradon donnait, au milieu du carême,
> Une pièce de carnaval.

Chaque tragédie nouvelle du *malheureux* Pradon, comme on affectait de l'appeler, semblait destinée à faire éclore les plus amusantes et les plus spirituelles épigrammes ; il est vrai de dire que le pauvre auteur de la *Phèdre,* rivale de celle de Racine, s'était donné bien maladroitement deux rudes adversaires, contre lesquels il n'était pas de force à lutter. C'était à qui, des deux grands poëtes du siècle, l'accablerait de traits d'autant plus redoutables qu'ils étaient pleins de finesse. *Germanicus* n'eut pas plus tôt paru, en 1694, qu'on vit poindre l'inévitable épigramme. Elle était encore de la façon de Racine :

> Que je plains le destin du grand Germanicus !
> Quel fut le prix de ses rares vertus?
> Persécuté par le cruel Tibère,
> Empoisonné par le traître Pison;
> Il ne lui restait plus, pour dernière misère,
> Que d'être chanté par Pradon.

Il se produisit un fait assez plaisant à la première représentation de cette pièce. Dans les deux premiers actes il ne paraît pas de femmes ; aussi commençait-on à dire, dans le public, que c'était là, vraiment, une tragédie de collége, lorsqu'au troisième acte on voit tout à coup, au fond du théâtre, deux reines et deux confidentes. « Quatorze de dames *sont-ils bons?* » s'écrie une voix perçante et gasconne. Le mot fit fortune, et *Germanicus* ne put ramener le sérieux sur le visage des spectateurs.

Régulus, une des bonnes tragédies de Pradon, jouée en 1688, eut cependant du succès ; et comme *Tamerlan* en avait eu beaucoup moins, un plaisant dit au poëte, qui portait un mauvais habit sous un beau manteau : « Voilà le manteau de Régulus sur le juste-au-corps de Tamerlan. »

Un jour, l'auteur de tant de tragédies sifflées, le *plastron* de Racine et de Boileau, le but de tant d'épigrammes, l'objet de tant de satires, voulut se venger à son tour, et il lança une pièce de vers, une satire contre Boileau. Hélas ! il avait à peine parlé, qu'un nouvel et terrible adversaire entrait en ligne contre lui. Rousseau prenait la plume pour lui dire :

Au nom des dieux, Pradon, pourquoi ce grand courroux,
Qui, contre Despréaux, exhale tant d'injures?
Il m'a berné, me direz-vous :
Je veux le diffamer chez les races futures.
Eh ! croyez-moi, restez en paix,
En vain tenteriez-vous de ternir sa mémoire.
Vous n'avancerez rien pour votre propre gloire,
Et le grand Scipion sera toujours mauvais.

Enfin, la mort ne le débarrassa pas de ses ennemis. On lui fit cette épitaphe :

> Ci-gît le poëte Pradon,
> Qui, quarante ans, d'une ardeur sans pareille,
> Fit, à la barbe d'Apollon,
> Le même métier que Corneille.

Pradon adressa un jour quatre vers charmants à une jeune personne fort spirituelle, dont il était très-épris, et qui entretenait avec lui un commerce épistolaire, mais qui n'avait pas une bien grande passion pour le poëte. Voici ces vers :

> Vous n'écrivez que pour écrire,
> C'est pour vous un amusement;
> Moi qui vous aime tendrement
> Je n'écris que pour vous le dire.

Nous ne parlerions pas de madame DESHOULIÈRES, qui composa beaucoup de bonnes et jolies poésies, mais qui ne donna au théâtre que deux mauvaises pièces, si madame Deshoulières ne s'était déclarée assez maladroitement contre Racine et n'avait été l'âme de la cabale à la suite de laquelle l'auteur de *Phèdre* renonça à la scène. Elle parlait plusieurs langues. C'était un bel esprit dans toute l'acception du mot. Un jour, malheureusement, elle eut l'idée fâcheuse de faire jouer une tragédie. Elle composa *Genseric* (1680), qui fut fort mal accueilli du public. On lui donna le conseil charitable de retourner à ses moutons (allusion à une de ses plus spirituelles idylles); cette tragédie fut en outre le sujet de cette analyse épigrammatique, attribuée à Racine :

>La jeune Eudoxe est une bonne enfant,
>La vieille Eudoxe une franche diablesse,
>Et Genséric un roi fourbe et méchant,
>Digne héros d'une méchante pièce.
>Pour Trasimond, c'est un pauvre innocent :
>Et Sophronie en vain pour lui s'empresse ;
>Genseric est un homme indifférent,
>Qui, comme on veut, et la prend et la laisse.
>Et sur le tout le sujet est traité
>Dieu sait comment ! Auteur de qualité,
>Vous vous cachez en donnant cet ouvrage.
>C'est fort bien fait de se cacher ainsi :
>Mais pour agir en personne bien sage,
>Il nous fallait cacher la pièce aussi.

LA CHAPELLE, membre de l'Académie française, né à Bourges, en 1655, ne se posa pas en rival de Racine, mais il chercha à l'imiter. *Il fut de son école.* Ses pièces, bien qu'elles soient fort au-dessous de leur modèle, eurent pourtant quelques succès, car elles n'étaient pas sans valeur. Elles sont au nombre de quatre : *Zaïde, Cléopâtre, Téléphonte* et *Ajax*, de 1681 à 1684.

La pièce de *Cléopâtre* (1681), faillit devenir une tragédie véritable. Voici à quelle occasion · La Chapelle aimait beaucoup l'acteur Baron et avait toujours soin de lui composer des rôles qui le missent en relief. Un comédien, nommé Dauvilliers, jaloux du mérite de son camarade, eut l'infamie de présenter à ce dernier, dans *Cléopâtre*, une épée véritable, que Baron fut prêt à s'enfoncer dans la poitrine.

Du reste, ce Dauvilliers devint fou par la suite.

Voici maintenant un élève véritable de Racine, car Racine guida ses pas dans la carrière des lettres, CAMPISTRON. Ce poëte fut un des auteurs les plus féconds de la fin du dix-septième siècle. Il a non-seulement donné au théâtre un grand nombre de tragédies, mais aussi quelques comédies et divers opéras.

Campistron, marquis de Penango, né à Toulouse, en 1656, montra, dès sa jeunesse, d'heureuses dispositions pour les lettres. Il reçut une brillante éducation, et son goût pour la poésie ne tarda pas à l'amener dans la capitale de la France, alors déjà le centre des beaux-arts. Il chercha à imiter Racine, son maître, et s'il est loin de lui pour les beautés de détail et la versification, il s'en approche du moins pour la conduite des pièces.

Racine fut non-seulement le guide, mais le bienfaiteur de Campistron, car il le désigna au duc de Vendôme lorsque ce dernier voulut faire composer et représenter, à son château d'Anet, une pastorale héroïque. A partir de ce moment, le duc, satisfait des talents et du caractère du jeune poëte, le nomma secrétaire de ses commandements, puis secrétaire-général des galères.

Campistron écrivait beaucoup, facilement et vite, aussi ses pièces ont-elles les qualités et les défauts d'œuvres faites par un homme d'esprit, mais faites trop rapidement. On y trouve des peintures brillantes, des traits frappants, des situations intéressantes, des incidents heureux, puis à côté de cela, des longueurs, des irrégularités, des écarts qui ralentissent la marche de l'action et nuisent au développement des caractères. Il y a plus d'esprit que d'art, et peu de cette verve, de ce pathétique qui enlève le spectateur, le passionne pour les personnages et pour l'action. Le talent de Campistron consistait principalement à donner de jolies descriptions, des peintures de mœurs attrayantes. Ses monologues, ses tirades sont souvent fort beaux, mais il en abuse ; aussi fit-il des morceaux bien écrits plutôt que des tragédies remarquables.

Campistron commença sa carrière dramatique à peu près à l'époque où Racine finit la sienne. Sa première pièce, *Virginie*, parut en 1683. Elle fut assez bien accueillie du public. Malheureusement pour lui, au même moment où l'on représentait cette tragédie, on représentait également le *Téléphonte* de La Chapelle, et madame de Bouillon, alors arbitre quasi-souverain pour les succès littéraires, protégeait La Chapelle. Campistron comprit que s'il voulait réussir, il fallait s'assurer le suffrage de la puissante duchesse, il lui dédia sa seconde pièce, *Arminius*, qui eut du succès et le mit en bonne position. En 1685, Campistron eut un véritable triomphe, lorsque parut son *Andronic*. Les comédiens furent obligés de doubler le prix des places, principalement dans le but de ménager la scène qui était toujours encombrée, et sur laquelle les acteurs avaient peine à se mouvoir. Trente ans plus tard, en 1715, on reprit cette tragédie ; les rôles étaient si mal distribués que le public ne put tenir son sérieux pendant tout le temps de la pièce. Lorsqu'elle fut terminée, l'acteur Legrand vint, selon l'usage, annoncer la représentation du lendemain en ces termes : « Messieurs, nous aurons l'honneur de vous donner demain *le Joueur* et *le Grondeur*. Je souhaite que la petite pièce que vous allez voir, vous fasse rire autant que vous avez ri à la grande. » Cette saillie fut applaudie de toute la salle ; malheureusement le souhait de Legrand ne fut pas accompli, la petite pièce, intitulée *la Fausse veuve*, ennuya le public sans le faire rire.

Alcibiade parut également en 1685, et *Phraate* en 1686. Cette dernière pièce n'eut que trois représentations. Il s'y trouvait des allusions politiques qui faillirent faire mettre Campistron à la Bastille, et il ne fallut rien moins que le crédit de Madame la Dauphine pour sauver l'auteur et faire cesser les représentations. *Phocion*, jouée en 1688, n'eut ni succès politique, ni succès dramatique, ni succès littéraire. Campistron, voyant au doigt de Péchantré, auteur de plusieurs pièces de théâtre, une bague dont ce dernier voulait se défaire, lui dit : « On va jouer ma tragédie nouvelle, et je m'en accommoderai. » A quelques jours de là, Péchantré trouve l'auteur de *Phocion* derrière un pilier des troisièmes loges à la comédie, on sifflait à outrance. « Veux-tu ma bague, dit-il à Campistron, je te l'ai gardée. »

Racine avait fait *Esther* et *Athalie*, Campistron à son tour, voulut composer sa tragédie chrétienne. En 1690, il donna à la scène *Adrien*, dans laquelle on trouve de beaux vers, ceux que nous allons citer, entre autres, dont Voltaire a pris la pensée pour son *Alzire* :

A ma religion, vous préférez la vôtre.
Une fois seulement, comparez l'une à l'autre :
La vôtre n'eut jamais que de barbares lois;
. . . .
Elle ne se soutient que par la violence;
La mienne par la paix et par l'obéissance.
La vôtre vous prescrit l'ordre de me punir,
Moi, que des nœuds sacrés à vous doivent unir,
Moi qui, dès le berceau, sujet toujours fidèle,
Par des soins assidus vous ai prouvé mon zèle;
La mienne, quand je suis accablé de vos coups,
Me défend de penser à me venger de vous.
Que dis-je? Elle m'impose une loi souveraine,
De m'offrir, avec joie, aux traits de votre haine,
De dissiper la nuit de vos yeux aveuglés :
Enfin, de vous aimer lorsque vous m'immolez.

Pompeïa, qui n'a pas été imprimée et dont on n'a rien conservé, *Tiridate*, et enfin *Alcide* ou *le Triomphe d'Hercule*, en 1693, complètent le répertoire tragique de Campistron. Après la représentation de cette dernière pièce on fit ce quatrain :

A force de forger, on devient forgeron ;
Il n'en est pas ainsi du pauvre Campistron;
   Au lieu d'avancer, il recule,
     Voyez *Hercule*.

Son Théâtre, un de ceux qui ont été le plus souvent réimprimés, après les œuvres de Corneille, de Racine, de Crébillon, et, plus tard, de Voltaire, comprend encore les comédies : du *Jaloux désabusé*, de *l'Amante amant*, et les opéras d'*Acis et Galathée*, d'*Achille et Polixène*. La comédie de *l'Amante amant*, jouée en 1684, et que Campistron a toujours désavouée, bien qu'elle soit de lui, offre cette particularité, que c'est la première où une actrice parut sur la scène vêtue en homme. On était déjà loin du temps où les rôles de femmes avaient des hommes masqués pour interprètes. Quoi qu'il en soit, cela eut un grand succès, et la pièce, fort médiocre cependant, fut applaudie.

Campistron avait pour protecteur M. de Vendôme. Lors d'une maladie grave, qui mit en danger les jours de Louis XIV, le roi, voyant les intrigues s'ourdir autour de lui et ne voulant pas qu'on le crût aussi mal, pria M. de Vendôme de donner au Dauphin une grande fête. Lully fut chargé de composer tout exprès la musique d'une pastorale héroïque, et on lui imposa Campistron pour le *libretto*. Lully obéit à contre-cœur. L'opéra d'*Acis et Galathée* fut fait et joué devant le Dauphin, au château d'Anet, en 1686. M. de Vendôme dépensa plus de 100,000 francs dans cette circonstance, tant il fit bien les choses. Il fut tellement satisfait des paroles de l'opéra, qu'il envoya cent louis à Campistron, somme énorme pour l'époque. Cependant, d'après les conseils de la Champmeslé et de Raisin, Campistron renvoya ces cent louis au prince. Vendôme crut que son protégé agissait ainsi par désintéressement. Telle n'avait pas été la pensée du poëte, qui avait tout simplement espéré recevoir davantage. Touché de ce qu'il croyait être la suite d'une grande noblesse de sentiments, Vendôme prit Campistron pour secrétaire des commandements. Du reste, le choix était bon. On ne reprochait à l'auteur d'*Acis et Galathée* qu'une négligence un peu forte à répondre aux lettres. Un jour, M. de Vendôme le voyant brûler des papiers, dit plaisamment à ceux qui l'entouraient : « Tenez, voilà Campistron occupé à faire sa correspondance. »

Le succès de l'opéra d'*Acis* engagea son auteur à cultiver ce genre de littérature dramatique. En 1687, il fit jouer *Achille et Polyxène*, opéra sur lequel on fit plusieurs épigrammes.

En voici deux assez spirituelles :

> Entre Campistron et Colasse (1),
> Grand débat s'émut au Parnasse,
> Sur ce que l'opéra n'a pas un sort heureux.
> De son mauvais succès nul ne se croit coupable ;
> L'un dit que la musique est plate et détestable ;
> L'autre, que la conduite et les vers sont affreux.
> Et le grand Apollon, toujours juge équitable,
> Trouve qu'ils ont raison tous deux.

> Lully près du trépas, Quinault sur le retour,
> Abjurent l'opéra, renoncent à l'amour,
> Pressés de la frayeur que le remords leur donne
> D'avoir gâté de jeunes cœurs
> Avec des vers touchants et des sons enchanteurs ;
> Colasse et Campistron ne gâteront personne.

M. de Saint-Gilles fit sur le même opéra une chanson fort jolie, qu'on attribua à madame Deshoulières, et qu'il revendiqua dans une autre pièce de vers se terminant ainsi :

---

(1) Colasse avait fait la musique de l'opéra d'*Achille*.

Restituez donc à Saint-Gilles
Le faible honneur de ses chansons ;
Contentez-vous de vos idylles
Et retournez à vos moutons.

Comme la plupart des auteurs de mérite Cam-, pistron eut des admirateurs outrés et des détracteurs de mauvaise foi. Les uns ont prétendu qu'il avait seul pu faire oublier la retraite de Racine ; les autres ont trouvé détestables les vers les plus remarquables de son répertoire. Il y a sottise à tomber dans l'un ou l'autre de ces jugements. Ce que l'on peut dire, c'est que Campistron, poëte estimable, a une belle place parmi les dramatiques de second ordre, et que longtemps il a occupé la scène française avec distinction.

Péchantré, dont nous avons prononcé le nom plus haut, à propos d'une des tragédies de Campistron, était fils d'un chirurgien de Toulouse. Après avoir été couronné plusieurs fois aux Jeux-Floraux, il vint à Paris dans le but de travailler pour le théâtre. En effet, il donna, en 1687, la tragédie de *Géta*, dont la paternité fut disputée par beaucoup de poëtes. D'abord, l'acteur Baron, qui avait la monomanie de vouloir être auteur, et qui, de ce que plusieurs poëtes ont mis leurs pièces sous son nom, s'est figuré être réellement le *père des enfants* qu'il avait pour ainsi dire tenus simplement sur les fonts baptismaux, l'acteur Baron voulut faire croire que *Géta* lui devait la vie. Or, voici ce qui avait eu lieu. Péchantré, assez pauvre diable de poëte, ayant montré sa pièce à

Baron, ce dernier la trouva bien et lui en offrit vingt pistoles, en affirmant qu'elle était détestable. Le malheureux poëte rafalé, homme fort simple, accepta l'offre et livra pour ces quelques sous sa première tragédie. Que de Péchantré en ce moment à Paris! Que d'auteurs à vingt pistoles, dont les pièces, sous d'autres noms, sous d'autres parrains, font la fortune des théâtres et des pères d'adoption? Malheureusement pour Baron, Champmeslé ayant eu vent de la conversation et du trafic, lut la pièce, la trouva fort belle, et prêta à Péchantré vingt pistoles pour la retirer des mains de l'acteur. Voici pour le premier père. Un second fut le nommé Dambelot, cousin de Palaprat, et qui, au dire de quelques chroniqueurs, aurait ébauché cette tragédie de *Géta* et serait mort avant de l'avoir terminée. Péchantré l'aurait obtenue de la veuve de Dambelot. Enfin, si on en croit encore d'autres versions, la pièce aurait été *composée* par Dambelot, *corrigée* par Péchantré, *achevée* par Baron. Ce qu'il y a de positif et de plus clair, c'est qu'elle eut un grand succès. La seconde tragédie de Péchantré, *Jugurtha*, fut moins bien reçue du public. Sa troisième, jouée en 1703, et intitulée *Mort de Néron*, coûta à son auteur juste autant d'années qu'il faut de mois à une femme pour mettre au monde un enfant. Il courut alors une histoire ou un conte au sujet de cette tragédie. Péchantré avait laissé sur la table d'une auberge un papier sur lequel il y avait quelques chiffres, au-dessus desquels étaient ces paroles : *Ici le roi sera tué*. L'hôte, qui avait déjà été frappé de la physionomie et de la distraction de notre poëte, crut devoir porter cet écrit au commissaire du quartier, qui lui dit que si l'inconnu revenait manger chez lui, il ne manquât pas de le faire avertir. Péchantré revint en effet quelques jours après, et à peine avait-il commencé son dîner, qu'il se vit environné d'une troupe d'archers. Le commissaire lui montra son papier pour le convaincre de son crime. « Ah! Monsieur, dit le poëte, que j'ai de joie de retrouver cet écrit! je le cherche depuis plusieurs jours : c'est la scène où j'ai dessein de placer la mort de Néron, dans une tragédie à laquelle je travaille. » Le commissaire renvoya ses archers, et quelque temps après Péchantré fit jouer sa pièce.

ABEILLE, autre poëte dramatique de la même époque, plus tard abbé du prieuré de Notre-Dame de la Mercy et membre de l'Académie française, composa quelques tragédies qu'il fit paraître sous divers noms, en sorte que plusieurs de ses poésies ont longtemps passé pour avoir été l'œuvre d'autres auteurs. Cet abbé Abeille eut une assez singulière destinée. C'était un homme d'esprit, fort laid et très-amusant dans le monde. Il vint à Paris assez jeune, fut pris comme secrétaire par le maréchal de Luxembourg, et acquit une sorte de célébrité plus encore par ses bons mots et sa facilité d'élocution que par ses écrits.

Il fit les tragédies d'*Argélie,* de *Coriolan,* de *Lyncée* et de *Soliman,* en 1673, 1676, 1678 et 1680. En outre, on lui attribue celles de *Hercule,* de *Caton* et de *Silanus,* parues sous le nom d'un acteur nommé La Thuillerie.

La première tragédie que fit représenter l'abbé Abeille, donna lieu à une plaisanterie qui, dit-on, le dégoûta longtemps de mettre son nom à ses ouvrages. Deux princesses entrent en scène, la première dit à l'autre :

Vous souvient-il, ma sœur, du feu roi notre père?

L'actrice qui devait donner la réplique, au lieu de le faire de suite, resta muette. Un plaisant du parterre répondit pour elle :

Ma foi, s'il m'en souvient, il ne m'en souvient guère.

Cet à-propos jeta la salle dans une gaîté folle ; il fut impossible de continuer la pièce, et ce diable de vers poursuivit Abeille jusqu'après sa mort, car on le rappela dans son épitaphe :

Ci-gît un auteur peu fêté,
Qui veut aller tout droit à l'immortalité.
Mais sa gloire et son corps n'ont qu'une même bière ;
Et lorsqu'Abeille on nommera,
Dame postérité dira :
Ma foi, s'il m'en souvient, il ne m'en souvient guère.

On n'avait pas attendu sa mort pour faire des épigrammes sur lui. En voici une fort jolie qu'on attribue à Racine :

Abeille, arrivant à Paris,
D'abord, pour vivre, vous chantâtes

Quelques messes à juste prix ;
Puis au théâtre vous lassâtes
Les sifflets par vous renchéris.
Quelque temps après fatiguâtes
De Mars l'un des grands favoris,
Chez qui pourtant vous engraissâtes.
Enfin, digne aspirant, entrâtes
Chez les Quarante beaux-esprits,
Et sur eux-mêmes l'emportâtes
A forger d'ennuyeux écrits.

Un poëte dramatique, que l'on peut appeler le dernier élève de Racine, Lagrange-Chancel, est un des hommes de cette époque dont la vie tient le plus du roman, par les aventures nombreuses et singulières dont elle est semée.

Lagrange-Chancel naquit au château d'Antoniac, près de Périgueux, en 1676. La nature lui avait donné en partage un talent des plus extraordinaires pour la poésie. Nul doute que si la science de la phrénologie eût été connue de son temps, on n'eût découvert sur son crâne *la bosse poétique* la plus proéminente. Il disait spirituellement lui-même, et de lui, qu'il savait rimer avant que d'avoir eu le temps d'apprendre à lire. Évidemment il était né poëte, comme d'autres sont nés mathématiciens, peintres ou sculpteurs. A peine sut-il lire qu'il ne quitta plus les œuvres de Corneille et les romans de La Calprenède. A sept ans, on le fit entrer au collége de Périgueux, où il fut considéré comme un petit prodige ; et, en effet, il rimait déjà fort bien et *corrigeait les vers médiocres de ses propres maîtres*. Il passa au collége de Bordeaux et ayant eu occasion d'aller au théâtre, il fut pris d'une irrésistible démangeaison de fabriquer à son tour une comédie. Il la composa en prenant pour sujet une aventure récente et connue. Sa mère, se prêtant aux fantaisies de son enfant, fit construire un petit théâtre ; les rôles furent distribués par Lagrange à six de ses jeunes camarades et la représentation eut lieu. Une pièce en vers écrite par un enfant de neuf ans, jouée par des collégiens de même âge, il y avait là de quoi piquer la curiosité. Toute la ville voulut jouir de ce spectacle extraordinaire à tant de titres, et l'on applaudit beaucoup l'enfant-poëte et sa petite troupe. A quatorze ans, Lagrange-Chancel sortit du collége pour se rendre à Paris, où, piqué par la muse poétique, il s'empressa de composer une tragédie. Ce fut celle de *Jugurtha*. Voici ce qu'il dit à propos de cette pièce, représentée en 1694, dans les dernières années de la vie de Racine :

« Quand je crus avoir mis la dernière main à ma
« tragédie, dit l'auteur, je me hasardai de la présen-
« ter à madame la princesse de Conti. Malgré tous
« les défauts dont cette pièce était remplie, la prin-
« cesse y trouva assez de choses dignes de son at-
« tention pour envoyer chercher le célèbre Racine
« et le prier, avec bonté, de lire cet essai d'un gen-
« tilhomme qui était son page, pour lui en dire son
« avis sans aucun déguisement. Racine garda la
« pièce huit jours, après lesquels il se rendit chez la
« princesse, et lui dit qu'il avait lu ma tragédie avec
« étonnement; qu'à la vérité elle était défectueuse
« en plusieurs endroits, mais que si Son Altesse

« agréait que j'allasse quelquefois chez lui pour y re-
« cevoir ses avis, il la mettrait, dans peu de temps,
« en état d'être jouée avec succès. Je ne manquai pas
« de m'y rendre tous les jours, et je puis dire que les
« leçons qu'il me donnait m'en ont plus appris que
« tous les livres que j'ai lus. Il se faisait quelquefois
« un plaisir de m'entretenir des différents sujets qui
« lui avaient passé dans l'esprit. Il n'y en a presque
« pas, soit dans la fable, soit dans l'histoire, sur les-
« quels il n'eût promené ses idées et trouvé des situa-
« tions intéressantes, dont il avait la bonté de me faire
« part. Ma tragédie étant achevée, je la présentai
« aux comédiens qui la reçurent. Il fut résolu qu'on
« la donnerait sous le titre d'*Adherbal*, au lieu de
« celui de *Jugurtha*, parce qu'il n'y avait pas long-
« temps que Péchantré en avait donné une sous le
« même titre, qui n'avait pas été reçue favorable-
« ment du public. Mon *Adherbal* fut représenté. Le
« prince de Conti, qui voulut bien assister à la pre-
« mière représentation, voulut aussi que je me misse
« auprès de lui, sur les bancs du théâtre, en disant
« que mon âge fermerait la bouche aux censeurs.
« Racine, à qui la dévotion ou la politique ne per-
« mettait plus de fréquenter les spectacles depuis que
« le roi s'en était privé, vint à cette première repré-
« sentation, et parut prendre un plaisir extrême à
« tous les applaudissements que je reçus. »

Lagrange avait alors dix-huit ans à peine; son jeune
âge intéressa le public en sa faveur, ainsi que sa position de page à l'hôtel de Conti; on applaudit son

Roi de Numidie. Encouragé par ce succès, il composa *Oreste et Pilade*, en 1697, tragédie à laquelle on a prétendu que Racine avait travaillé à la prière de la princesse de Conti et dont les représentations fructueuses ne furent interrompues que par la maladie et la mort de la Champmeslé. Deux ans plus tard, en 1699, il donna *Méléagre*, puis successivement *Athénaïs*, *Amasis*, *Alceste*, *Ino*, *Sophonisbe* de 1700 à 1716. Alors les aventures dont nous allons parler sommairement arrêtèrent jusqu'en 1736, c'est-à-dire pendant vingt ans, sa prodigieuse fécondité; mais d'abord quelques anecdotes concernant ses premières tragédies :

Athénaïs ayant paru, une allusion fut faite à cette pièce dans une lettre que Lagrange-Chancel crut être de Le Noble; aussitôt l'auteur courroucé lança les vers suivants qui sont du dernier sanglant :

> Esprit bas et rampant, auteur du dernier ordre,
> Mauvais plaisant, fade Pasquin,
> Qui fais d'Ésope un Tabarin :
> Vraiment, c'est bien à toi de mordre
> Sur des ouvrages applaudis !
> Malgré la fureur qui t'anime,
> Tu feras sur les arts et sur *Athénaïs*,
> Ce que fit autrefois le serpent sur la lime.

Il faut dire que Le Noble prêtait, par sa conduite, par ses aventures et par ses ouvrages, à ces injures. Cependant, elles sont un peu trop fortes.

Amasis, jouée en 1701, fut assez bien analysée par les quelques mots suivants de l'abbé Desfontaines :

« Je viens de voir, écrivait-il en sortant de la pre-
« mière représentation, un tableau dont le dessin est
« bizarre et les couleurs horribles et mal assorties ;
« une maison où il y a quelque architecture singu-
« lière, mais où toutes les pierres ne sont ni bien
« taillées ni bien posées. C'est un édifice qui n'est
« passable que de très-loin. Si vous le regardez de
« près, tout y est gothique et sans goût. »

Dans *Sophonisbe*, représentée en 1716, mais non imprimée, il se trouvait quatre vers remarquables, les seuls qui aient été sauvés de l'oubli. Asdrubal, parlant à sa fille Sophonisbe, de Massinissé, dont elle est aimée et à qui il veut qu'elle demande une grâce, lui dit :

> Songez qu'il est des temps où tout est légitime,
> Et que, si la patrie avait besoin d'un crime
> Qui pût seul relever son espoir abattu,
> Il ne serait plus crime et deviendrait vertu.

Lagrange-Chancel fit paraître, de 1706 à 1740, *Érigone*, tragi-comédie en cinq actes et en prose ; *Cassius*, tragédie en vers ; *les Jeux olympiques*, comédie héroïque ; *la Fille supposée*, comédie en trois actes et en vers ; *Pyrame et Thisbé*, opéra ; *le Crime puni*, opéra, imitation du *Festin de Pierre*. En outre, Louis XIV ayant demandé à Racine, à Quinault et à Molière, une pièce dans laquelle on pût utiliser une décoration des enfers, décoration fort belle et que l'on conservait avec soin dans le garde-meuble, Lagrange-Chancel traita dans ce but le sujet d'Orphée, dont il fit une tragédie en cinq actes, avec prologue et chœurs. Cette pièce, imprimée en 1736, fut jouée au mariage de Louis XV. Lagrange avait été amené à composer *Orphée*, parce qu'il avait entendu dire souvent à Racine que c'était le sujet le plus apte à un grand spectacle.

Si quelque chose est plus extraordinaire que la facilité et la fécondité poétique de Lagrange, c'est sa vie toute barriolée d'aventures qui tiennent du roman.

Sous le Régent, il eut la malheureuse pensée de faire paraître les *Philippiques,* moins par animosité personnelle que pour être agréable à quelques ennemis du duc d'Orléans. On donna l'ordre de l'arrêter; il fut assez heureux pour échapper aux poursuites et se réfugia chez M. de Gonteris, archevêque et vice-légat d'Avignon. Il se trouvait dans cette ville, lorsque, trahi par un officier réfugié, et attiré hors des limites, il fut saisi et mené aux îles Sainte-Marguerite et mis en prison pendant une année entière. Il ne crut pouvoir mieux faire, pour attendrir le Régent, que de lui avouer humblement sa faute, en lui adressant une ode fort bien tournée. On se relâcha de la rigueur qu'on avait eue à son égard. La promenade lui fut accordée pendant quelques heures chaque jour, et il en profita habilement pour reconquérir sa liberté. Il gagna ses gardes, se procura une barque, et pendant une violente tempête il ne craignit pas de se rendre au port de Villefranche. Malgré une rigoureuse quarantaine, Lagrange obtint du roi de Sardaigne, par une épître en vers, d'être admis à Nice. Le prince, en outre, fit toucher au poëte, d'une façon très-délicate, une forte somme. De Nice, Lagrange se rendit à Gênes, avec le projet de passer en Espagne. L'offre de M. Doria de résider dans son palais ne put le séduire; il s'embarqua sur-le-champ. Très-bien reçu à la cour de Madrid, il refusa un régiment, fut en butte aux tentatives plusieurs fois réitérées de spadassins contre lesquels il tira l'épée à maintes reprises. Sur les plaintes de l'ambassadeur de France, Lagrange-Chancel fut prévenu qu'il n'y avait plus de sûreté pour lui dans les États de Sa Majesté Catholique. Il s'embarqua à Bilbao pour Amsterdam, où il obtint d'être reçu comme bourgeois de la ville. Enfin, les malheurs de l'exil finirent pour lui ; à la mort du Régent, ses liaisons à l'étranger lui fournirent les moyens d'être utile au pays; il obtint son rappel. Il revint donc en France, se remit à la poésie et au théâtre, consacra sa vie à l'étude des muses, et versifia jusqu'à l'âge de quatre-vingt-deux ans.

Lagrange-Chancel, un des auteurs les plus féconds de la fin du dix-septième et du commencement du dix-huitième siècle, est un poëte dramatique de mérite, quoiqu'il y ait, dans ses œuvres, de grands défauts. On peut dire que la facilité avec laquelle il composait, nuisit beaucoup à son talent, en lui faisant produire des vers peu exacts, obscurs, prosaïques, quoique empreints d'énergie et de pensées spirituelles.

FERRIER, GENEST, LONGEPIERRE, BOURSAULT, RIUPEROUX, autres contemporains de Racine, ont donné à la scène française quelques pièces dont plusieurs ne manquent pas d'un certain mérite.

Ferrier, dont on a les deux tragédies d'*Anne de Bretagne* jouée en 1678, et de *Montezume* de la même époque, débuta mal dans la carrière poétique. Ayant *commis* ce vers, dans *les Préceptes galants :*

> L'amour, pour les mortels, est le souverain bien.

il fut traîné devant l'Inquisition d'Avignon, sa patrie, et eut beaucoup de peine à sortir de ce mauvais pas. Il put enfin se tirer des griffes du Saint-Office et se retirer à Paris, où il devint précepteur des fils du duc de Saint-Aignan. Ses deux tragédies sont faibles de versification et de style, quoiqu'on y trouve du naturel et de l'esprit. La première, *Anne de Bretagne*, eut du succès, grâce à la protection de la Cour, protection que l'auteur sut s'attirer par une allusion aux grandes qualités de Louis XIV, lequel, comme tous les hommes et surtout les souverains, se laissait prendre facilement à la glu de la flatterie.

Voici comment Ferrier peint Charles VIII pour en faire le portrait de Louis XIV :

> L'exemple du plus sage et du plus grand des rois,
> Fait autant de héros que l'on voit de François.
> C'est ce roi dont le nom remplit la terre et l'onde,
> A qui le ciel promet la conquête du monde ;
> Dont la gloire et les ans ont le même progrès,
> Et qui compte par eux le nombre de ses faits.
> Tout l'univers le craint, toute la France l'aime,
> Tous ses sujets en lui ne cherchent que lui-même ;
> Il charme également et les cœurs et les yeux.

Certes, jamais portrait ne ressembla moins que

celui-ci au roi Charles VIII, qui n'avait guère de marine, que l'univers était loin de redouter, et auquel le ciel ne promit jamais la conquête de l'univers. *Montezume* réussit également, grâce à un grand luxe de décors et de costumes.

Genest, abbé de Saint-Vilmer, aumônier de madame la duchesse d'Orléans, membre de l'Académie française, dut aussi le succès de ses deux principales tragédies, *Pénélope* et *Joseph*, à la protection de quelques grands personnages. Ces deux pièces, représentées d'abord au château de Clagny près Versailles, avaient eues pour interprètes : la duchesse du Maine, Baron, M. de Malezieu, ses enfants, le marquis de Roquelaure et enfin le marquis de Gondrin. *Joseph* surtout fit fureur; mais quand les tragédies de Genest, auxquelles il faut ajouter *Zéloïde* et *Polymnestor*, arrivèrent à la Comédie-Française, elles ne furent nullement applaudies. C'était justice ; car à part l'amour de la vertu qui règne dans les œuvres de l'abbé de Saint-Vilmer, on n'y trouve que défectuosités dans le plan et dans la versification.

Longepierre, comme les deux auteurs dont nous venons de parler et avec eux, peut être relégué au troisième rang des poëtes dramatiques de l'époque ; mais s'il donna quelques pièces médiocres au théâtre, il a du moins une excuse, c'est celle assez singulière de l'obéissance passive aux volontés paternelles. En effet, en rimant, Longepierre ne fit qu'obéir aux ordres de son père, et on pourrait l'appeler avec raison *le Poëte malgré lui*. Il composa et fit jouer : *Médée* en 1694, *Sésostris* en 1695 et *Electre* un peu plus tard. Ces trois tragédies sont dans le genre de Sophocle et Euripide, que l'auteur connaissait à fond et étudiait sans cesse. Malheureusement, il ne put approcher de ses modèles, et quand parut son *Electre*, on dit que c'était une statue de Praxitèle défigurée par un moderne.

Rousseau fit sur lui cette épigramme :

Longepierre le translateur,
De l'antiquité zélateur,
Ressemble à ces premiers fidèles
Qui combattaient jusqu'au trépas,
Pour des vérités immortelles
Qu'eux-mêmes ne comprenaient pas.

Racine qui, cependant, avait quelques obligations à Longepierre, puisque ce dernier, dans un parallèle entre lui et Corneille, lui avait donné de grands éloges, Racine lui-même fit, à propos du *Sésostris*, l'épigramme suivante :

Ce fameux conquérant, ce vaillant Sésostris,
Qui jadis en Égypte, au gré des Destinées,
 Véquit de si longues années,
N'a vécu qu'un jour à Paris.

Riuperoux, né à Montauban en 1664, bien qu'ayant donné fort jeune de grandes espérances par sa tragédie de *Méléagre*, par son poëme de *l'Ame des Bêtes* et par son *Traité des Médailles*, n'occupe pas dans la littérature dramatique une place meilleure que les auteurs précédents. Ses tragédies d'*Annibal*, de *Valeria*, d'*Agrippa*, d'*Hipermestre* ne sont pas restées au théâtre.

Riuperoux, d'abord protestant, mené par M. de Foucault à Paris, et présenté au Père de La Chaise, confesseur de Louis XIV, abjura le calvinisme et obtint un canonicat ; mais le ministre Barbezieux, dans un dîner, lui enleva l'habit ecclésiastique et lui donna, à la place, un commissariat des guerres avec un bon traitement. Riuperoux se laissa faire, ce qui lui valut du poëte Gacon les six vers ci-dessous :

> Certain abbé, las de passer sa vie,
> Et sans verre et sans abbaye,
> Brigue, obtient dans l'épée un poste bien renté :
> Et Barbezieux, par cette grâce,
> Délivre en même temps l'Église et le Parnasse
> D'une grande incommodité.

On voit qu'au siècle du grand roi tout était sujet à épigramme et que cette vengeance littéraire, souvent fort méchante, était pratiquée sur une grande échelle par tous les beaux-esprits et même par tous les grands poëtes.

Boursault, qui vécut de 1638 à 1701, ne doit pas être confondu avec les auteurs précédents, bien qu'il soit un poëte comique plus encore peut-être qu'un poëte dramatique ; il s'est placé à un rang beaucoup plus élevé.

Sans avoir fait d'études sérieuses, sans avoir jamais appris le latin, Boursault, venu de Bourgogne à Paris en 1651, fut bientôt en état de parler et d'écrire très-élégamment, grâce à la lecture de bons ouvrages et à ses dispositions naturelles. Son ignorance des langues anciennes l'empêcha seule d'être nommé par Louis XIV, sous-précepteur du Dauphin. Il avait rédigé avec beaucoup de talent un ouvrage intitulé : *De la Véritable Étude des Souverains*, qui avait plu au roi. On l'engagea à essayer une gazette en vers. Elle parut tous les huit jours et lui fit obtenir une pension de 2,000 livres. Louis XIV et la Cour s'en amusaient ; mais l'auteur s'étant laissé entraîner à quelques traits satiriques contre les Franciscains et surtout contre les Capucins, le confesseur de la reine, cordelier espagnol, obtint la suppression de la gazette et de la pension. Boursault faillit expier son *crime* à la Bastille.

Il donna au théâtre plusieurs comédies, puis les tragédies de *Germanicus*, en 1679 ; de *Marie Stuart*, en 1683, et de *Méléagre*, en 1694.

Germanicus, d'abord représenté sans succès sous le titre de *la Princesse de Clèves*, fut ensuite applaudi et devint la cause d'un grand froid entre Corneille et Racine, le premier ayant laissé échapper ce jugement à l'Académie, sur la pièce de Boursault : *Il ne lui manque que le nom de M. Racine pour être achevée*. *Marie Stuart*, moins applaudie, fut plus profitable à son auteur, ce dernier ayant eu la pensée de la dédier au duc de Saint-Aignan, qui lui fit présent de cent louis.

Parmi les bonnes comédies de Boursault, nous citerons *Ésope à la Cour*, jouée en 1701, après la mort de l'auteur, dont on retrancha maladroitement, dans la crainte d'application, ces quatre beaux vers :

> Par là je m'aperçois, ou du moins je soupçonne,
> Qu'on encense la place autant que la personne ;
> Que c'est au diadème un tribut que l'on rend,
> Et que le roi qui règne est toujours le plus grand.

Ésope à la Ville avait précédé *Ésope à la Cour* de onze ans. Cette comédie, ainsi que l'autre, en cinq actes et en vers, eut un immense succès. Elle fût peut-être tombée à la première représentation, sans la présence d'esprit de l'acteur chargé du principal rôle. Raisin le cadet, entendant des murmures dans le parterre, à la troisième fable qu'il débitait, s'avance au bord de la scène, et s'adressant au public, lui dit hardiment : Que l'auteur a cru devoir faire parler Ésope par apologues, que si la répétition des fables fatigue le parterre, il est inutile d'aller plus loin puisqu'il a encore, lui, douze fables à réciter dans le courant de la pièce. Raisin fut applaudi, la comédie continua ; elle fut acclamée et elle est restée longtemps au théâtre.

Cette pièce a cela de remarquable qu'elle fait époque, attendu qu'elle est la mère de toutes celles à scènes épisodiques ou à tiroir dont on a depuis usé et abusé d'une manière si fâcheuse.

Le mauvais accueil que reçut d'abord *Ésope à la Ville* inspira à l'auteur la fable du *Dogue et du Bœuf*, dont voici le quatrain final :

> A tant d'honnêtes gens qui sont devant vos yeux,
> Laissez la liberté d'applaudir ce mélange ;
> Et ne ressemblez pas à ce dogue envieux,
> Qui ne veut pas manger, ni souffrir que l'on mange.

D'une autre comédie de Boursault, *le Mercure galant, ou la Comédie sans titre,* jolie critique du journal de Visé, jouée en 1679, date une autre innovation souvent imitée depuis, celle de faire remplir plusieurs rôles par le même acteur dans une même pièce. Préville y faisait six personnages, avec un talent, un entrain qui ne contribuèrent pas peu au succès.

Visé, auteur du *Mercure*, se plaignit à la Cour de la comédie de Boursault, disant qu'elle tournait sa feuille en ridicule. La Cour renvoya l'affaire au lieutenant-général de police; alors M. de La Reynie, homme de beaucoup d'esprit, qui voulut lire le corps du délit avant de prononcer. Il trouva *le Mercure galant* si spirituel, qu'il défendit de supprimer la pièce, ordonnant qu'on l'appellerait désormais *La Comédie sans titre.*

Phaéton, comédie en cinq actes et en vers libres, représentée en 1691, eut aussi un grand succès. « Au moment où je sortais de la comédie, écrit Boursault dans le temps qu'on jouait son *Phaéton*, un des gardes me donna un billet cacheté où étaient ces vers :

> Plus je vois ton ouvrage et plus j'en suis avide.
> C'est ainsi qu'au temps ancien
> Écrivait le galant Ovide
> Et l'ingénieux Lucien. »

Ce quatrain est de Thomas Corneille.

Du temps du Grand Roi, on faisait déjà des brochures politiques ou littéraires, mais surtout *littéraires*, et pour cause, ni plus ni moins qu'au milieu du dix-neuvième siècle. Le libraire Barbin, le *Dentu* de l'époque, en avait le monopole, absolument comme le spirituel éditeur actuel du Palais-Royal. Une de ces brochures, *Les Mots à la mode*, inspira à Boursault une jolie petite comédie en un acte et en vers, laquelle parut en 1694, sous le même titre. C'est une critique des plus amusantes des manières affectées, du langage ridicule et des modes outrées. Sous ce dernier rapport, il est fâcheux que Boursault ne vive pas de nos jours, il eût pu facilement doubler sa pièce.

L'auteur de ces œuvres dramatiques et comiques ne se borna pas au théâtre ; il publia plusieurs romans fort bien écrits, et une série de lettres pleines d'esprit, sous le nom de *Lettres à Babet*.

Cet auteur, dont l'heureuse facilité se pliait à tous les genres, obtint des succès dans tous. Ses tragédies décèlent une âme ferme, élevée, apte à comprendre et à exprimer noblement les grandes passions. Ses comédies sont une critique agréable des ridicules de son siècle. Il sait, sans jamais s'égarer, sans transiger avec le bon goût, passer du sérieux au comique, du comique au moral. Il est bien entendu que nous ne parlons ici que de ses bonnes pièces, de celles qu'il fit représenter lorsque, sa première jeunesse étant passée, il eut pu réparer, par l'étude, le vice de son éducation première.

Chose digne de remarque, Boursault, arrivé à Paris, ne parlant que le patois languedocien, sut en peu de temps se poser comme un des législateurs de la langue française, qu'il maniait avec une correction allant jusqu'au scrupule sans toucher à l'affectation.

Quoique Fontenelle ne soit pas précisément un des contemporains de Racine, puisqu'il vécut bien longtemps encore après le grand poëte, comme il donna plusieurs pièces pendant la vie de l'auteur de *Rodogune*, et comme ce dernier fit même quelques épigrammes à leur occasion, nous allons dire un mot de ce poëte, homme d'un très-grand mérite, qui enrichit la scène ou plutôt les scènes françaises, de beaucoup de bonnes productions.

Neveu de Corneille, l'un des quarante de l'Académie, membre de celle des belles-lettres, Fontenelle naquit à Rouen en 1657 et mourut à Paris en 1757. Pendant un siècle, il sut soutenir sa réputation. Ses œuvres dramatiques sont empreintes d'une finesse et sont écrites avec une pureté de style qui les rendent aussi agréables à la lecture qu'à la scène. Partout, Fontenelle est ingénieux, séduisant. Il charme par sa manière de dire, et quelquefois l'on a peine à reconnaître les défauts nombreux qui l'empêchent de prendre place au premier rang des auteurs de cette époque, cependant ses ouvrages n'en sont pas exempts. Ainsi, lorsqu'il faudrait de l'énergie, on ne trouve chez lui que des agréments ; la finesse est souvent plus dans l'expression que dans la pensée ; la délicatesse du sentiment est rendue de telle sorte, que cela frise l'afféterie. Enfin, il semble affecter de s'éloigner du langage adopté par les autres grands poëtes.

Fontenelle commença à se produire au théâtre, en 1680, par la tragédie d'*Aspar*, qui réussit peu. Racine fit, à propos de cette pièce, la charmante épigramme que voici :

> Ces jours passés, chez un vieil histrion,
> Un chroniqueur émit la question :
> Quand, à Paris, commença la méthode
> De ces sifflets qui sont tant à la mode?
> Ce fut, dit l'un, aux pièces de Boyer.
> Gens, pour Pradon, voulurent parier.
> —Non, dit l'acteur, je sais toute l'histoire
> Qu'en peu de mots je vais vous débrouiller ;
> Boyer apprit au parterre à bâiller ;
> Quant à Pradon, si j'ai bonne mémoire,
> Pommes sur lui volèrent largement ;
> Mais quand sifflets prirent commencement,
> C'est (j'y jouais, j'en suis témoin fidèle),
> C'est à l'*Aspar* du sieur de Fontenelle.

On attribue encore à Racine quelques couplets sur cette pièce. En voici deux. C'est Fontenelle qui parle en quittant Paris pour retourner à Rouen, sa patrie :

> Adieu, ville peu courtoise,
> Où je crus être adoré ;
> Aspar est désespéré.
> Le poulailler de Pontoise
> Me doit ramener demain,
> Voir ma famille bourgeoise ;
> Me doit ramener demain,
> Un bâton blanc à la main.

> Mon aventure est étrange,
> On m'adorait à Rouen ;
> Dans le *Mercure galant*
> J'avais plus d'esprit qu'un ange.

> Cependant, je pars demain,
> Sans argent et sans louange;
> Cependant, je pars demain,
> Un bâton blanc à la main.

En 1689, Fontenelle donna la comédie du *Comte de Gabalis*, en un acte, tirée du livre singulier de l'abbé de Villars, puisé lui-même dans un roman italien. Nous ne parlerons pas des autres tragédies et comédies de Fontenelle, qui n'offrent que peu d'intérêt anecdotique; mais nous dirons un mot de quelques-uns de ses opéras, auxquels se rattachent des aventures et des épigrammes assez curieuses.

En 1689, il fit jouer la tragédie-opéra de *Thétis et Pelée*, dont la musique est de Colasse. Le 29 novembre 1750, c'est-à-dire *soixante et un* ans plus tard, à la reprise de cette pièce, Fontenelle occupait à l'amphithéâtre la même place qu'il avait à la première représentation. Il soupa, comme en 1689, à l'hôtel du Plessis-Châtillon, chez le petit-fils de M. de Nonant dont le grand'père lui avait donné à souper plus d'un demi-siècle auparavant. A cette même reprise, les directeurs de l'Opéra prièrent l'auteur de juger une difficulté, à savoir si les prêtres qui paraissent dans la pièce devaient danser ou marcher. — « Je veux que mes prêtres *marchent*, dit Fontenelle, faites danser les autres si vous voulez. » Le mot avait de l'à-propos; car, à cette époque, le clergé de France était mal avec la Cour, qui voulait le forcer à faire la déclaration de ses biens.

Énée et Lavinie, autre opéra en cinq actes, musique de Colasse, joué en 1690, fut l'objet de très-jolies critiques en vers. M. de Saint-Gilles fit une chanson spirituelle dans laquelle il parodie la pièce acte par acte, en la suivant pas à pas. Soixante années plus tard, on voulut en refaire la musique; on en parla à Fontenelle, qui répondit avec esprit et modestie : « On me fait beaucoup d'honneur ; mais quand cet opéra fut représenté pour la première fois, il tomba, et personne ne me dit alors que ce fût la faute du musicien. » Toutefois, M. Dauvergne, à qui s'adressaient ces mots, changea la musique d'*Énée et Lavinie*, remit la pièce à la scène en 1758, et obtint un beau succès.

N'ayant encore que vingt-deux ans, Fontenelle fut choisi par Thomas Corneille pour composer la tragédie-opéra de *Bellérophon*, dont Lully fit la musique, qui fut représentée en 1679 et eut un immense succès, puisqu'on la donna pendant quinze mois sans interruption. Il paraît que Lully, fatigué de l'acharnement de Boileau et de ses amis contre Quinault, abandonna ce poëte et pria Thomas Corneille de lui fournir un poëme. Thomas, assez embarrassé et n'aimant pas ce genre de travail, le confia à Fontenelle, alors à Rouen et très-jeune. Fontenelle le fit, broda sur le canevas qu'on lui avait envoyé, expédia acte par acte, et quand, plus tard, il vit attribuer cette pièce à Despréaux, il la revendiqua avec raison comme de lui, par une lettre adressée aux auteurs du *Journal des Savants*. Quinault était protégé par M. de Seignelay. Ce dernier, sachant que Boileau semblait être pour quelque chose dans le *Bellérophon* de Lully, l'invita à dîner avec les ducs de Chevreuse et de Beauvilliers, et avec Racine. A la fin du repas, il lui poussa quelques critiques amères sur la pièce, le mettant au défi de les rétorquer. Boileau, voyant le ton de persiflage de son hôte, ce qui était d'assez mauvais goût de la part de M. de Seignelay, lui répondit : « Si vous voulez que je me fasse comprendre de vous, il faut d'abord que je passe au moins trois jours à vous instruire. » Cette réponse mit les convives du parti de l'auteur de l'*Art poétique*, et en sortant, Racine s'écria : « Le brave homme que vous êtes, Achille en personne n'aurait pas mieux combattu que vous. »

A propos de cet opéra, Boileau disait : « Tous ces faiseurs d'opéra font des vœux pour Quinault; Quinault est leur modèle : c'est le plus grand parleur d'amour qu'il y ait eu, mais il n'est point amoureux. Le chœur de l'opéra prêche toujours une morale lubrique; vous n'y entendez autre chose, sinon :

> Il faut aimer,
> Il faut s'enflammer ;
> La sagesse
> De la jeunesse
> C'est de savoir jouir de ses appas.

« C'est un scandale public, ajoutait-il, qu'il soit permis à des chrétiens de prostituer leurs voix pour persuader aux filles qu'il est honteux de ne pas s'abandonner dans le bel âge ; ce n'est pas du tout le langage de la passion, c'est celui de la débauche. »

Illustre critique du grand siècle littéraire, que n'es-tu de ce monde, pour passer une ou deux soirées au théâtre du Palais-Royal ou à l'un de ceux du *Boulevard du Crime !*

Endymion, pastorale héroïque, musique de Colin de Blamont, joué en 1731, à l'Opéra, fut le sujet d'une spirituelle chanson de Roy. Voici deux des nombreux couplets de cette critique :

> Fontenelle, le vieux bedeau
>   Du temple de Cythère,
> Fait remonter sur le tréteau
>   Sa muse douairière.
> Si de ce ballet avorté,
> Vous daignez faire une critique,
>   Cher Dominique,
>   Je dis qu'en vérité
> Vous avez bien de la bonté.

> Puisque chaque âge a ses hochets,
>   Comme a dit Fontenelle,
> Passons tous les colifichets
>   A sa jeune cervelle.
> Mais que, décrépit et voûté,
> Sur la scène encore il gigotte,
>   Une calotte,
>   Messieurs, en vérité,
> Ne l'aurait-il pas mérité ?

Au nombre des pièces que l'on trouve dans l'édition des *OEuvres de Fontenelle*, on peut remarquer la tragédie en *prose* et en cinq actes d'*Idalie*, véritable drame dans le genre de ceux qui font fureur, de nos jours, sur les scènes des boulevards.

X

DE RACINE A VOLTAIRE.

DE LA FIN DU DIX-SEPTIÈME SIÈCLE A 1718.

Époque de transition entre Racine et Voltaire.—De la fin du dix-septième siècle à 1718. — LAFOSSE, DANCHET, DUCHÉ, PELLEGRIN et NADAL. — CRÉBILLON. — Lafosse, ses quatre tragédies. — *Polixène* (1696). — *Manlius* (1698). — *Thésée* (1700). — *Corisus* (1703). — Danchet, ses qualités. — *Hésione* (1700). — Anecdote. — *Tancrède* (1702). — LA MAUPIN. Aventures singulières de cette actrice. — *Aréthuse* (1701). — Bon mot. — *Achille et Deidamie* (1735). — Bon mot de Voltaire. — Duché de Vancy. — Son aventure avec le ministre Pontchartrain. — Ses trois tragédies sacrées: *Débora, Absalon* et *Jonathas*, 1706, 1712, 1714. — Pellegrin protégé de Mme de Maintenon. — Ses aventures. — Ses belles qualités. — *Pélopée* (1733). — *Polidor* (1703). — Anecdotes. — Sa comédie du *Nouveau-Monde* (1722). — Anecdote. — Nadal. — Sa tragédie de *Saül* (1704). — Crébillon. — Son genre de talent. — Ses débuts dans l'art dramatique. — Le procureur Prieur. — *Idoménée* (1705). — *Atrée et Thyeste* (1707). — Anecdote. — *Electre* (1708). — Son succès. — Épigramme. — *Rhadamiste et Zénobie* (1711). — Anecdote. — Jugement partial de Boileau. — *Sémiramis* (1717). — Epigramme contre Voltaire, à propos de la tragédie de *Sémiramis*. — *Pyrrhus* (1726). — *Catilina* (1748). — Anecdotes. — Mme de Pompadour. — Vers supprimés. — Horreur de Crébillon pour les moyens factices d'obtenir un succès. — Crébillon et son médecin. — CHATEAU-BRUN. — Sa tragédie de *Mahomet II* (1714), et des *Troyennes* (1754).

La nature n'enfante pas coup sur coup des hommes comme Corneille et Racine. Après ce dernier poëte dramatique, quelques années se passèrent sans qu'aucun auteur d'un mérite transcendant vînt occuper la scène tragique.

Racine avait cessé en 1689 de travailler pour le théâtre ; ce ne fut qu'en 1705 et en 1718 qu'on vit paraître deux talents approchant du sien, Crébillon d'abord et Voltaire ensuite.

L'espace qui s'écoule entre Racine et Crébillon est occupé, pour le genre dramatique, par Lafosse, Danchet, Duché, Pellegrin et Nadal. Entre Crébillon et Voltaire, nous ne trouvons que Château-Brun. Il est clair que nous ne parlons ici que des auteurs du théâtre français ayant marqué dans la littérature dramatique.

Lafosse, dont la première tragédie est de 1696, prit pour modèle le grand Corneille. Préférant, comme lui, l'expression des sentiments forts aux sentiments tendres, il va chercher ses héros sous les murs de Troie, sur le Capitole, plus jaloux d'exciter chez le spectateur l'admiration pour une pensée ou pour une action énergique, que les larmes pour une situation pathétique. Nourri de la lecture des tragiques grecs et des grands historiens de l'antiquité, il sut profiter habilement de cet inappréciable avantage. Le plus sérieux reproche qu'on puisse lui faire, c'est de donner trop au récit, quelquefois au détriment de l'action. Son style est ferme, élevé, nourri, pompeux même, propre, en un mot, à exprimer les passions violentes. Ses vers sont peut-être un peu durs, un peu travaillés, cela vient de ce qu'il avait peine à bien rendre toute l'énergie de ses pensées. Lafosse n'a malheureusement donné au théâtre que quatre tragédies, soit qu'il ait craint le mauvais accueil d'un public quelquefois mal disposé et injuste, soit qu'il ait préféré la tranquillité à la gloire. Du reste, le poëte parut dans de favorables circonstances, Racine avait cessé de travailler, Campistron venait de se retirer, et Crébillon était encore inconnu. Aussi dit-on de Lafosse, après sa tragédie de *Polixène*, qu'il allait consoler le public de la retraite de Campistron.

Lafosse, véritable philosophe, peu désireux de la fortune, faisant sa principale occupation de la poésie, était d'une distraction incroyable. Un trait entre mille. Invité un jour à dîner pour midi chez M. du Tillet avec des gens de lettres, il n'y arriva qu'à quatre heures du soir. Il était très-fatigué, s'excusa d'être venu si tard, expliquant que parti à onze heures du matin de la rue de Jouy, pour se rendre dans l'île Saint-Louis, où demeurait son amphitryon, il s'était trouvé, sans savoir comment, à deux heures, au beau milieu de la plaine d'Ivry, où la faim s'était fait sentir à lui d'une façon irrésistible. Jusqu'alors il avait voyagé en pensée avec *l'Iliade*, dont il voulait faire une belle traduction.

La tragédie de Lafosse, *Polixène*, qu'il fit représenter en 1696, fut la première pièce de théâtre à laquelle ait assisté le Dauphin, fils de Louis XIV, qui se montra très-généreux pour les acteurs. Le même sujet de Polixène avait été traité en 1720 par *Molière*, surnommé le tragique.

Lafosse donna en 1798 *Manlius*, qui eut du succès. C'est la meilleure pièce de son répertoire. En

1700 et en 1703, il fit représenter *Thésée* et *Corésus*, qui réussirent également.

DANCHET, son contemporain, dont on disait qu'il avait toutes les qualités d'un homme de lettres sans en avoir les défauts, composa des *drames-lyriques* plutôt encore que des tragédies. Membre des Académies française et des inscriptions, bibliothécaire du roi, il eut la sage modération de ne jamais se permettre contre personne une épigramme, à l'époque où ce genre de poésie-*caustique* était à la mode. Une seule fois, ayant été désigné dans une satire sanglante, il envoya à l'auteur une pièce de vers non moins sanglante et plus spirituelle, déclarant en même temps à ce rival que personne ne verrait cet écrit, et qu'il le lui avait adressé seulement pour lui prouver combien il était facile et honteux de manier l'arme de la satire.

Dans le genre lyrique, qui était son véritable talent, Danchet n'eut de supérieur que Quinault, d'égal que Lamotte et peut-être Roy. Il savait, dans ses compositions, placer des situations intéressantes, y répandre des traits tendres et touchants. Ce poëte dramatique mérite une place distinguée parmi les auteurs du second rang.

En 1700, il donna la tragédie-opéra d'*Hésione*, musique de Campra, qui eut un très-grand et très-légitime succès, mais qui faillit coûter fort cher à son auteur. Lorsqu'on joua cette pièce, Danchet était précepteur de deux élèves dont la mère, en mourant, lui avait laissé une pension viagère, sous la condition qu'il terminerait leur éducation. Les parents de ses élèves, gens d'une dévotion mal entendue, croyant impossible d'instruire chrétiennement la jeunesse quand on était assez possédé du diable pour travailler au théâtre, voulurent exiger de Danchet qu'il renonçât à tout ouvrage de ce genre. Sur son refus, ils lui ôtèrent ses jeunes gens et lui refusèrent la pension. Un arrêt du Parlement décida qu'on pouvait faire une bonne pièce de théâtre sans cesser d'être un bon précepteur; en conséquence, la pension lui fut rendue sans ses élèves.

Tancrède, deuxième tragédie-opéra de Danchet, représenté en 1702, eut une vogue immense, non-seulement grâce à la musique de Campra et au *libretto*, mais aussi grâce à l'admirable voix, au jeu hardi de la Maupin, pour qui avait été créé le rôle de Clorinde. Cette célèbre actrice, dont les singulières aventures ont fait le sujet, tout récemment, d'une jolie comédie au Gymnase, mérite, par sa figure exceptionnelle, quelques mots de notre part. Née en 1673, fille du sieur d'Aubigny, mariée au nommé Maupin, elle ne tarda pas à oublier son tendre époux. Elle avait une voix admirable et un goût prononcé pour l'exercice des armes. Ayant fait connaissance avec un prévôt de salle qui avait lui-même une belle voix, elle s'en fut avec lui à Marseille. Sans ressources l'un et l'autre, ils se firent admettre au théâtre de cette ville et y furent appréciés. Malheureusement pour la Maupin, elle conçut de l'affection pour une jeune Marseillaise auprès de qui elle se faisait passer pour un homme. Les parents de la jeune fille la mirent au couvent; la Maupin découvrit sa retraite et s'y fit recevoir. Une religieuse étant venue à mourir, la Maupin la déterra, la porta dans le lit de son amie, mit le feu au lit, à la chambre, et pendant le tumulte enleva sa compagne. Son procès fut instruit ; on la condamna au feu par contumace, car elle s'était évadée.

Toujours vêtue en homme, grande, belle, bien faite, ayant une figure accentuée, noble et régulière, la Maupin eut les aventures les plus bizarres. Elle maniait l'épée de façon à ne pas craindre le plus habile maître d'armes.

Ennuyée de la province, elle vint à Paris, prit les habits de son sexe, se fit recevoir à l'Opéra, fut applaudie et beaucoup admirée. Un jour, Dumesnil, un de ses camarades de théâtre, l'insulte ; elle l'attend le soir sur la place des Victoires, vêtue en homme, et veut l'obliger à mettre flamberge au vent. Dumesnil, assez poltron, refuse, elle lui donne une volée de coups de canne, lui prend sa tabatière et sa montre, sans être reconnue de l'acteur. Le lendemain, Dumesnil raconte son aventure, se vantant d'avoir été attaqué par trois voleurs qu'il a mis en fuite, mais qui lui ont dérobé sa montre et sa tabatière. La Maupin le laisse dire, et quand il a fini, elle se lève en lui tendant sa montre et sa tabatière, et en lui criant : « Tu as menti, tu n'es qu'un lâche, qu'un poltron ; c'est moi seule qui ai fait le coup, et la preuve la voilà. » Un autre acteur, Thévenard, qui l'avait aussi offensée, fut contraint de se cacher trois semaines au Palais-Royal, puis de lui demander pardon.

A un bal de *Monsieur*, frère du roi, où elle était

venue en homme et sans être connue, elle fit la cour à une femme d'une façon qui parut blessante. Trois des amis de la dame l'appelèrent sur le terrain, elle les jeta tous les trois sur le carreau, rentra dans le bal, et, s'étant fait connaître à *Monsieur*, obtint sa grâce.

Ayant quitté l'Opéra pour aller à Bruxelles, la Maupin, qu'on pourrait nommer la Lola-Montès du dix-septième siècle, devint la maîtresse de l'électeur de Bavière. Ce dernier la quitta pour la comtesse d'Arcos, lui envoya une bourse de quarante mille francs, et chargea M. d'Arcos lui-même de la lui porter. La Maupin le reçut comme un valet, lui jeta la bourse au nez, en lui disant que cette récompense était bonne pour un homme de son espèce; puis elle revint à Paris, rentra à l'Opéra, se raccommoda avec le comte d'Albert, un de ses anciens amants, et vécut ainsi quelques années.

En 1705, elle fit tout à coup sa conversion, se retira du théâtre, rappela son mari, et mena une vie aussi régulière qu'elle en avait menée une extravagante et licencieuse.

Revenons à Danchet.

En 1701, il fit jouer *Aréthuse*, ballet avec prologue. — Cet opéra réussit peu. On cherchait le moyen de le soutenir. — Je n'en connais qu'un, dit un homme d'esprit, allongez les danses du ballet et raccourcissez les jupons des danseuses.

Sur la fin de leur vie, Danchet et son fidèle Campra, composèrent la tragédie-opéra de *Achille et Deidamie* (1735). L'âge avancé des deux auteurs fit dire à Voltaire : « Peste, ce ne sont pas là des jeux d'enfants ! »

Danchet donna au théâtre plusieurs autres tragédies-opéras. A sa mort on grava son portrait avec ces vers :

>Si l'honneur de briller au théâtre lyrique,
>Si des succès heureux sur la scène tragique,
>Danchet, affranchissaient de l'éternelle nuit,
>On te verrait jouir encore de la vie
>Et joindre le bon cœur avec le bel esprit,
>Qui ne se trouvent pas toujours de compagnie.

DUCHÉ DE VANCY, autre poëte tragique de la même époque, accueilli avec distinction par madame de Maintenon qui avait lu quelques vers de lui, eut à son débotté à Paris une aventure plaisante. La favorite, ou plutôt la femme de Louis XIV, choisit Duché pour composer quelques poésies à l'usage des élèves de Saint-Cyr. Fort satisfaite, elle le recommanda en termes des plus chaleureux à M. de Pontchartrain, alors ministre. Ce dernier ne crut pouvoir mieux témoigner son désir de plaire, qu'en allant, en grande pompe, rendre visite à Duché. Duché voyant entrer chez lui un secrétaire d'État et ne comprenant pas ce qu'un pauvre diable de poëte de son espèce peut avoir à débrouiller avec un personnage comme Pontchartrain, croit qu'on va le mettre à la Bastille, qu'il est criminel d'État. Ce n'est qu'à grand'peine que le ministre parvient à le rassurer.

Le protégé de la célèbre marquise composa trois

tragédies sacrées pour Saint-Cyr, *Débora*, *Absalon* et *Jonathas*, qui furent représentées à Paris en 1706, 1712, 1714, longtemps après la mort de leur auteur, arrivée en 1702. Il fit aussi plusieurs opéras qui furent bien accueillis du public.

Un autre protégé de madame de Maintenon, l'abbé Pellegrin, se fit, dans le même temps, un nom distingué dans les lettres. Entré dans l'ordre des religieux Servites, puis ennuyé de son genre de vie, il s'embarqua à bord d'un vaisseau de guerre en qualité d'aumônier, et fit quelques voyages. De retour à Paris, il composa une épître qui fut couronnée par l'Académie. En outre, il avait eu l'idée assez plaisante d'envoyer en même temps une ode qui balança les suffrages de la docte assemblée, en sorte qu'il se trouva le rival de lui-même. Cette singularité, quand elle fut dévoilée, le fit encore plus connaître que ses deux pièces de vers. On obtint un bref de transaction pour l'ordre de Cluny; mais comme il n'avait pas de fortune et qu'il faut d'abord vivre, il songea à utiliser ses talents pour la poésie. Il imagina de monter une espèce de fabrique d'esprit, une manufacture d'épigrammes, de madrigaux, d'épithalames, de compliments à tant le *vers* ou la *pièce*. En outre, il travailla pour divers théâtres, surtout pour l'Opéra-Comique. Le cardinal de Noailles, informé de cette singulière existence *de bohême*, le mit en demeure d'opter pour *la messe* ou *l'Opéra*. Pellegrin, ne pouvant vivre de la messe, opta pour l'Opéra. Le cardinal l'interdit. Il obtint une pension sur *le Mercure*, journal de l'époque, dans lequel il eut les articles sur les théâtres.

On doit dire à sa louange qu'une grande partie de ce qu'il gagnait passait à sa famille encore plus pauvre que lui, et pour laquelle il se refusait souvent le nécessaire. L'abbé Pellegrin était un excellent homme, un poëte de mérite et un noble cœur. Outre ses œuvres dramatiques dont nous allons parler, il traduisit assez mal les œuvres d'Horace, ce qui lui valut cette charmante épigramme de La Monnoye :

> On devrait, soi dit entre nous,
> A deux divinités offrir tes deux Horaces ;
> Le latin à Vénus, la déesse des Grâces,
> Et le français à son époux.

Il mourut à quatre-vingt-deux ans, en 1745. On lui fit plusieurs épitaphes. Voici une des plus spirituelles :

> Poëte, prêtre et Provençal (1),
> Avec une plume féconde,
> N'avoir ni dit, ni fait de mal,
> Tel fut l'auteur du *Nouveau-Monde*.

Ses tragédies sont *Polidor*, en 1703, et *Pélopée*, en 1733 ; ses tragédies-opéras : *Hippolyte et Aricie*, *Médée et Jason* ; plusieurs comédies, un grand nombre d'opéras et d'opéras-comiques complètent son bagage littéraire.

Quelques jours après la représentation de sa *Pélopée*, qui avait réussi, Pellegrin se promenait avec

---

(1) Il était de Marseille.

un de ses amis au Luxembourg. L'ami ramassa une feuille de papier sur laquelle était une suite de P. « Devinez ce que c'est que cela? dit-il — Mais, répond l'abbé, ce ne peut être que la leçon donnée par un maître d'écriture à son élève. — Vous n'y êtes pas ; ce sont des abréviations dont voici le sens : *Pélopée, pièce pitoyable, par Pellegrin, poëte, pauvre prêtre provençal.* »

Pellegrin rit beaucoup de cette interprétation donnée à la page d'écriture.

Sa comédie du *Nouveau-Monde* (1720), lui fit honneur, ainsi que son opéra de *Jephté*. Sa *Princesse d'Élide*, opéra-ballet, représentée en 1728, donna lieu à un fort joli mot. Un auteur de beaucoup d'esprit, Autreau, avait fait, sur un des airs de cet opéra, de charmants couplets. Un élégant du jour, homme fort nul, se les était attribués et en recevait des compliments. Un ami d'Autreau lui dit : « Voilà Monsieur qui se prétend l'auteur de tels couplets. — Eh bien ! répondit Autreau avec le plus grand sang-froid, pourquoi Monsieur ne les aurait-il pas faits, je les ai bien faits, moi? » Puis il s'éloigna au milieu des rires des témoins de la scène.

NADAL, contemporain et ami de Pellegrin, mort comme lui dans un âge fort avancé, vers 1741, composa plusieurs tragédies. L'une d'elles, *Saül*, jouée en 1704, avait une scène d'un effet terrible, lorsque Saül quitte le camp pour aller consulter la Pythonisse et que l'on croit voir à chaque instant sortir de terre le fantôme évoqué par la magicienne. Une autre des pièces de Nadal, son *Hérode*, donna lieu à des applications politiques. Lors de la première représentation, en 1709, à ces deux vers :

> Esclave d'une femme indigne de ta foi,
> Jamais la vérité ne parvint jusqu'à toi,

un spectateur dit tout haut que ces vers étaient bien hardis.

« — Ce n'est pas dans les vers que se trouve la hardiesse, repartit aussitôt avec beaucoup d'esprit et d'à-propos le duc d'Aumont, protecteur de Nadal, c'est dans l'application que vous venez d'en faire. »

Pour tenter de marcher de pair avec Corneille et Racine, de s'élever jusqu'à ces deux grands poëtes, il fallait un travail assidu, une volonté de fer capable de briser tous les obstacles, mais surtout, et avant tout, une conviction intime et profonde qu'on était né avec le génie dramatique. Ces vérités, CRÉBILLON les comprit ; il ne se fit aucune illusion, et cependant il essaya. Peut-être agit-il moins par choix que par impulsion ; toujours est-il qu'à vingt-six ans il se décida à faire sa carrière de la carrière dramatique. On lui demandait un jour pourquoi ses tragédies étaient si terribles. « Corneille, répondit-il, a brillé dans le grand, Racine dans le tendre, je n'avais que l'horrible à choisir. »

En effet, Crébillon fit revivre sur la scène tout le tragique d'Eschyle, mais il mit de plus dans ses œuvres une régularité qu'Eschyle ne connut jamais. Son style n'a pas l'élévation de celui de Corneille, n'a pas l'élégante pureté de celui de Racine, mais il est nerveux. Les images, il les sacrifie aux pensées; ses vers ont plus de force et d'harmonie, et son pinceau cherche, de préférence à tout, les objets terribles. Il se plaît dans le sang et dans le carnage. Dans beaucoup de ses pièces, une partie de ses héros meurent en scène. Dans *Xerxès* même, qui n'eut qu'une représentation, presque tous ses personnages succombaient. Une fort jolie actrice, qui avait, à tort ou à raison, la réputation d'avoir causé certain *préjudice* à plus d'un de ses nombreux amants, voulant se moquer du poëte, lui demanda la liste des morts. « Volontiers, Mademoiselle, lui répondit Crébillon; mais vous me donnerez la liste de tous ceux que vous avez blessés. » Du reste, après la représentation de *Xerxès*, Crébillon demanda aux acteurs leurs rôles, les jeta au feu devant tout le monde en disant : « Je me suis trompé, le public m'a éclairé. »

Cet auteur tragique avait une mémoire prodigieuse; aussi sa façon de composer ses pièces était-elle des plus originales. Jamais il ne les écrivait que pour les donner au théâtre. Il les récitait de mémoire, et, chose plus extraordinaire, lui faisait-on faire une correction, ce qu'il avait composé d'abord et qui devait disparaître, s'effaçait complètement de son cerveau. Jamais il n'a fait un plan, si l'on en excepte celui de la tragédie de *Xerxès*, sa plus mauvaise. Il ne fallait pas d'entraves à son génie. Toute méthode lui était antipathique.

On attribuait, dans le principe, les tragédies de Crébillon à un Chartreux. Un jour, on lui demandait quel était son meilleur ouvrage. « Je n'en sais rien, dit-il, mais je suis sûr que voilà le plus mauvais. » Et il montrait son fils. « C'est qu'il n'est pas du Chartreux, » reprit en riant le fils.

Idoménée, en 1705, fut la première tragédie *jouée* de Crébillon. Elle réussit ; mais le cinquième acte n'ayant pas été approuvé, l'auteur en fit un autre qui fut composé et appris en cinq jours. A la première représentation, Boileau dit que cette pièce semblait avoir été composée par Racine ivre.

Nous avons dit à dessein qu'*Idoménée* avait été la première tragédie *jouée* de Crébillon, car il en avait fait une autre, *la Mort des Enfants de Brutus*, qui fut refusée par la Comédie-Française. A cette pièce se rattache le commencement de la carrière dramatique de ce poëte célèbre. Son père le destinait à la carrière du barreau et l'avait envoyé à Paris, chez un procureur nommé Prieur, homme d'esprit et grand partisan du théâtre. Crébillon, dont les passions étaient vives et qui déjà sentait son goût pour la scène, se souciait fort peu de son procureur, qu'il ne voyait même pas. Un jour, il s'était habillé pour aller au bal. Survint une pluie affreuse et un manque total de voitures ; cela avait lieu au commencement du dix-huitième siècle, car on était aux premières années de 1700, absolument comme de nos jours. Nous avons oublié de dire que Crébillon, né à Dijon, en 1674, avait alors de vingt-six à vingt-sept ans. Or donc, il n'y avait pas moyen de se rendre au bal. Prieur, témoin du dépit de son pensionnaire, se prit à rire, puis à lui proposer d'ôter sa toilette, de se mettre à son aise et de causer avec lui.

Crébillon hésita d'abord, croyant son procureur un fâcheux, incapable de parler autre chose que procès et chicane ; mais, nécessité fait loi ; il craignit de s'ennuyer encore davantage s'il restait seul, et il finit par accepter. Prieur, qui savait que le jeune homme allait très-souvent au théâtre, tourna la conversation sur ce sujet. Il fut aussi étonné des idées poétiques de son pensionnaire, que ce dernier le fut de l'esprit de son procureur. Prieur, frappé de la façon dont il entendait analyser les pièces, de la justesse, de la logique, de la force des raisonnements de Crébillon, fut intimement convaincu que ce jeune homme n'était nullement fait pour le barreau, mais qu'il recélait en lui, sans s'en douter encore, le génie d'un grand poëte dramatique. Il lui conseilla de composer une tragédie. Crébillon crut que Prieur voulait se moquer de lui, bientôt il fut convaincu du contraire. Alors il se défendit de pareille entreprise. Le procureur insista et finit par le décider. Il lui indiqua même le sujet de *la Mort des enfants de Brutus*. La pièce faite, Crébillon la fit porter aux comédiens. Les comédiens la rejetèrent sans même donner d'encouragement au jeune homme. Crébillon revint au logis, furieux, désespéré de l'affront qu'il croyait avoir reçu, se plaignant avec amertume au pauvre Prieur de l'école qu'il avait faite par ses conseils, jurant de ne plus tenter la muse. Prieur essuya bravement le premier feu, le raisonna, le chapitra et finit par le décider à entreprendre une autre composition dramatique. Cette pièce fut *Idoménée*, bientôt suivie d'*Atrée et Thyeste* (1707). Lorsqu'on joua *Atrée*, le bon procureur, quoique fort malade, se fit porter au théâtre. A la fin du spectacle, l'auteur vint le voir, Prieur l'embrassa en lui disant : — Je meurs content ; je vous ai fait poëte : je laisse un homme à la nation.

Cette tragédie d'*Atrée* était si terrible, sortait tellement de ce qu'on avait entendu jusqu'alors à la scène, surtout depuis l'école de Racine, que le parterre s'en fut sans oser siffler ni applaudir, mais comme frappé de stupeur. Crébillon fut au café Procope, le café *divan* ou Lepelletier de l'époque. Un Anglais se jeta à son cou en lui faisant mille compliments sur sa pièce, ajoutant qu'elle n'était pas faite pour le théâtre de Paris, mais pour celui de Londres; qu'en Angleterre elle eût été acclamée. « La coupe d'Atrée, ajouta-t-il, m'a pourtant fait frémir, tout Anglais que je suis. »

L'année suivante, en 1708, Crébillon donna *Électre*, tragédie qui fut applaudie; mais à laquelle on reproche les trois descriptions pompeuses déclamées par Tydée, ce qui donna lieu à cette épigramme :

> Quel est ce tragique nouveau,
> Dont l'épique nous assassine ?
> Il me semble voir Racine
> Avec un transport au cerveau.

Rhadamiste et Zénobie suivit les premières pièces de Crébillon en 1711. Nous avons dit que cet auteur composait toujours de tête et sans écrire. Afin d'être plus isolé, il avait obtenu une clef du Jardin-du-Roi, dont il aimait la solitude. Un jour qu'il travaillait à son *Rhadamiste*, par une chaleur tropicale, il avait ôté son habit et parcourait le jardin réservé en faisant de grands gestes et en poussant de temps à autres d'effroyables cris. Un jardinier, qui l'observait, convaincu qu'il avait devant lui un assassin ou un fou, courut chercher Duvernet, le célèbre anatomiste de qui Crébillon tenait la clef du jardin. Duvernet arrivant effrayé, ne put retenir un éclat de rire en reconnaissant Crébillon en pleine composition dramatique.

Rhadamiste eut un grand succès. Quand on le donna, Boileau était malade. On lui lut cette tragédie. — « Qu'on m'ôte ce galimatias! s'écria-t-il, les Pradons étaient des aigles, en comparaison de ces gens-ci ; je crois que c'est la lecture de cette tragédie qui a augmenté mon mal. »

Boileau jugeait souvent d'une façon partiale. C'est ce qui eut lieu pour *Rhadamiste*, tragédie qui, malgré quelques défauts, est restée un des chefs-d'œuvre de l'ancien théâtre et la pièce qui caractérise le mieux le génie de Crébillon.

Le succès de *Rhadamiste* eut sur la vie de son auteur une influence fâcheuse. A partir de ce moment, il se jeta dans la dissipation, montrant peu de goût pour son art, à tel point que le bruit, propagé sans doute par des rivaux, — que ses tragédies n'étaient pas de lui, se répandit de toute part. On prétendit qu'elles devaient le jour à un Chartreux, son proche parent. Or, Crébillon n'avait ni parents ni amis aux

Chartreux. Il ne fut pas moins fort affecté de ce bruit ridicule.

A propos de *Rhadamiste*, on raconte que, dans une représentation de cette pièce sur un théâtre de province, l'acteur ayant prononcé ce vers :

> De quel front osez-vous, soldats de CORBULON,

un des spectateurs cria tout haut : « C'est de *Crébillon* qu'il faut dire. Ces comédiens de province sont d'une ignorance inconcevable. »

Sémiramis, donnée à la scène en 1717, quatrième tragédie du même nom depuis celle de Desfontaines, en 1637, ne fut pas la dernière sur le même sujet. Voltaire en fit jouer une autre en 1748, dont nous parlerons plus loin. On n'approuva pas dans le public des lettres, la monomanie du philosophe de Ferney, de puiser toujours ses compositions dramatiques dans le répertoire des autres auteurs. Piron se rendit l'interprète de ce sentiment public par l'épigramme que voici :

> N'en doutez pas ; oui, si le premier homme
> Eût eu le tic de ce faiseur de vers,
> Il eût fait pis que de mordre à la pomme ;
> Et c'est ici un bien autre travers.
> Du grand auteur de la nature humaine,
> Il eût voulu refaire l'univers,
> Et le refaire en moins d'une semaine.

Le poëte Roy fut plus violent pour Voltaire :

> Si Quinault vivait encor,
> Loin d'oser toucher sa lyre,

Je ne me ferais pas dire
De prendre ailleurs mon essor.
Usurpateur de la scène,
Petit bâtard d'Apollon,
Attendez que Melpomène
Soit veuve de Crébillon.

En 1726 parut *Pyrrhus* ; en 1748, *Catilina*. Crébillon mit plus de vingt-cinq ans à composer cette dernière pièce, ce qui fit dire : *Quousque tandem abutere patientia nostra, Catilina*. C'est à soixante-dix ans que l'auteur mit la dernière main à sa tragédie, dont il avait récité des passages à l'Académie française. On admira beaucoup les trois premiers actes, mais on fut généralement peiné d'entendre Cicéron dire de sa fille Tullie :

Employons sur son cœur (1) le pouvoir de Tullie,
Puisqu'il faut que le mien jusque-là s'humilie.

A l'Académie surtout, on fut choqué de ce rôle fait à Cicéron. Crébillon s'aperçut du mauvais effet produit par cette scène, et, s'adressant à l'un des immortels qui secouait la tête : — Je vois bien, lui dit-il, que cela vous déplaît. — Point du tout, reprit l'académicien, cet endroit est digne du reste, et j'ai beaucoup de plaisir à voir Cicéron le Mercure de sa fille.

Madame de Pompadour, la favorite du jour, fit pour cette pièce la dépense de tous les habits des acteurs. Elle obtint en outre, du Roi, l'impression, au profit de

(1) Celui de Catilina.

Crébillon, des œuvres complètes du poëte par l'imprimerie royale.

L'auteur de *Catilina*, en reconnaissance de tant de bienfaits, se crut obligé de supprimer quelques passages qui pouvaient être considérés comme des allusions, celui-ci entre autres :

> Car vous n'aimez jamais. Votre cœur insolent,
> Tend bien moins à l'amour qu'à subjuguer l'amant.
> Qu'on vous laisse régner, tout vous paraîtra juste ;
> Et vous mépriseriez l'amant le plus auguste,
> S'il ne sacrifiait au pouvoir de vos yeux,
> La justice, les lois, sa patrie et ses dieux.

Crébillon n'était ni jaloux ni envieux. Il méprisait les moyens détournés pour arriver au succès d'une pièce. Le triomphe moyennant coterie lui était odieux. S'il eût vécu de nos jours, il eût rejeté la réclame et la claque, dont on fait un usage si large et si déplorable. Le matin de la première représentation de *Catilina*, persécuté par des amis et des parents pour leur donner des billets, il n'y consentit qu'à la condition formelle, expresse, qu'ils ne se croiraient pas obligés d'épargner sa pièce.

Comme nous l'avons dit, *Catilina* avait été vingt-cinq ans sur le métier. Le fils de Crébillon en plaisentait à table devant Collé. Collé, impatienté de ce persiflage, lui dit : « Osez-vous, petit griffonneur de prose, petit r'habilleur de vieux contes de fées, osez-vous comparer vos frivoles rapsodies aux productions immortelles de votre père ? Certes, il a fait en votre personne un assez mauvais ouvrage ; mais n'a-t-il pas fait aussi *Atrée, Électre, Rhadamiste, Catilina*, oui, *Catilina, qu'il a fait, qu'il fait et qu'il fera toujours.* » Cette péroraison fit éclater de rire tous les convives.

Crébillon avait des créanciers qui voulurent, pour se payer, saisir le produit des recettes de *Catilina*. Le Conseil d'État du Roi décida : *que les productions de l'esprit ne sont point au nombre des effets saisissables.*

Quelques années avant que cette tragédie ne fût achevée, Crébillon tomba si sérieusement malade, que son médecin, Hermant, désespérant de lui, le pria de lui faire présent des deux premiers actes de *Catilina*. Crébillon répondit par ce vers de *Rhadamiste* :

Ah ! doit-on hériter de ceux qu'on assassine ?

A quatre-vingts ans, il fit jouer une dernière pièce, *le Triumvirat*. Le public la reçut avec faveur et reconnaissance.

Il fut enterré avec pompe, aux frais de la Comédie-Française, à Saint-Gervais, où le roi voulut lui faire élever un monument funèbre. Il avait été admis à l'Académie en 1731.

Entre Crébillon et Voltaire, les deux plus grands poëtes tragiques du dix-huitième siècle, parut Château-Brun, auteur des deux tragédies de *Mahomet II* et des *Troyennes*.

Château-Brun, membre de l'Académie en 1753, était maître-d'hôtel du duc d'Orléans. Dans la crainte de déplaire à son prince, il garda quarante ans, sans la faire jouer, sa première tragédie. Elle parut en 1714.

Sa seconde ne vit le jour qu'en 1754. Dans le second acte des *Troyennes*, un homme vient se jeter aux genoux du vainqueur, expose la misère du peuple et demande du pain. « J'aurais été bien surpris, dit un plaisant du parterre, si on n'eût pas parlé de manger dans une pièce faite par un maître-d'hôtel? » Ce mot fit changer le trait.

C'est par cette pièce que la Comédie-Française rouvrit son théâtre, le 31 mars 1769, rentrée de laquelle date le fameux changement de la suppression des banquettes ridicules qui obstruaient le théâtre. On avait à dessein choisi *les Troyennes*, où il y a beaucoup d'acteurs en scène, pour faire comprendre au public les avantages résultant de cette disposition nouvelle.

VOLTAIRE.

DE 1718 A 1773.

VOLTAIRE. — Il résume tous les genres dramatiques. — Son caractère littéraire. — Sa tendance au plagiat. — Mot de Fontenelle. — Anecdote de pâté à propos de *Zaïre*. — *OEdipe* (1718). — Son succès. — Anecdotes et bons mots. — *Artémise* (1720). — Transformations successives de cette tragédie. — Anecdotes. — Épigramme. — Origine des différends de Voltaire et de Rousseau.—*Brutus* et *Éryphile* (1730 et 1732). — Anecdote de la *Calotte*. — *Zaïre* (1732). — Vers à Mlle Gaussin et à Dufrêne. — *Adélaïde Duguesclin* (1734). — Sa transformation. — Anecdote. — Epigramme. — *Alzire* (1736). Le Franc de Pompignan. — Critique d'*Alzire*. — Comédie de *l'Enfant prodigue* (1736). — *Zulime* (1740). — Jugement de Voltaire sur cette tragédie. — *La Mort de César* (1741). — *Mahomet* (1742). — Anecdotes. — Apogée des succès pour Voltaire. — *Le Temple de la Gloire*, opéra (1743). Joli mot de Voisenon. — *Sémiramis* (1748). — *Oreste* (1750). — *Mérope* (1743). — Anecdotes. — Usage de demander l'auteur. — Un Anglais. — Parodie de *Mérope* au théâtre des Marionnettes. — Pellegrin. — Anecdotes et critique sur *Sémiramis*. — Le tonnerre de Mlle Dumesnil. — Anecdote sur *Oreste*. — *Rome sauvée* (1752).— *Le Paysan Normand*.— *Tancrède*.— *L'Écueil du Sage* (1762). — *Les Scythes* (1767), et *les Triumvirs* (1764). — Anecdotes. — Mot piquant de Voltaire à une actrice.

Le 30 novembre 1694, dix ans après la mort de Corneille, cinq ans avant celle de Racine, naquit à

Paris AROUET DE VOLTAIRE, l'écrivain, l'auteur, le poëte qui devait résumer en lui seul tout le dix-huitième siècle littéraire. Cet homme, le plus extraordinaire qui ait jamais paru dans la spécialité des lettres, vécut de longues années travaillant toujours, produisant sans cesse, s'essayant à tous les genres, échouant d'abord dans plusieurs, réussissant ensuite, et finissant par mériter de ses contemporains le nom de *Poëte-Roi*, nom que la postérité lui a conservé.

Lorsque Voltaire entra dans la carrière dramatique, tous les genres semblaient portés à leur apogée : le sublime pour Corneille, le touchant pour Racine, le terrible pour Crébillon. Il fallait donc se frayer une nouvelle route, si on ne voulait pas suivre l'ornière déjà si profondément creusée. — Il osa le tenter et il réussit, non sans éprouver de fréquentes chutes; il réussit en réunissant en un seul les trois genres qui avaient chacun, isolément, illustré le nom de trois grands hommes. Il y ajouta une harmonie, un coloris jusqu'alors inconnus et une sorte de philosophie encore plus ignorée sur la scène. On s'était borné à jeter l'odieux sur les grands crimes, Voltaire fit plus, il rendit la vertu aimable. Chacun de ses drames, même les plus médiocres, est un plaidoyer en faveur de l'humanité. Ce genre, qui les réunit tous en ajoutant à leur perfection, manquait au théâtre. Il pouvait seul assurer à son auteur une gloire immortelle.

Avant de raconter les nombreuses anecdotes qui se rattachent aux œuvres dramatiques de Voltaire, nous constaterons chez lui une tendance fâcheuse à s'emparer des sujets déjà traités par d'autres auteurs.

Ainsi : il tenta de refaire l'*Electre*, la *Sémiramis*, le *Catilina*, le *Triumvir*, l'*Atrée* de Crébillon, la *Marianne* de Tristan, l'*OEdipe* de Corneille. Du moins prit-il les titres de ces pièces déjà célèbres au théâtre. Ce procédé lui fut reproché par ses contemporains; on le trouva peu digne d'un grand génie.

Voltaire n'aimait pas à perdre le fruit de son travail. Lorsqu'une de ses pièces avait échoué sous un titre, il lui en donnait un autre, la remaniait et la remettait hardiment à la scène quelques années plus tard. Cette méthode lui a souvent réussi. Il ne demandait pas mieux que de faire les corrections que le goût du public lui indiquait après les premières représentations, aussi Fontenelle disait-il : « Ce monsieur de Voltaire est un auteur bien singulier ; il compose ses pièces pendant *leurs représentations.* » Ces corrections, quelquefois très-nombreuses, n'étaient pas habituellement du goût des acteurs, qui trouvaient fort dur, après avoir appris des rôles longs et difficiles, d'en *désapprendre* une partie pour *réapprendre* de nouveaux vers. L'un des artistes de la Comédie-Française qui se montrait le plus indocile à ces changements, était Dufrêne. Après le succès de *Zaïre*, des corrections ayant été indiquées à Voltaire, corrections sages et qui ne pouvaient que donner à ce chef-d'œuvre une perfection rare, le poëte s'empressa de faire les modifications qui lui étaient demandées. Dufrêne refusa net de les apprendre. Chaque jour Voltaire était à la porte de l'acteur pour le supplier de concourir, par un peu de complaisance, à un succès plus grand de la pièce. Dufrêne faisait ce qu'on fait en pareil cas pour ne pas voir un importun. Quand son cauchemar venait, il était toujours sorti. L'auteur ne se rebutait pas, il montait et introduisait par la serrure de petits papiers couverts des fatales corrections. Dufrêne n'y avait nul égard. Alors Voltaire eut recours à un expédient de bon goût et fort original pour forcer son bourreau jusque dans ses derniers retranchements et pour le mettre au pied du mur. Sachant que le comédien doit donner un grand dîner, il lui envoie un magnifique pâté de douze perdreaux, avec injonction à celui qui le porte de ne pas dire de quelle part il vient.

Le pâté, plus heureux que les vers de *Zaïre*, est fort bien accueilli, on lui fait fête et on dîne ; on l'ouvre, décidé à boire à la santé de l'aimable anonyme. On soulève la croûte de dessus avec précaution, et l'on aperçoit avec étonnement douze beaux volatiles, cuits à point et portant au bec un petit papier. Les papiers dépliés, on lit sur chacun d'eux les corrections au rôle de Dufrène. Il n'y avait pas moyen d'hésiter davantage, les perdreaux furent mangés par les convives, et les corrections apprises par l'acteur. Le public ne tarda pas à s'apercevoir qu'on avait eu égard à ses remarques, il s'en montra reconnaissant ; mais il ignora longtemps que *Zaïre* devait une partie de son succès à un pâté de perdrix.

Voltaire, qui fournit à la scène française tant de bonnes tragédies, débuta d'une façon brillante et qui fixa sur lui tous les regards. En 1718, il donna *OEdipe*. Tandis qu'on applaudissait sa première pièce, lui-même était à la Bastille, par ordre du Régent ; il avait vingt-quatre ans à peine. Le duc d'Orléans entendit parler de cette belle composition dramatique, il voulut la voir, et il en fut si charmé qu'il rendit la liberté au prisonnier. Voltaire vint sur-le-champ remercier le prince, qui lui dit ; — « Soyez sage, et j'aurai soin de vous. » — « Je vous suis infiniment obligé, répondit le poëte ; mais je supplie Votre Altesse de ne plus se charger de mon logement et de ma nourriture. » Le Régent s'amusa beaucoup de cette spirituelle saillie. Voltaire n'eut pas moins d'esprit dans deux autres circonstances qui se rattachent aux représentations d'*OEdipe*. Le maréchal de Villars, en sortant du théâtre, lui ayant dit que la nation lui avait bien de l'obligation de ce qu'il lui consacrait ainsi ses veilles. — « Elle m'en aurait davantage, Monseigneur, lui répondit le jeune Arouet, si je savais écrire comme vous savez parler et agir. »

A la sortie d'une autre représentation, un homme de la Cour donnait le bras à une jeune et jolie femme qui semblait encore tout émue de la tragédie d'*OEdipe*. — « Voici deux beaux yeux, dit-il à l'auteur, auxquels vous avez fait répandre des larmes. » — « Ils s'en vengeront sur bien d'autres, répliqua Voltaire. »

OEdipe eut beaucoup de peine à être reçu des acteurs de la Comédie-Française, ce qui prouve que déjà, à cette époque, il fallait un nom pour être admis sans peine.

Un auteur de mérite, contemporain de Voltaire, et dont nous parlerons plus loin, La Motte, qui soutenait cette thèse : que la prose pouvait s'élever aux idées poëtiques, dit un jour à Voltaire : « *OEdipe* est le plus beau sujet du monde, il faut que je le mette en prose. » — « Faites cela, répondit Voltaire, et je mettrai votre *Inès* en vers. »

La seconde tragédie d'Arouet, *Artémise* (1720), ne répondit pas à ce qu'on attendait de l'auteur d'*OEdipe*. Il s'empressa de la retirer et la remit à la scène quatre ans plus tard, en 1724, sous le nom de *Marianne*. Elle n'eut pas meilleur succès. Deux mauvaises plaisanteries des spectateurs du parterre avaient contribué à sa chute. Lorsque l'actrice qui remplissait le rôle de Marianne porta la coupe empoisonnée à sa bouche, un individu s'écria : « *La reine boit.* » Il s'ensuivit des rires, un tumulte défavorable à la pièce, sur le mérite de laquelle, cependant, le public flottait incertain, lorsque, la toile baissée, on vint annoncer que l'on allait donner la comédie intitulée *le Deuil*. — « Est-ce le deuil de la pièce nouvelle? » cria un autre quidam. Ce mot décida la chute de *Marianne*. Voltaire ne voulut pas en avoir le démenti; sans se rebuter, il travailla de nouveau, et l'année suivante, en 1725, il la fit jouer sous le titre d'*Hérode et Marianne*. Elle eut alors beaucoup de succès. On comprend que les épigrammes et les parodies ne furent pas épargnées à la tragédie de Voltaire. Dans une pièce de l'Opéra-Comique, *Momus censeur des Théâtres*, Momus dit de Marianne :

Le public ne doit qu'au latin,
Ses beautés, ses délicatesses;

> Ainsi qu'un habit d'arlequin,
> Elle est faite de toutes pièces.

Rousseau, dans une longue lettre, analyse cette tragédie et termine ainsi : « Voilà, Monsieur, le précis de ce chef-d'œuvre, qui, comme vous voyez, ne semble pas moins fait contre la raison que contre la rime, à laquelle le poëte en veut furieusement. » Une copie de cette épître tomba entre les mains de Voltaire ; ce fut la source de ses querelles avec Rousseau.

Voltaire, voulant s'essayer à la comédie, fit la jolie petite pièce en un acte et en vers de *l'Indiscret* ; mais il revint bien vite au genre tragique, dans lequel son *OEdipe* lui assurait une supériorité marquée. En 1730 et en 1732, il donna *Brutus* et *Éryphile*. Il eut deux chutes. En entendant ces deux vers :

> Je suis fils de Brutus, et je porte en mon cœur
> La liberté gravée et les rois en horreur.

le public, peu habitué à des expressions et à des pensées de ce genre pour tout ce qui touchait la royauté, le public du parterre témoigna son indignation. Rousseau écrivait de cette tragédie : « J'ai lu le *Brutus*, et j'ai été bien surpris de voir ce grand homme condamner son fils à la mort pour une simple pensée, qui ne passerait pas même pour une tentation chez nos casuistes les plus rigides : si celui de l'ancienne Rome eût été si sévère, il eût été dépeint, dans l'histoire, comme un extravagant. »

On raconte une anecdote assez plaisante comme ayant eu lieu à la représentation de cette tragédie. C'était du temps des satires auxquelles on avait donné le nom de *Calottes*. Un abbé était dans une loge, devant des femmes. Apostrophé par le parterre, qui lui cria : « *Place aux dames! A bas la calotte !* » il répondit en lançant son petit bonnet noir au milieu du public et en disant : « *Tiens, la voilà, parterre! tu la mérites bien!* » On prétend que ce trait énergique imposa silence. Cela prouve que le public du dix-huitième siècle était plus endurant que celui du dix-neuvième; ajoutons, il est vrai, que celui du dix-neuvième s'inquiète assez peu de savoir si les hommes sont ou non devant les femmes au théâtre, ce qu'on appelait la vieille galanterie française ayant, depuis longtemps déjà, franchi les Pyrénées, le Rhin et les Alpes. Quant aux abbés, on n'en voit plus, grâce au ciel, dans nos salles de spectacle. Notre clergé, pieux sans affectation et convenable en tout, a laissé ce ridicule usage aux *monsignor* de la dévote Italie.

Le sort d'*Éryphile* ne fut pas plus heureux que celui de *Brutus*. Tous deux restèrent sur le carreau. L'abbé Desfontaines, à qui Voltaire avait lu *Éryphile*, lui avait prédit son sort. Voltaire traita Desfontaines d'âne, d'ignorant, d'homme sans goût, de pédant, et ne lui pardonna jamais d'avoir été si bon prophète.

Artémise, sous la plume habile de son auteur, s'était changée en *Marianne*, puis en *Hérode et Marianne*; *Éryphile* se métamorphosa en *Sémiramis* seize ans plus tard! Un succès éclatant devait venger, cette même année 1732, l'auteur fécond alors encore à l'aurore de sa vie littéraire : *Zaïre* parut et conquit tous les suffrages. Voltaire, très-vain de sa nature, publia qu'il ne lui avait fallu que trois semaines pour composer et écrire ce chef-d'œuvre. Le public lui répondit en disant que la pièce n'était pas de lui, qu'il l'avait achetée à un abbé Macarti, quittant la France pour aller prendre le turban à Constantinople. Ce bruit tomba de lui-même. Un riche Anglais, nommé M. Boud, fut pris d'un tel enthousiasme en entendant *Zaïre*, qu'il dépensa, en véritable insulaire, sa fortune et sa vie pour cette pièce. Voici comment. Il voulut absolument qu'elle fût traduite et jouée à Londres. N'ayant pu réussir à mettre au théâtre une traduction qui lui avait coûté fort cher, il la fit jouer chez lui. Il fit pour cela des frais énormes, prit, malgré son âge, le rôle de Lusignan, et tomba mort, et réellement *mort*, d'émotion, au beau milieu de l'une des scènes les plus pathétiques.

Zaïre fut l'époque de la grande réputation de mademoiselle Gaussin. Voltaire lui adressa des vers charmants pour la remercier d'avoir, par son talent, si puissamment contribué au succès de sa tragédie. Dufrêne, l'acteur au pâté, répandit également un grand charme sur le rôle d'Orosmane ; de là ce joli quatrain :

> Quand Dufrêne ou Gaussin, d'une voix attendrie,
> Font parler Orosmane, Alzire, Zénobie,
> Le spectateur charmé, qu'un beau trait vient saisir,
> Laisse couler des pleurs, enfants de son plaisir.

Pendant deux années, Arouet de Voltaire ne donna rien au théâtre après *Zaire*, son chef-d'œuvre. Enfin, il fit paraître *Adélaïde du Guesclin*, en 1734, qu'il remit ensuite au théâtre sous le nom du *Duc de Foix*, en 1752, parce qu'elle n'avait pas réussi avec son premier titre. A quoi tient souvent le succès ou la chute d'une œuvre dramatique. Il y avait dans *Adélaïde* le personnage de Coucy. A la fin d'une tirade, un personnage lui dit :

Es-tu content, Coucy ?

Le parterre reprit en chœur : *Couci, couci*, et cette mauvaise plaisanterie arrêta quelque temps la représentation.

Rousseau, l'éternel adversaire du poëte-roi, fit sur son *Adélaïde*, métamorphosée en *Duc de Foix*, cette sanglante épigramme :

> Par le démon de la dramaturgie,
> Ce fanatique au théâtre agrégé,
> Que l'ignorance, avec tant d'énergie,
> Avait sans honte, en Corneille érigé,
> De désespoir s'est noyé dans l'histoire.
> Sa tragédie a pourtant eu la gloire
> De voir deux yeux de larmes l'honorer,
> Car, s'il n'a fait pleurer son auditoire,
> Son auditoire au moins l'a fait pleurer.

Alzire, en 1736, deux ans après *Adélaïde*, vengea Voltaire du peu de succès de cette dernière pièce. *Alzire* réussit et méritait de réussir. Comme pour *Zaïre*, on fit courir le bruit que cette pièce n'était pas de lui. On le disait devant un homme fort spirituel, qui s'écria : « Je le souhaiterais beaucoup ! — Et pourquoi, lui demanda-t-on ? — Parce que nous aurions deux bons poëtes au lieu d'un. » *Alzire* donna lieu à un conflit entre Voltaire et Le Franc de Pompignan, qui prétendit avoir remis cette tragédie entièrement faite entre les mains du premier. Voltaire écrivit dans le même sens pour se plaindre de ce que Le Franc lui avait, à la suite d'une indiscrétion, dérobé son sujet. Sans donner tort ni raison à l'un ou à l'autre, nous rappellerons que le grand Voltaire avait le naturel littéraire assez pillard.

Voici la critique d'*Alzire*, faite à l'époque où parut cette tragédie, sur l'air du *Menuet d'Exaudet :*

>   Pour Montez,
>   Alvarez
>   Est en peine :
> Car son fils, fier et brutal,
>   Traite horriblement mal
>   La race américaine.
>   Vers pompeux,
>   Deux à deux,
>   Il débite :
> D'ailleurs tout manque au sujet :
>   Clarté, vraisemblance et
>   Conduite.

>   Tendre Alzire, tu déplores
>   Ton triste hymen, quand Zamore
>   Sort d'un trou.
>   Mais par où ?
>   On l'ignore.
> Mis au cachot, il arma

Dans les bois mille ma
Tamore.

En amour,
C'est un tour
Trop précoce,
Qu'aller, loin de son époux,
Courir le guille doux
La nuit même des noces.
Mal en prend
A Gusman,
Qui, pour preuve
De foi chrétienne en sa fin,
Lègue à son assassin,
Sa veuve.

En 1736, Voltaire fit jouer la comédie de l'*Enfant prodigue*, en cinq actes et en vers de dix syllabes. Le roi fut tellement satisfait du talent des acteurs de la Comédie-Française, qu'il augmenta de mille livres la pension qu'il faisait à trois d'entre eux.

Il semblait écrit que l'auteur de *Zaïre* ne pourrait avoir deux succès coup sur coup. En 1740, il donna *Zulime*, qui tomba à plat, malgré la réputation si justement acquise du poëte. Lui-même, du reste, dans une lettre curieuse, avoue sa faute. Voici ce qu'il écrit :

« *Sic vos non vobis*. Dans le nombre immense de tragédies, comédies, opéras-comiques, discours moraux et facéties, au nombre d'environ cinq cent mille, qui font l'honneur éternel de la France, on vient d'imprimer une tragédie sous mon nom, intitulée *Zulime*. La scène est en Afrique. Il est bien vrai qu'ayant été autrefois avec *Alzire* en Amérique, je fis un petit tour en Afrique avec *Zulime*, avant que d'aller voir *Idamé* à la Chine ; mais mon voyage d'Afrique ne me réussit pas. Presque personne, dans le parterre, ne connaissait la ville d'Arsenie, qui était le lieu de la scène ; c'est pourtant une colonie romaine, nommée *Arsenaria*, et c'est encore par cette raison qu'on ne la connaissait pas. Trémizène est un nom bien sonore ; c'est un joli petit royaume ; mais on n'en avait aucune idée. La pièce ne donne nulle envie de s'informer du gisement de ses côtes. Je retirai prudemment ma flotte. Des corsaires se sont enfin saisis de la pièce et l'on fait imprimer ; mais, par droit de conquête, ils ont supprimé deux ou trois cents vers de ma façon et en ont mis autant de la leur. Je crois qu'ils ont très-bien fait : je ne veux pas leur voler leur gloire, comme ils m'ont volé mon ouvrage. J'avoue que le dénouement leur appartient et qu'il est aussi mauvais que l'était le mien. Les rieurs auront beau jeu, car au lieu d'avoir une pièce à siffler, ils en auront deux, etc. »

Jusqu'alors, chez Voltaire, une bonne tragédie en avait appelé une mauvaise ; une mauvaise en avait appelé une bonne. A *Zulime* succéda *la Mort de César*, en 1741 ; *Mahomet*, en 1742. *La Mort de César*, pièce sans femme et sans amour, faite pour les colléges d'Harcourt et de Mazarin, fut représentée pour la première fois à l'hôtel de Sassenage. Elle n'était pas faite pour la scène française. *Mahomet* eut un autre sort ; acclamée par le public, elle fut retirée par l'auteur au bout de trois représentations, parce qu'il fut averti que le procureur-général dénoncerait la pièce au Parlement, si on la jouait encore. A cette époque, Crébillon était censeur de la police. Il avait refusé son approbation. Voltaire, par son crédit, ayant obtenu une lettre du cardinal Fleury, premier ministre, ordre avait été donné de la laisser paraître. Cependant la crainte du procureur-général arrêta le cours du succès prodigieux de cette tragédie. Le 3 juin 1751, neuf années après sa première apparition au théâtre, Voltaire tenta de la faire reprendre. Cette seconde fois encore, on demanda l'approbation de M. de Crébillon, qui la refusa de nouveau. M. d'Argenson, alors ministre, nomma pour censeur de cette tragédie, d'Alembert, qui l'approuva et offrit même à Crébillon de réfuter ses raisons, s'il voulait les faire imprimer. Enfin, *Mahomet* reparut avec éclat et continua à rester au répertoire du Théâtre-Français.

Voltaire demandait un jour au vieux Fontenelle ce qu'il pensait de son *Mahomet*.—« Il est *horriblement beau*, » lui répondit le bel-esprit nonagénaire.

L'époque de *Mahomet* marque, dans la vie littéraire du philosophe de Ferney, l'apogée, sinon de la gloire, du moins du succès dramatique ; car il donne coup sur coup au théâtre, trois tragédies, *Mérope*, 1743, *Sémiramis* (ancienne *Eryphile*), 1748, *Oreste*, 1750, une comédie, *Nanine*, 1749, et une comédie-ballet, *la Princesse de Navarre*, 1765, qui toutes eurent une grande vogue et établirent la réputation de leur auteur de la façon la plus solide. En effet, il y avait dans ces cinq pièces, composées en sept années, de quoi illustrer le nom d'un homme,

Un seul petit revers vint troubler la quiétude du poëte. Il avait eu l'idée malheureuse de tenter un opéra dont Rameau fit la musique, *le Temple de la Gloire*, 1743. Voltaire voulait être universel et régner en despote dans la république des lettres. C'était un de ses travers. Après son opéra, il dit à l'abbé de Voisenon:
— Avez-vous vu *le Temple de la Gloire*. — J'y suis allé, répondit l'abbé, *elle* n'y était pas ; je me suis fait inscrire. Voltaire reconnut sa méprise : « J'ai fait une grande sottise, écrivait-il à un ami, de composer un opéra ; mais l'envie de travailler avec un homme comme Rameau, m'avait emporté. Je ne songeais qu'à son génie, et je ne m'apercevais pas que le mien, si tant il est que j'en aie un, n'est point fait du tout pour le genre lyrique, etc. »

A *Mérope*, jouée en 1743, se rattache, comme à *Alzire*, une petite histoire de plagiat. Un certain Clément, de Genève, affirma qu'il avait fait représenter une tragédie semblable à celle de Voltaire, et du nom de *Mérope* ; que Voltaire avait usé *de manége* pour empêcher qu'on ne la jouât. Du reste, ce sujet avait déjà été traité plus de quatre fois par divers auteurs et à différentes époques.

C'est de *Mérope*, dit-on, que date l'usage de crier : l'auteur! Depuis, à chaque pièce nouvelle, le parterre le demandait, soit pour l'applaudir, soit pour le bafouer. Cette espèce de servitude dura jusqu'en 1775. Les spectateurs des théâtres de Londres voulurent également introduire cet usage chez eux; mais il tomba presque de suite. Un auteur ayant cru devoir paraître pour faire cesser le tumulte qui s'était élevé dans une occasion de ce genre, dit au public : — « Je vous remercie de l'honneur que vous me faites en accueillant mon faible essai ; mais, par reconnaissance, vous auriez bien dû m'épargner la peine de me donner en spectacle, d'autant plus qu'il y a quelque différence entre l'ouvrage et l'auteur. La destination de l'un pourrait être de vous amuser quelque temps ; mais je n'ai jamais pensé que ce dût être celle de l'autre. »

Une rapsodie grotesque de *Mérope* passa au théâtre des Marionnettes, à la foire de Saint-Germain. Polichinelle causant avec son compère, celui-ci lui dit. — Eh bien, vas-tu nous donner quelque pièce nouvelle ? — Si elle est nouvelle, elle ne vaudra pas grand' chose, tu sais que je suis épuisé. — Bon, tu es inépuisable, donne toujours. — Tu le veux donc ? Je le veux aussi, et je t'avouerai même que j'en meurs d'envie. Mais... tous mes amis sont là-bas ? Alors, déboutonnant sa culotte et faisant sa révérence *à posteriori*, il lâche une pétarade au parterre. Immédiatement on entend crier : *l'auteur, l'auteur !*

Un bel-esprit, après avoir entendu *Mérope*, entra au café Procope en disant : — « En vérité, Voltaire est le roi des poëtes. — Et moi, dit en se levant d'un air piqué, l'abbé Pellegrin, que suis-je donc ? — Vous, vous en êtes le doyen, » reprit le bel-esprit.

Un autre usage prend date de cette pièce ; celui que fit admettre mademoiselle Dumesnil, que, même dans les tragédies, il est telle circonstance où il est permis de marcher sur le théâtre autrement que d'un pas grave et cadencé, ce que jusqu'alors on n'avait pas voulu reconnaître. On la vit dans *Mérope* traverser rapidement la scène en criant : *Arrête... c'est mon fils.* Ce mouvement si naturel fut applaudi.

Un nouvel acteur de la Comédie-Française, protégé de Voltaire, obtint l'honneur insigne d'avoir un rôle dans *Mérope.* Il s'en acquittait médiocrement. — Ah çà ! pourquoi avez-vous donné le rôle d'un usurpateur à ce jeune homme ? dit-on à Voltaire. — C'est, répondit-il, un tyran que j'élève à la brochette.

Nous n'en finirions pas, si nous voulions raconter toutes les anecdotes qui se rattachent à cette belle tragédie. Il est temps que nous passions à *Nanine*, comédie en trois actes, tirée du roman de *Paméla*. En sortant de la représentation, où de grands applaudissements avaient été donnés à sa pièce, Voltaire dit à Piron : Qu'en pensez-vous ? — Je pense, répondit celui-ci, que vous voudriez bien que ce fût Piron qui l'eût faite. — Pourquoi, reprit Voltaire, on n'a pas sifflé. — Peut-on siffler quand on bâille ?

On voit que les grands auteurs de cette époque ne se rendaient pas toujours justice entre eux, et qu'alors, comme de nos jours, ils sacrifiaient difficilement un bon mot.

La *Sémiramis* est une des pièces de Voltaire qui, depuis son apparition au théâtre, a le plus excité l'admiration. Elle n'eut point un très-grand succès aux premières représentations. Le 10 mars 1749, l'auteur la fit reprendre avec des corrections, et elle enleva tous les suffrages. Elle est, en effet, versifiée très-fortement, c'est ce qui voile un peu les défauts du plan, de la marche et des caractères. Piron fit un couplet, qu'il appelait *l'inventaire* de tout ce qui se trouve dans cette tragédie. Le voici :

Que n'a-t-on pas mis
Dans *Sémiramis* ?
Que dites-vous, amis,
De tout ce salmis ?
Blasphêmes nouveaux,
Vieux dictons dévots,
Hapelourdes, pavots,
Et brides à veaux :
Mauvais rêve,
Sacré glaive ;
Billet, calotte et bandeau ;
Vieux oracle,
Faux miracle,
Prêtres et bedeau,
Chapelles et tombeau.
Que n'a-t-on pas mis, etc.

Tous les diables en l'air,
Une nuit, un éclair ;
Le fantôme du *Festin de Pierre*,
Cris sous terre,
Grand tonnerre,
Foudres et carreaux,
Etats-Généraux.

Reconnaissance au bout,
Amphigouris pour tout,
Inceste, mort aux rats, homicide,
Parricide,
Matricide,
Beaux imbroglios,
Charmants quiproquos.
Que n'a-t-on pas mis, etc.

Au troisième acte de cette pièce, il y avait un tonnerre dans une scène où mademoiselle Dumesnil jouait le grand rôle, et un autre au cinquième acte, pendant que mademoiselle Clairon seule était en scène. A la répétition générale, le machiniste qui avait le département de la foudre, étant prêt à lancer le tonnerre dans la scène de mademoiselle Clairon, et ne sachant s'il devait frapper un coup sec et brusque ou faire durer le bruit, s'écria du haut du ciel, à l'actrice : « Voulez-vous le coup long? — Comme celui de mademoiselle Dumesnil, répondit-elle. »

Les comédiens italiens étaient prêts à donner, à Fontainebleau, une parodie de *Sémiramis*. Voltaire l'apprit, en témoigna le chagrin le plus vif, et écrivit à la reine une longue et suppliante lettre, pour demander la suppression de cette parodie. Il réussit à empêcher la représentation.

Oreste fut l'objet d'une plaisante anecdote. Voltaire voulait lutter contre l'*Électre* de Crébillon ; il fit imprimer, sur les billets de parterre les lettres initiales de ce vers d'Horace :

Omne tulit punctum, qui miscuit utile dulci.
O.   T.   P.   Q.   M.   U.   D.

Un mauvais plaisant traduisit ainsi ces initiales .

Oreste, Tragédie Pitoyable, Que Monsieur Voltaire Donne.

Rome sauvée vint après *Oreste*, en 1752 ; puis la comédie de *l'Écossaise*, en 1760. On y touve ce joli mot : « *Je ne le parierais pas, mais j'en jure-*

rais, » tiré de cette scène entre deux Normands :

— Fable! à d'autres! tu veux rire?
— Non, parbleu! foi de chrétien!
Vrai, comme je suis de Vire.
— En jurerais-tu? — Très-bien.
— Encore n'en croirai-je rien,
Qu'un louis il ne m'en coûte ;
Le voisin pâlit. — Écoute,
Je te l'avouerai tout bas :
J'en jurerais bien, sans doute ;
Mais je ne parierai pas.

Dès que Voltaire connut la suppression des banquettes qui obstruaient la scène, il fit son *Tancrède*, tragédie à grand spectacle, qui eut du succès.

L'Écueil du Sage, comédie en cinq actes, jouée en 1762, eût été pour le philosophe de Ferney un véritable écueil, si le public ne se fût souvenu qu'il devait à l'auteur une foule de belles et bonnes pièces.

Il en fut de même d'*Olympie*, tragédie représentée en 1764. Bien évidemment, Voltaire était au déclin de son talent; il imitait Corneille, qui n'avait pas su quitter à temps la scène, ainsi que l'avait fait Racine.

Les Scythes, 1767, *les Triumvirs*, 1764, furent encore deux erreurs pour le poëte qui avait composé *OEdipe*, *Zaïre*, *Mahomet*, etc. Maladroitement, Voltaire se vanta d'avoir écrit *les Scythes* en douze jours; les comédiens lui retournèrent la pièce en le priant *humblement* de mettre *douze* mois à la corriger. Ces défaites, coup sur coup, rendirent plus sage leur auteur. Il abandonna à peu près le théâtre. Il avait alors soixante-treize ans. Il était plus que temps.

Pour terminer, un mot du *grand poëte* et du caustique écrivain, un mot qui n'est qu'un assez mauvais calembour, et qui a dû trouver depuis longtemps sa place dans les petites pièces de nos petits théâtres. Sous le péristyle de la Comédie-Française, Voltaire rencontre une actrice fort maigre et qui venait de jouer son rôle avec beaucoup de sentiment. Il lui prend la main et la lui serrant avec effusion : « Oh! lui dit-il, Mademoiselle, quel *pathétique !* (patte étique..) »

XII

PENDANT ET APRÈS VOLTAIRE.

DEPUIS 1718,

Principaux tragiques contemporains de Voltaire. — PIRON. — Ses tragédies. — *Callisthène* (1730). — Anecdote. — L'acteur Sarrazin. — L'abbé Desfontaines et Piron. — *Fernand Cortez* (1744). — Anecdotes. — MONSIEUR ANDRÉ, perruquier et poëte, le Jasmin du dix-huitième siècle. — Sa tragédie du *Tremblement de terre de Lisbonne*. — Histoire littéraire de Monsieur André et de sa tragédie.—Le PRÉSIDENT DUPUIS et la tragédie de *Tibère* (1726). — Epigramme. — DE MORAND. — Ses infortunes. — Son inaltérable gaieté, même au moment de la mort. — Ses tragédies de *Teglis* (1735). — *Childéric* (1736). — *Mégare* (1748). — Anecdotes. — Sa comédie de *l'Esprit du Divorce* (1736). — Sujet de cette pièce. — Anecdotes plaisantes. — LE FRANC DE POMPIGNAN. — Ses tragédies de *Didon* et de *Zoraïde* (1745 et 1734). — Vers supprimés dans *Didon*. — Vers à mademoiselle Dufresne. — *Les Adieux de Mars* (1735). — Vers supprimés. — LAMOTTE-HOUDARD. — Son projet d'introduire des tragédies en prose au théâtre. — *Les Machabées* (1721). — Succès de cette pièce. — On l'attribue à Racine. — Anecdote. — *Romulus* 1722). — *Inès de Castro* (1723). — Spirituelle critique. — *Œdipe* (1726). Genre de talent de Lamotte.— LA NOUE, acteur et auteur de mérite. — — Son histoire. — *Zélisca*. — *La Coquette corrigée* (1756). — Vers sur lui. — Vers que lui adresse Voltaire à propos de la tragédie de *Mahomet II*. — MARMONTEL. — *Denys le Tyran* (1748). — *Aristomène* (1749). — Anecdote. — *Cléopâtre* (1750). — *L'aspic*. — *Acante et Céphise* (1751). — PORTELANCE. — Sa tragédie prônée *d'Antipater*. — DORAT. — Ses tragédies de *Zulica*, de *Régulus* de 1760 à 1773. — Anecdotes. — Critiques. — LE MIERRE. — De 1758 à 1766, il donne plusieurs belles tragédies à la scène. — Celles d'*Idoménée* et de *Guillaume Tell*. — Anecdotes. — DE BELLOY, poëte national. — Sa tragédie de *Titus* (1759). — *Zelmire* (1762). — *Le Siége de Calais* (1765). — Nombreuses anecdotes sur cette pièce. — Origine et historique des représentations dites *gratis*. — Anecdotes.

Les poëtes tragiques contemporains de Voltaire sont nombreux, et il y aurait parmi eux un grand choix à faire. Quelques-uns ont marqué dans la littérature dramatique. Un de ceux dont le nom est le plus connu est le célèbre Piron, à qui ses comédies et ses poésies légères, *très-légères* même, beaucoup plus encore que ses pièces sérieuses, ont acquis une grande réputation.

PIRON, né en 1689, à Dijon, fit ses études dans le collége des jésuites de cette ville. Si les révérends pères eurent l'espoir de l'attirer dans leur ordre, ainsi qu'ils l'essaient volontiers lorsqu'ils rencontrent un sujet de mérite, ils se trompèrent grandement. A peine hors de la férule classique, Piron, qui se sentait pour la poésie, la folie, les chansons et l'amour, un irrésistible attrait, abandonna Dijon pour venir à Paris. Son entrain, sa facilité à composer des poésies grivoises et pleines d'esprit, le firent rechercher et admettre dans les sociétés les plus gaies, auxquelles il payait lui-même le plus aimable tribut. Ses bons mots, spirituels sans être méchants, ses saillies, où ne perçait jamais l'envie de nuire, furent bientôt cités, colportés, et son nom devint connu même à Paris, où il faut si longtemps pour se faire connaître.

Prédécesseur de Béranger, il commença sa carrière dramatique en composant tantôt seul, tantôt en collaboration avec Lesage et d'Orneval, des parodies, des opéras comiques qu'il donnait aux théâtres forains.

Nous parlerons plus loin de ses compositions d'un ordre secondaire, quand nous aborderons les théâtres de la Foire ; aujourd'hui nous n'avons à apprécier que Piron auteur tragique, Piron, poëte grave et sérieux.

En 1730, il donna à la scène des Français la tragédie de *Callisthène*, qui eut du succès et faillit tomber par suite d'une circonstance assez plaisante. A la première représentation de cette pièce, le poignard qu'on remet à Callisthène pour qu'il se perce le sein, se trouva en si mauvais état, qu'en passant de la main de Lysimaque dans la sienne, le manche, la poignée, la garde, la lame, tout se disjoignit, se sépara de façon que l'acteur dut recevoir son arme pièce à pièce. Obligé de tenir tous les morceaux le mieux possible, à pleine main, et ce qui devait être moins facile, de garder son sérieux, forcé de continuer son rôle et de gesticuler en déclamant pompeusement bon nombre de vers avant de se poignarder, le pauvre acteur était dans un embarras qui n'échappait point aux spectateurs et qui amusait beaucoup le parterre. Aussi, lorsqu'à l'instant fatal, Callisthène fut contraint, sous prétexte d'un coup de poignard, de se donner un coup de poing dans la poitrine, jetant ensuite les diverses parties de l'arme dont il avait été censé se servir pour accomplir son suicide, un rire général éclata dans la salle et faillit nuire à la pièce de Piron.

Trois ans plus tard, en 1733, cet auteur, qui prenait goût aux œuvres tragiques, fit représenter *Gustave Vasa*. Les Italiens s'en emparèrent et en firent une spirituelle critique, *les Étrennes*. On trouve dans cette parodie :

> Lorsque du fond du Nord un héros sortira,
> Il effacera tout par sa clarté suprême ;
>   Le grand Gustave étonnera
>   Par ses beautés et par ses défauts même ;
> Jusques à son habit, tout en lui charmera.
>   Grands dieux ! quelle riche abondance
> De situations contre la vraisemblance !
> Et que de lieux communs heureusement cousus
> A des événements qu'on n'aura jamais vus !
>   Un songe, une reconnaissance,
>   Des monologues tant et plus ;
>   Une longue oraison funèbre
>   D'un prince vivant qu'on célèbre ;
> Des travestissements, des conspirations,
> Des emprisonnements et des proscriptions ;
>   Une sédition subite,
> Qui change tout à coup les décorations :
>   Un enlèvement, une fuite,
> Un combat sur la glace, où, faisant le plongeon,
> Par un prodige heureux, la fille de Sténon
>   Disparaîtra sous l'eau, tout habillée,
>   Puis reviendra sur l'horizon,
> Pour nous en informer, sans paraître mouillée ;
> Et, par un dernier trait digne d'être vanté,
>   Après tant de périls, de fracas, de furie,
> Qui tiendront en suspens le public agité,
> Sa pièce finira dans la tranquillité ;
> Et, hors un confident qui seul perdra la vie,
>   Les acteurs de la tragédie
>   Se retireront tous en bonne santé.

Un jour qu'on donnait cette tragédie aux Français, Sarrasin, jadis abbé, alors acteur, était en scène, lorsque Piron, mécontent de son jeu, cria du milieu de l'amphithéâtre, où il se trouvait : « Cet homme, qui n'a pas mérité d'être sacré à vingt-quatre ans, n'est pas digne d'être excommunié à soixante. » Le mot est joli, mais il n'était pas juste ; Sarrasin était un bon comédien.

L'abbé Desfontaines rencontrant au théâtre, à la première représentation, Piron, vêtu trop somptueusement à son avis, lui dit : « Mon pauvre Piron, en vérité cet habit n'est guère fait pour vous. — C'est possible, reprit aussitôt le poëte ; mais convenez que vous n'êtes guère fait pour le vôtre ? »

En 1744, Piron donna une troisième tragédie, *Fernand Cortez*. Cette pièce parut trop longue aux comédiens. Ils députèrent l'un d'eux auprès de l'auteur, pour le prier de faire des coupures. L'envoyé, mal reçu, fit observer que M. de Voltaire lui-même ne refusait jamais de corriger ses pièces au gré du public. « C'est possible ! s'écria avec assez peu de modestie le spirituel Piron ; mais Voltaire travaille en marqueterie, moi je jette en bronze. »

On ne se montra pas favorable à la tragédie de *Fernand Cortez*. En sortant de la première représentation, Piron fit un faux pas ; une personne s'empressa de lui venir en aide. « C'est ma pièce, Monsieur, qu'il fallait soutenir, et non pas moi, » lui dit moitié sérieusement l'auteur, mécontent de son public.

Nous reviendrons sur ce poëte d'esprit et de mérite, dans le volume suivant.

Nous avons déjà fait observer quelque part, que rien n'est nouveau sous la calotte des cieux, ni les choses ni les hommes. Le fameux poëte-coiffeur d'Agen, Jasmin, dont la réputation est européenne, qui rase des clients dans son échoppe de la promenade de sa ville natale et vend ses propres ouvrages, poésies méridionales fort appréciées, Jasmin, le grand Jasmin, n'est pas le premier perruquier de son espèce qui ait paru dans le monde littéraire. Un siècle avant lui, en 1722, naquit à Langres, Charles André. coiffeur, qui vint s'établir à Paris, et, la plume d'une main, les ciseaux de l'autre, composa la tragédie du *Tremblement de terre de Lisbonne.*

Voici comment lui-même, dans la préface de sa pièce, fait en quelques mots l'histoire de sa vie :

« On m'avait mis au collége, dit-il, mais ayant
« malheureusement été *créé* sans biens, j'ai été con-
« traint de quitter mes études et d'embrasser l'état
« de la perruque, qui était celui, disait-on, qui me
« convenait le mieux... Je m'appliquais, dans ma
« jeunesse, à faire des petites rimes satiriques et des
« chansons, qui n'ont pas laissé de m'attirer quel-
« ques bons coups de bâton, ce qui ne m'a pas em-
« pêché de continuer toujours à composer quelques
« petits ouvrages, mais moins satiriques, mais qui
« n'ont pas paru... Comme je suis assez positif de
« mon naturel, il me venait souvent des idées qui me
« faisaient tenir le fer à friser d'une main et la plume
« de l'autre. M'étant trouvé plusieurs fois à accom-
« moder des personnes de goût et d'esprit, et me
« voyant penser, ils m'ont si fort questionné, *qu'ils*

« m'ont forcé à leur avouer que je pensais toujours à
« composer quelques vers ; leur ayant fait voir quel-
« qu'un de mes petits ouvrages, ils m'ont persuadé
« que j'avais du talent pour le genre poétique, ce qui
« m'a déterminé à composer ma tragédie. »

Les occupations de *Monsieur* André étaient si nombreuses, sa clientèle était si belle, il rasait et coiffait avec tant d'adresse, qu'il ne lui restait nul loisir pour cultiver les Muses. C'était là son grand chagrin. Il ne pouvait arriver à mettre la dernière main à sa magnifique tragédie à grand et terrible spectacle ; il désespérait de la pouvoir finir. « Mais
« ayant été, dit-il, interrompu sur la fin de septem-
« bre, pendant deux nuits consécutives, par ces sortes
« de gens qui, par leurs odeurs, sont capables *d'em-*
« *pestiférer* le genre humain, j'ai tâché de dissiper
« leurs *odorats* en m'appliquant d'un grand zèle à ma
« tragédie. C'est ce qui m'a occasionné, mon cher
« lecteur, à vous la mettre plus tôt au jour. »

Heureux lecteur de M. André !

M. André porta l'ouvrage aux Comédiens du Roi, qui furent enchantés, ravis, de cette lecture, tant la chose leur parut singulière et plaisante, mais qui furent unanimes pour dire à l'auteur que, malheureusement, la mise en scène dépasserait leurs moyens, et que pour faire abîmer, écrouler le théâtre au dernier acte et trembler toute la salle, il fallait une somme qui n'était pas à leur disposition. Du temps de M. André, l'art du machiniste n'avait pas dit son dernier mot.

M. André se rendit à de si bonnes raisons. Il reprit

en soupirant ses vers, rasoirs et ciseaux ; mais il ne voulut pas que le public, que son siècle et la postérité fussent privés de son œuvre. Il la fit imprimer et la débita lui-même dans sa boutique, entre le cosmétique qui fait pousser les cheveux et la pâte qui fait tomber la barbe. La chose parut originale; la première édition fut épuisée en peu de jours. Cinquante carrosses stationnaient sans cesse à sa porte; M. André était passé à l'état d'homme célèbre. Tout Paris voulut se procurer la satisfaction de posséder un exemplaire de ce chef-d'œuvre de l'amour-propre et du ridicule; on voulut connaître, voir, toucher l'auteur de cette superbe tragédie. Chacun vint dans sa boutique le féliciter, vanter son mérite, et, comme dirait de nos jours le troupier, se procurer l'agrément de *raser le raseur*. Lui, l'excellent Monsieur André, reçut tous les compliments avec une modestie pleine de noblesse et de gravité. De tous côtés on lui adressa des lettres de compliments. Un Anglais lui demanda sa pièce pour la faire traduire et la faire jouer à Londres. André, plastron sans s'en douter de la grande ville, fit insérer dans sa préface du *Tremblement de Lisbonne*, la lettre de l'enfant d'Albion, et une épître dédicatoire adressée à M. de Voltaire, épître dans laquelle il traite d'égal à égal avec Arouet et l'appelle son cher confrère. M. André vécut heureux et fier de son succès.

Nous ne dirions rien du président Dupuis qui, à proprement parler, n'est point un auteur, si à son nom ne se rattachait une tragédie de *Tibère*, représentée en 1726, laquelle tragédie a pour histoire un vrai roman que voici :

Le P. Folard, jésuite, professeur de rhétorique, composait des pièces pour le collége de Lyon. Il prenait volontiers les avis d'un homme de beaucoup d'esprit, procureur du collége, et auquel il les lisait. Il lui confia un jour son *Tibère* ; puis, en ayant eu besoin, il lui fit demander quelques jours plus tard de lui renvoyer cette tragédie. Le procureur ne l'ayant pas sous la main, dit au domestique de revenir à telle heure. Un filou entend la conversation, et, pensant que les *papiers* réclamés d'un procureur des jésuites ne peuvent être que des lettres de change, il prend la résolution de les enlever adroitement. Le lendemain, un peu avant l'heure fixée, le voleur, déguisé en domestique, se présente chez l'ami du P. Folard et n'a pas de peine à obtenir la remise des papiers précieux. En reconnaissant une tragédie, le filou se dit à lui-même qu'il a été volé, et il laisse le manuscrit dans une de ses poches. A trois jours de là il est arrêté ayant encore sur lui le *Tibère* du révérend père Folard. Conduit chez M. Hérault, interrogé par le magistrat, il raconte son aventure. La pièce est remise au président Dupuis, chargé de juger le coupable. Le président Dupuis trouve fort plaisant de faire jouer *Tibère* sous son nom. Une difficulté se présente cependant, l'auteur véritable, destinant son œuvre à un collége, n'y avait pas mis de rôle de femme. Comment faire? Dupuis envoie chercher l'abbé Pellegrin et le prie d'introduire une reine ou une princesse dans sa tragédie. Pellegrin demande au président, pour cela, *six cents francs*. — « Six cents francs pour une femme! répond Dupuis, vous vous moquez. — Mais, Monsieur, réplique l'abbé, cette femme, je ne puis pas la laisser seule, il faut que je lui donne au moins une suivante. — Ta, ta, ta! pourquoi faire une suivante? s'écrie le président; après cela, mettez-en une, mettez-en deux, mettez-en dix, n'en mettez pas du tout, peu m'importe, je vous offre dix écus pour votre travail. » Pellegrin accepte le marché. Les rôles de la reine et sa compagne sont *bâclés* en deux jours, la pièce est donnée, reçue, apprise, jouée et sifflée. Les journaux en parlèrent beaucoup et en donnèrent des extraits, des comptes rendus, le P. Folard y reconnut son ouvrage.

On fit sur ce *Tibère*, qui avait tant couru le monde et avait eu de si singulières aventures, l'épigramme suivante :

> Pourquoi vouloir, de ce *Tibère*,
> Blâmer le président Dupuis?
> Si, sous son nom, il n'a pu plaire,
> Aurait-il plus plu sous celui
> De celui qui, pour le lui faire,
> A reçu dix écus de lui?

Une des plus singulières figures littéraires de cette époque fertile en écrivains de mérite, est celle de PIERRE MORAND, né à Arles, en 1701, d'une famille noble, et qui, malheureux en tout et pour tout, en dépit et malgré tous ses revers, toutes ses infortunes non mérités, conserva jusqu'au moment suprême de la mort la plus inaltérable bonne humeur, la plus inconcevable gaieté.

Hommé d'esprit et de talent, poëte de certain mérite, Morand fit de bonnes tragédies qui ne furent pas appréciées ; se maria, tomba dans la maison d'une belle-mère qui était une véritable furie, joua et perdit toujours ; eut des bonnes *fortunes* qui pouvaient passer pour de très-mauvaises fortunes, puisqu'elles le menèrent aux portes de la tombe ; vécut pauvre jusqu'au moment où il mourut, puis qu'ayant un petit bien dont il n'avait jamais pu toucher les revenus à cause de ses dettes, il allait en recevoir le premier quartier le lendemain du jour où il rendit le dernier soupir.

Comme on dirait aujourd'hui, dans le langage vulgaire et imagé de l'époque actuelle : *Il n'avait pas de chance.*

Dans les derniers jours de juillet 1757, n'ayant encore que cinquante-six ans, il tomba malade et on lui fit une opération cruelle ; il la soutint avec la plus héroïque bonne humeur. On n'eut pas besoin d'user de détours pour lui annoncer que sa fin était proche ; il fit venir le prêtre et se confessa ; il fit aussi venir un notaire, et, parodiant avec la plus incroyable gaieté le testament de Crispin dans *le Légataire universel*, il força tous les assistants à rire. Ces devoirs accomplis, comme s'il s'agissait pour lui de la chose la plus plaisante, il s'entretint avec ses amis de vers, de littérature, d'ouvrages, des nouvelles du jour. A ce moment on lui apprit la victoire remportée le 26 juillet sur les Anglais du duc de Cumberland, par le maréchal d'Estrées, [aussitôt il s'écria avec Mithridate :

Et mes derniers regards ont vu fuir les Anglais.

Il mourut quelques heures après, avec cet enjouement philosophique. Ses tragédies sont *Téglis*, en 1755, *Childéric*, en 1736, et *Mégare*, en 1748. Il composa aussi *l'Esprit du divorce*, comédie jouée en 1738.

La tragédie de *Childéric*, très-compliquée mais pleine de traits de force et de génie, dans le genre de celle d'*Héraclius*, eut à passer par une foule d'épreuves, à essuyer une série de contre-temps fâcheux. Lors de la première représentation, sept à huit jeunes gens qui ne connaissaient pas l'auteur, qui n'avaient nul intérêt à siffler cette pièce, imaginèrent dans un joyeux de dîner la faire tomber. Ils avaient invité à leur repas un moine de leur âge et de leurs amis. L'ayant bien fait boire, ils le déguisèrent puis l'amenèrent au théâtre. Là ils l'excitèrent si bien, que dans une scène où un des personnages apporte une lettre, voyant que l'acteur avait de la peine à se faire jour au travers des spectateurs de haut rang qui encombraient la scène, le jeune moine s'écria : « *Place au facteur !* » L'éclat de rire qui résulta de cette mauvaise plaisanterie coupa tout l'intérêt de la scène. On arrêta le moine, on le conduisit à son supérieur, qui lui infligea une punition ; mais la pièce de Morand reçut de cette aventure un rude échec.

A cette même représentation, on raconte qu'un

monsieur à l'oreille dure, voyant de grands applaudissements retentir à la suite de ce vers :

Tenter est des mortels, réussir est des dieux,

et ayant demandé à son voisin quelle était la phrase qui avait excité un tel enthousiasme, je crois, lui répondit l'autre, qu'on a dit :

Enterrer les mortels, ressusciter les dieux.

Dans une autre représentation de cette même tragédie, l'excellent acteur Dufrêne disait son rôle d'un ton de voix trop bas, on lui cria du parterre : « *Plus haut!* » Et vous, *plus bas!* reprit-il vivement, se croyant sans doute le prince qu'il représentait. Comme, à cette époque, le public ne plaisantait pas pour ces sortes d'algarades, des huées accueillirent la riposte de l'acteur ; le spectacle fut interrompu, et Dufrêne, quoiqu'il fût fort aimé, dut venir faire ses excuses sur le bord de la scène. — « Messieurs, dit-il, je n'ai jamais mieux senti la bassesse de mon état, que par la démarche que je fais aujourd'hui. » On l'empêcha de terminer de crainte de l'humilier davantage, et il put reprendre son rôle.

Deux ans après son *Childéric*, en 1736, Morand donna à la scène la charmante comédie de *l'Esprit du divorce*. Plusieurs anecdotes assez plaisantes se rattachent à cette jolie pièce.

Morand était brouillé avec sa belle-mère qui, sous

le nom de sa fille, lui avait intenté un procès en Provence, exigeant des avocats que son gendre fût décrié de toute façon. Morand donna ordre d'accorder ce que voudrait sa belle-mère, se réservant de composer à son tour un *factum* dans lequel ladite belle-mère serait arrangée de main de maître et selon ses mérites. Ce *factum* fut la comédie de *l'Esprit du divorce.* La belle-mère, sous le nom de madame Orgon, cherche à détruire partout la bonne harmonie. Séparée de son mari, elle oblige sa fille à agir de même avec le sien. Elle chasse un domestique parce que ce domestique vit en bonne intelligence avec sa femme de chambre, Laurette, qu'il a épousée. Elle finit par être punie ; sa fille la quitte pour suivre son époux et Laurette pour rejoindre le sien.

La pièce, malgré les ennemis assez nombreux de Morand, fut bien accueillie. L'auteur descendait même déjà des troisièmes loges pour venir au foyer recevoir les compliments lorsqu'il entendit faire une critique assez vive du caractère de la belle-mère, qu'on disait chargé et hors nature. Ce jugement l'effraya ; n'écoutant que son inquiétude paternelle, n'obéissant qu'à sa nature méridionale, il s'avance sur la scène, et dit au public : — « Messieurs, il me revient de tous côtés qu'on trouve que le principal caractère de la pièce que vous venez de voir n'est point dans la vraisemblance qu'exige le théâtre. Tout ce que je puis avoir l'honneur de vous assurer, c'est qu'il m'a fallu beaucoup diminuer de la vérité pour le rendre tel que je l'ai représenté. » Cette sortie donna matière à bien des questions qui firent connaître l'intention de l'auteur. Tout allait bien; mais à la fin du spectacle, quand Arlequin vint annoncer pour le jour suivant *l'Esprit du divorce*, un plaisant cria du parterre : — « *Avec le compliment de l'auteur !* » Morand, furieux, se croyant insulté, jeta son chapeau au milieu des spectateurs, en disant : — « Celui qui veut voir l'auteur, n'a qu'à lui rapporter son chapeau. » — « Bah ! reprit un autre, l'auteur ayant perdu la tête, n'a plus besoin de chapeau. » Cette saillie fut applaudie ; un exempt vint poliment arrêter le poëte et le conduisit chez le lieutenant de police, qui ne put d'abord s'empêcher de rire de toute cette scène; mais qui, ensuite, interdit le théâtre pour deux mois à M. Morand. Ce dernier retira sa comédie. Cela fit du bruit et servit de réclame à la pièce. Quelques jours après on la redemanda, on fit des démarches auprès de l'auteur, et elle fut reprise avec le plus grand succès. Seulement, le public garda rancune à Morand de sa vivacité, et la tragédie de *Mégare* ayant paru, il se fit un malin plaisir de la siffler.

Le Franc de Pompignan, ancien président de la Cour des aides de Montauban, auteur de mérite auquel on doit plusieurs jolies comédies, et, malheureusement, seulement deux tragédies, celles de *Didon* et de *Zoraïde*, vivait en même temps que Voltaire. En lisant ses œuvres dramatiques, on reconnaît qu'il a su puiser aux bonnes sources. Sa *Didon* renferme de véritables beautés, les caractères y sont fort habilement tracés. Imitateur de Racine, il parvint, au moment où Crébillon se faisait applaudir en terrifiant ses spectateurs par la cruelle énergie de ses compositions, à conquérir tous les suffrages des hommes de goût, en faisant vibrer dans les âmes sensibles les cordes des sentiments tendres et délicats. La pitié, l'amour, sont les moyens qu'il emploie, vengeant ainsi l'immortel Racine de ceux qui, pendant le règne de Crébillon, *le poëte noir*, prétendaient que l'auteur d'*Athalie* n'eût pas eu de succès au milieu du dix-huitième siècle.

Le Franc de Pompignan mourut très-vieux. En 1745, onze ans après la première apparition de *Didon* à la scène (1734), il fit plusieurs changements à sa tragédie, il refondit presque entièrement le cinquième acte, et elle obtint un beau succès. La police retrancha malheureusement quatre beaux vers, les suivants :

> S'il fallait remonter jusques aux premiers titres
> Qui du sort des humains rendent les rois arbitres,
> Chacun pourrait prétendre à ce sublime honneur :
> Et le premier des rois fut un usurpateur.

Voltaire, qui avait connaissance de ces vers, et qui *chapardait* (1) volontiers partout, s'empara de la pensée, et dit beaucoup mieux dans *Mérope* :

> Le premier qui fut roi fut un soldat heureux.

A la suite de la représentation de *Didon*, Le Franc

---

(1) *Chaparder*, butiner, marauder, verbe qui semble presque avoir obtenu ses lettres de grande naturalisation, depuis que nos braves zouaves l'emploient en paroles et en actions.

fit pour mademoiselle Dufresne, chargée du principal rôle dans sa pièce, ce joli compliment :

> Reine crédule, infortunée amante,
> Virgile en vain, des plus vives couleurs,
> Nous peint ta beauté séduisante.
> Que n'avais-tu les yeux de l'actrice charmante
> Qui sous ton nom fait verser tant de pleurs ?
> Malgré l'inconstance fatale
> Attachée aux amours de son héros pieux,
> Enée aurait laissé ses dieux,
> Et Carthage jamais n'aurait eu de rivale.

Mademoiselle Clairon, jouant pour la première fois le rôle de Didon, parut sur la scène, au cinquième acte, les cheveux épars et comme une femme qui sort précipitamment de son lit. On n'approuva pas généralement cette innovation. Le temps de la vérité scénique et de la rigidité du costume n'était pas encore arrivé.

Zoraïde, également de M. Le Franc, ne fut pas représentée. Cet auteur donna une jolie comédie, *les Adieux de Mars*, et plusieurs opéras et ballets.

En 1735, lorsqu'on joua *les Adieux de Mars*, un ordre de la Cour fit supprimer les vers qu'on va lire, vers que Mars disait à Vulcain en lui commandant un bouclier :

> Qu'un burin immortel y trace l'Ausonie
> Expirante aux genoux d'un maître impérieux :
> Vers les climats français qu'elle tourne les yeux ;
> Qu'un soleil bienfaisant la rappelle à la vie.
> Que de ses protecteurs les bataillons nombreux
> Conduits par le secret, la prudence et l'audace,

Malgré des montagnes de glace,
Volent à son secours et reçoivent ses vœux.
Qu'elle ouvre à son aspect ses villes consternées,
Et bénisse le jour qui vit nos étendards
Briser, franchir les eaux par l'hiver enchaînées,
Et du sommet glacé des Alpes étonnées,
Du superbe Germain effrayer les regards.
Que bientôt l'Eridan, témoin de tant de gloire,
D'un peuple redoutable admire les exploits ;
Et que les flots soumis à de nouvelles lois
Reconnaissent la France en voyant la victoire.
Portez ailleurs vos yeux surpris,
Et qu'un nouveau spectacle enchante les esprits;
Peignez la fière Germanie;
Aux armes du vainqueur à son tour asservie;
Que du Rhin mutiné le dieu présomptueux
Répande loin des bords ses flots impétueux ;
Qu'aussitôt à sa voix les vents et les nuages
Excitent dans les airs la foudre et les orages;
Que l'on voie, au milieu des plus affreux hasards,
Dans le noble désir de venger la patrie,
Malgré l'airain en feu, tonnant de toutes parts,
Des bataillons français l'invincible furie,
Braver des éléments la force réunie.
Le fleuve consterné murmurer sur ses bords
Du malheureux succès de ses faibles efforts.
Les murs et les remparts tomber réduits en poudre,
Et l'aigle en frémissant abandonner la foudre.

Ces vers ne furent ni déclamés ni imprimés.

L'un des auteurs tragiques les plus singuliers parmi les contemporains de Voltaire, fut LAMOTTE-HOUDARD, qui débuta au theâtre par la tragédie des *Machabées*, en 1721. Né à Paris, en 1674, fils d'un riche marchand chapelier, cet auteur essaya de la carrière du barreau ; puis, entraîné par son goût pour la poësie et pour le théâtre, il se livra à la carrière dramatique, dans laquelle il eut quelques succès et où il marqua surtout par son originalité. Fort jeune encore, il s'était retiré à la Trappe. L'abbé de Rancé, le trouvant trop faible pour soutenir les austérités de la règle, le renvoya au bout de trois mois. Jetant alors le froc aux orties, Lamotte travailla pour l'Opéra, et c'est le genre qu'il a le mieux réussi.

A quarante ans il était aveugle. Après avoir passé la première partie de son existence à faire des vers, il essaya pendant la seconde de décrier ce genre de littérature, comparant les plus grands versificateurs à d'habiles prestidigitateurs, qui font passer des graines de millet par le trou d'une aiguille sans avoir d'autre mérite que celui de la difficulté vaincue. Pour populariser ses idées, il fit un *OEdipe* en prose, le mettant en parallèle avec son *OEdipe* en vers. Ces tentatives absurdes donnèrent naissance à une foule d'épigrammes dont il se consolait en philosophe. Son esprit, son aménité, sa conversation pleine d'une douce gaieté, son caractère bienveillant, le firent rechercher et entourer jusqu'à ses derniers jours. On ne connaît pas de lui la moindre satire, pas la plus légère épigramme.

La scène dramatique lui doit quatre tragédies, parmi lesquelles celle des *Machabées*, en 1721, qui fut assez remarquable pour être imputée à Racine. L'auteur ayant gardé l'incognito, on prétendit pendant quelques jours que *les Machabées* étaient une œuvre posthume du grand poëte. C'est dans cette pièce que le fameux Baron, âgé de près de quatre-vingts ans, parut en Misaël. Le parterre garda assez bien son sang-froid, en voyant son cher artiste octogénaire affublé d'un rôle de jeune amoureux; mais, quand Antiochus, faisant arrêter les deux amants, prononça ces deux vers :

> Gardes, conduisez-les dans cet appartement,
> Et qu'ils y soient, tous deux, gardés séparément.

le mot *séparément* réveilla une idée folle dans quelques têtes, et le rire qu'elle excita faillit nuire à l'ouvrage.

Romulus, seconde tragédie de Lamotte, fut très-bien reçue du public en 1722. A cette pièce remonte l'usage de donner une comédie après les pièces nouvelles. Jusqu'alors les pièces nouvelles avaient été jouées seules, on n'y joignait les petites pièces qu'après les dix ou douze premières représentations, ce qui laissait à penser que la vogue commençait à s'affaiblir. Lamotte fit jouer une comédie avec son *Romulus*, et l'exemple fut suivi par les autres auteurs dramatiques. On fit plusieurs parodies de *Romulus*, une seule réussit au théâtre des Marionnettes de la foire Saint-Germain. Elle était, dans le principe, destinée à l'Opéra-Comique. Le Sage et Fuzelier l'avaient composée pour ce théâtre; mais les acteurs ayant reçu défense de *parler* ni de *chanter*, ils furent contraints de la donner aux artistes en bois de M. Brioché.

La troisième tragédie de Lamotte, *Inès de Castro*, représentée en 1723, fut fabriquée, dit-on, d'une façon singulière. On prétend que l'auteur commença par faire une composition dans laquelle il avait agglomeré toutes les passions qui, toujours, ont produit le plus d'effet au théâtre, qu'ensuite il avait prié plusieurs de ses amis de lui trouver un sujet historique auquel on pût adapter tout ce salmigondis. On ne put lui fournir qu'*Inès de Castro*.

Deux enfants paraissent dans cette tragédie. Cela fut trouvé fort ridicule par le parterre. On prétend que mademoiselle Duclos, qui jouait Inès, s'arrêta pour dire avec indignation : Ris donc, sot parterre, à l'endroit le plus beau. Elle reprit son rôle, on applaudit, les enfants furent acceptés et la pièce réussit. *Inès de Castro* se soutint longtemps au théâtre, et toujours avec le même succès. Les critiques n'étaient cependant pas épargnées. Il en pleuvait de toute part. Un jour, Lamotte était au café Procope dans un cercle de jeunes gens qui, ne le connaissant pas, faisaient des gorges chaudes sur sa tragédie. Lamotte les écouta longtemps, et quand ils eurent terminé leurs plaisanteries, il se leva en disant à un de ses amis : — Allons donc nous ennuyer à la *soixante-douzième représentation* de cette mauvaise pièce.

Voici une spirituelle parodie d'*Inès :*

Combien, dans cette *Inès* que l'on admire tant,
 Trouvez-vous d'acteurs inutiles?
—J'en trouve dix.—Quoi ! dix ? C'en est trop !—Tout autant;
— Je hais les spectateurs qui sont si difficiles.
 — De quel usage est don Fernand?
— A vous dire le vrai, ce muet confident
 Pourrait rester dans la coulisse.
— Que sert l'ambassadeur?—Sans lui faire injustice,

On pourrait se passer de son froid compliment.
— En voilà déjà deux ; passons donc plus avant.
A-t-on plus de besoin de Rodrigue et d'Henrique ?
— L'un est un faux amant, l'autre un faux politique.
— Et les deux Grands de Portugal ?
— Ce sont les deux acteurs qui parlent le moins mal (1).
— Parlons des deux enfants et de la gouvernante ;
Qu'en dites-vous ? — La scène est fort intéressante ;
Mais on pourrait aussi les retrancher tous trois.
— Quand nous serons à dix, nous ferons une croix.
— Ce dixième à trouver sera plus difficile.
— Et Constance, à la pièce est-elle plus utile ?
— On sait fort peu ce qu'elle y fait.
Mais tout ce qu'elle dit, c'est le bien. — C'est le laid,
   Fût-on cent fois plus idolâtre
   Des ornements ambitieux.
Tout auteur qui s'en sert pour fasciner les yeux,
   N'entendit jamais le théâtre ;
Et c'est bien insulter au goût des spectateurs,
   De leur offrir quatorze acteurs
Que Corneille ou Racine auraient réduits à quatre.

OEdipe, quatrième tragédie de Lamotte, fut composée par son auteur d'abord en *vers*, et jouée en 1726, sans succès, puis en *prose*, mais sans être représentée. Une polémique, fort polie du reste et des plus convenables, s'engagea entre Lamotte et Voltaire à propos du projet d'introduire au théâtre des tragédies en prose. Lamotte n'était en cela que l'imitateur de La Serre, qui avant lui avait donné la tragédie de *Thomas Morus*, et de d'Aubignac, qui avait donné celle de *Zénobie*, toutes deux en prose.

Lamotte, qui est loin des Corneille et des Racine,

---

(1) Personnages muets.

ne manquait cependant pas de mérite. Il a essayé de tous les genres : le sublime dans *les Machabées*, l'héroïque dans *Romulus*, le pathétique dans *Inès*, et le simple dans *Œdipe* ; mais où il a le mieux réussi, c'est dans le genre lyrique. Il a fait seize opéras et huit comédies, dont une, *le Magnifique*, est longtemps restée à la scène. Comme auteur lyrique, Quinault est le seul qui le surpassa.

Au commencement du dix-huitième siècle (1701), naquit à Meaux un homme qui marqua au théâtre et comme acteur et comme auteur, JEAN SAUVÉ, plus connu sous le nom de LA NOUE. Il fit une partie de ses études sous la protection d'un cardinal, et vint les achever à Paris, au collège d'Harcourt. Homme d'esprit et de moyens, bien doué par la nature, il céda à son goût pour le théâtre et se fit comédien. Il débuta à Lyon dans les premiers rôles, n'étant encore âgé que de vingt ans. Il y fut parfaitement bien accueilli, et ne cessa jamais de l'être sur les différents théâtres où il parut.

De Lyon il se rendit à Strasbourg. Les mêmes succès l'y attendaient. Il y débuta dans un autre genre. Il donna pour son coup d'essai *les Deux Bals*, amusement comique où l'on trouve de l'esprit et de la gaieté. Plusieurs grands personnages l'engagèrent à venir à Paris ; il suivit le conseil et s'y fit connaître très-avantageusement l'année suivante en y composant et jouant *le Retour de Mars*, qui eut le plus grand succès. Tout dans ce petit drame est fin, vif, léger et spirituel. C'est une des plus jolies pièces épisodiques du répertoire de cette époque.

Les comédiens italiens désiraient que son auteur entrât parmi eux ; le duc de la Trémouille l'en pressait ; mais La Noue avait d'autres vues. Il organisait une troupe de comédiens pour le théâtre de Rouen, en société avec mademoiselle Gauthier, qui en avait le privilége. Cette troupe resta cinq ans dans la capitale de la Normandie. Pendant ce temps, La Noue fit représenter à Paris sa tragédie de *Mahomet II*, qu'il avait composée à Strasbourg. Elle eut un joli succès, on la compte même parmi le nombre des pièces qui restèrent longtemps au théâtre.

En couronnant son auteur, le public de Paris eût voulu jouir de tous ses autres talents ; mais, demandé par le roi de Prusse, La Noue fit ses dispositions pour passer à Berlin. On lui promettait des avantages importants. Ce fut néanmoins ce projet qui causa sa ruine. La guerre qui survint en empêcha l'exécution, et il fallut que le pauvre comédien-auteur payât et congédiât, à ses dépens, la troupe qui devait le suivre. Alors il prit le parti de revenir à Paris. Il débuta à Fontainebleau, en 1742, par *le Comte d'Essex*. L'intelligence et le naturel de son jeu y furent goûtés. La reine dit elle-même qu'elle le recevait. Il fut en effet admis le lendemain et avec distinction. Le public de Paris ne se croit pas toujours obligé de souscrire, en matière de goût, aux décisions de la Cour ; mais, dans cette occasion, la Cour et le public furent d'accord.

Bientôt même la Cour fournit à La Noue l'occasion de lui plaire dans un autre genre. On le chargea de composer pour les fêtes du mariage de Monseigneur le Dauphin, la comédie-ballet de *Zélisca*. C'était entrer en concurrence avec M. de Voltaire, qui, dans le même temps et pour le même sujet, écrivit *la Princesse de Navarre*. Il est rare que des ouvrages de circonstance et de commande aient le mérite de ceux que le génie entreprend à loisir et à son choix ; cependant la petite comédie de *Zélisca*, ingénieuse par le fond, agréable dans ses détails, spirituellement écrite et composée, fut fort appréciée. L'idée de deux rivaux mettant en jeu : l'un, tous les prestiges de l'art, l'autre, toutes les ressources de la nature, établit un contraste qui ne pouvait manquer de produire de l'effet à la scène. Cette pièce et ses divertissements firent un plaisir universel, le Roi lui-même fit connaître sa satisfaction à l'auteur ; il le lui dit de sa propre bouche.

Il y avait alors à la Cour ce qu'on appelait *les spectacles des Petits appartements;* La Noue en fut nommé le répétiteur, avec mille livres de pension. Il fut particulièrement redevable de cette faveur au maréchal de Luxembourg. Le duc d'Orléans, qui l'aimait beaucoup, lui donna également la direction de son théâtre de Saint-Cloud.

En 1756, La Noue couronna sa réputation dramatique par une comédie en cinq actes et en vers. C'est *la Coquette corrigée*. Ce fut la dernière production de l'auteur, du moins la dernière qu'il mit au théâtre. Il songea même à renoncer à la scène comme acteur. Sa santé, fort affaiblie, en était la principale cause. Il n'avait jamais été robuste, le double travail de la scène et du cabinet commençait à épuiser ses forces.

Il se proposait d'achever à loisir les différents ouvrages dont il avait déjà préparé les canevas ; la mort ne lui en laissa pas le temps. Elle l'enleva aux lettres le 15 novembre 1761. Il venait d'atteindre soixante ans.

Outre les pièces dont nous venons de parler, on trouve dans son répertoire une comédie intitulée *l'Obstinée*. Elle n'a paru sur aucun théâtre ; cependant elle offre plusieurs scènes d'un bon comique. On peut ajouter aux drames de La Noue, les canevas de quelques tragédies qui furent trouvés dans ses papiers. Le sujet de l'une est *la Mort de Cléomène*, le sujet de l'autre, *la Mort de Thraséas*. On doit d'autant plus les regretter que, dégagé pour toujours des travaux de l'acteur, il aurait pu se livrer utilement à ceux du poëte. Ses ouvrages décèlent un génie flexible. Il avait le goût sûr, le style propre au sujet qu'il traitait et de l'aptitude à écrire pour tous les genres. Auteur et acteur il avait du mérite. Dans l'exercice de ces deux professions, il montra du tact et du talent. La nature avait peu fait pour lui. Il était fort laid, il n'avait qu'un faible organe ; mais l'intelligence et le naturel exquis de son jeu enlevaient tous les suffrages. A ses divers talents, La Noue joignait les mœurs les plus pures et la plus exacte probité, vertus que les plus grands talents ne supposent pas toujours, mais qu'ils ne remplacent jamais.

Mon visage est ingrat pour exprimer la joie,

disait La Noue, dans *l'Époux par supercherie*, et

il ne le disait jamais qu'avec de grands applaudissements, parce qu'il affectait de l'appliquer à sa figure, qui, en effet, n'annonçait rien moins que de la gaîté, quoiqu'il sût d'ailleurs très-bien rendre tous les autres sentiments de l'âme.

> On voit en La Noue un acteur
> Qui fait très-bien son personnage ;
> A le lire, c'est un auteur
> Qui fait encor mieux un ouvrage.

Lorsque La Noue eut fait jouer son *Mahomet II*, Voltaire, qui avait traité le même sujet, lui écrivit :

> Mon cher La Noue, illustre père
> De l'invincible *Mahomet,*
> Soyez le parrain d'un cadet
> Qui sans vous n'est point fait pour plaire.
> Votre fils fut un conquérant :
> Le mien a l'honneur d'être apôtre,
> Prêtre, filou, dévot, brigand,
> Faites-en l'aumônier du vôtre.

A l'époque où Voltaire faisait voir le jour à *OEdipe*, sa première tragédie, la nature mettait au monde un homme qui devait marquer dans la littérature du dix-huitième siècle, MARMONTEL, dont les *Contes moraux* ont fourni depuis des sujets de pièces à tous les théâtres. Auteur dramatique de mérite, Marmontel a donné à la scène française, de 1748 à 1770, une douzaine de tragédies, plusieurs comédies et même quelques opéras.

Denys le Tyran, tragédie jouée en 1748, commença la réputation de Marmontel, *Aristomène* (1749) eut également un grand succès. Malheureusement une maladie grave de l'acteur Roselli, qui faisait un des principaux rôles, força d'interrompre le septième jour les représentations de cette pièce. On raconte que son médecin voulut profiter de cette circonstance pour engager Roselli, alors fort mal, à abandonner le théâtre, et qu'il répondit par ce vers de *Catilina* :

N'abusez point, Probus, de l'état où je suis.

La troisième tragédie de Marmontel, *Cléopâtre* (1750), n'eut pas autant de bonheur que ses deux aînées. A la fin du cinquième acte, malgré la défense faite à cette époque de siffler au théâtre, un coup de cet instrument, la terreur des auteurs et des comédiens, partit du milieu de la salle. Aussitôt les gardes de chercher partout le délinquant ; mais en vain, il avait su, à la grande joie des spectateurs, se dérober à la vindicte de l'autorité. Dans cette tragédie, *Cléopâtre*, selon la tradition historique, prend un aspic et l'approche de son sein pour se donner la mort. A ce moment, l'aspic de la Comédie-Française sifflait avec bruit. Quelqu'un ayant demandé en sortant du théâtre à un homme d'esprit ce qu'il pensait de la pièce : « Eh ! eh ! reprit ce dernier, je suis de l'avis de l'aspic. »

Marmontel écrivit les *librettos* de plusieurs opéras, entre autres de celui d'*Acante et Céphise*, dont la musique était de Rameau. Représentée en 1751, pour les fêtes du premier mariage du Dauphin, cette pièce eut un succès prodigieux. Tout avait été employé, du reste, pour qu'il en fût ainsi, mise en scène splendide, musique excellente et dépenses considérables.

Au milieu du dix-huitième siècle, vivait à Paris un auteur qui a donné plusieurs comédies en collaboration avec des hommes de lettres de cette époque et deux pièces, une tragédie et une comédie qui firent beaucoup de bruit avant leur apparition sur la scène. Cet auteur est PORTELANCE, dont la tragédie d'*Antipater*, lue, relue dans vingt salons de Paris, eut parmi les gens du grand monde un succès à nul autre pareil. La chose était même devenue à la mode, on ne parlait que de l'*Antipater* de M. Portelance. Qui n'avait ouï la sublime tragédie de M. Portelance n'avait jamais ouï quelque chose de beau, d'incomparable. Pour un peu, ont eût porté son auteur en triomphe dans les rues de la capitale en criant au miracle. On sait ce que valent souvent les engouements de Paris, les réputations fausses. *Antipater* tomba du premier coup au Théâtre-Français et jamais ne se releva.

Le même auteur prétendit avoir part à la spirituelle comédie des *Adieux du goût*, qu'il aurait faite en collaboration avec M. Patu.

DORAT, ami du précédent auteur et dont le nom a acquis une certaine célébrité, fit jouer la comédie de *Feinte par amour*, et bientôt après, de 1760 à 1773, les tragédies de *Zulica*, de *Théagène et Chariclée*, de *Régulus* et d'*Adélaïde de Hongrie*.

Zulica fut d'abord fort mal accueillie du public; l'auteur s'empressa d'y faire d'importantes modifications, et cela en fort peu de temps. Les acteurs, qui aimaient Dorat, firent un magnifique effort, et, en huit jours, la tragédie, presque entièrement renouvelée, fut apprise, répétée, jouée et applaudie avec fureur. Cela n'empêcha pas la parodie de s'emparer de *Zulica* et d'émettre dans *le Procès des ariettes et des vaudevilles* le jugement ci-dessous :

> Les demandeurs, dans leur requête,
> Ont exposé que *Zulica*,
> S'est parée des pieds à la tête
> D'ornements pris par-ci, par-là.
> Et quoique l'auteur se fatigue
> Pour se défendre là-dessus,
> Il appert qu'il doit son intrigue
> A *Phanazar*, à *Dardanus*.

Phanazar était le titre d'une pièce de Morand.

Régulus, tragédie parue en 1773, imprimée longtemps avant que d'être mise à la scène, eut du succès. Chose assez singulière, le même jour, Dorat eut deux premières représentations aux Français : *Régulus* et la comédie de *Feinte par amour* ; toutes les deux réussirent. Le parterre le demanda avec acharnement ; mais il ne voulut pas paraître. Cette exhibition des auteurs était devenue une corvée des plus désobligeantes, car ils étaient quelquefois exposés aux lazzis du parterre, qui ne se gênait pas plus alors que ne se gênent de nos jours les *titis* des petits théâtres du boulevard.

Malgré le succès de *Régulus* et de *Feinte par amour*, on fit sur ces deux pièces ces quatre vers :

Dorat, qui veut tout effleurer,
Transporté d'un double délire,
Voulut faire rire et pleurer,
Et ne fit ni pleurer ni rire.

Ce qu'il y a de positif, c'est que cette spirituelle épigramme fit rire Dorat.

LEMIERRE, un des bons auteurs des règnes de Louis XV et Louis XVI, fit représenter plusieurs tragédies dans lesquelles on trouve de fort beaux vers, de belles pensées et de belles scènes. De 1758 à 1766, il donna aux Français les tragédies de *Hypermestre* (1758), de *Tirtée* (1761), d'*Idoménée* (1764), de *Guillaume Tell* (1766) et celles d'*Artaxercès* et de *la Veuve du Malabar*. Il composa aussi un drame tiré de l'histoire de Hollande, *Barnwell*, que l'ambassadeur du pays empêcha de jouer, en faisant des représentations à la Cour.

A la tragédie d'*Idoménée* se rattache une aventure assez plaisante ; à celle de *Guillaume Tell*, un joli mot.

Les trois premiers actes d'*Idoménée* avaient été applaudis, et tout allait bien, lorsque le grand-prêtre et la peste, arrivant au quatrième, refroidissent les spectateurs. On avait affiché cette pièce *Idoménée* par un Y. La célèbre Clairon se plaignit de cette faute et s'en prit à l'auteur, qui rejeta le *crime* sur l'imprimeur. Ce dernier, mandé à la barre du tribunal des comédiens, s'excuse de son mieux, disant que c'est le *semainier* qui lui a dit d'afficher par un Y.

— C'est impossible, s'écrie la Clairon, il n'y a point de *comédien* (de nos jours elle eût dit d'artiste) parmi nous qui ne sache *orthographér*.— Pardon, pardon, Mademoiselle, reprend l'imprimeur, il faudrait dire, pour bien faire, *orthographier*.

Après quelques représentations, **Guillaume Tell**, qui avait été fort apprécié par les Suisses alors à Paris, n'eut plus le privilége d'attirer grand monde au théâtre ; seuls, les enfants des montagnes de l'Helvétie restèrent fidèles à leur héros. La belle et spirituelle Arnoult étant venue au théâtre, dit en plongeant ses regards dans la salle : « Décidément, point d'argent point de Suisses est un faux proverbe : ici, il y a plus de Suisses que d'argent. Voyez plutôt ? »

Jusqu'au moment où parut M. DE BELLOY, les auteurs tragiques s'étaient cru obligés de ne choisir leurs sujets dramatiques que dans les histoires ancienne, grecque ou romaine, bien peu avaient tenté de puiser dans l'histoire de France, si fertile cependant en héroïques actions. Ni Corneille, ni Racine, ni Crébillon, ni Voltaire n'avaient pensé à consacrer leurs veilles à la gloire de la patrie. M. de Belloy, après s'être essayé à la scène par les deux pièces de *Titus* et de *Zelmire*, ne voulut plus puiser ailleurs que dans les glorieuses annales de la France. M. de Belloy mérite donc le beau titre de poëte national.

Son premier pas dans la carrière dramatique ne fut pas heureux. Son *Titus*, joué en 1759, n'eut qu'une représentation, ce qui fit mettre dans une parodie ce vers fort spirituel :

Titus perdit un jour ; un jour perdit Titus.

Après *Zelmire*, représentée en 1762, et qui fut un peu mieux accueillie que l'infortuné *Titus*, de Belloy composa son *Siége de Calais*, qu'il donna en 1765. Cette belle tragédie est un des événements remarquables qui font époque dans l'histoire de l'ancien théâtre. Le roi Louis XV donna ordre de la faire représenter gratis, afin que le peuple de Paris pût y venir puiser des idées grandes, généreuses et patriotiques.

Puisque nous venons d'avoir l'occasion de parler des représentations *gratis*, on nous permettra de donner ici un historique rapide de ce genre de plaisir si apprécié par le public parisien.

Les représentations théâtrales gratis pour le peuple de Paris datent de la fin du dix-septième siècle. L'initiative première en est due aux administrations des théâtres. Plus tard, la ville de Paris, puis les divers gouvernements, profitèrent de l'idée et accordèrent des gratifications pour subvenir aux frais occasionnés par ces représentations.

Ce fut en 1682, lors de la naissance du duc de Bourgogne, que le peuple de Paris fut appelé, pour la première fois, à jouir de ce privilége. A cette époque, la capitale et la France entière étaient dans la joie : un héritier présomptif du trône venait de naître.

Le célèbre Lully, directeur de l'Opéra, et qui devait toute sa fortune au grand roi Louis XIV, ne resta pas en arrière dans cette circonstance. Il voulut que l'opéra de *Persée*, dont les paroles étaient de Quinault et la musique de lui, fût choisi pour la représentation tout exceptionnelle qu'il allait donner au public.

Ce tragi-opéra était alors fort en vogue dans le monde de la cour et des grands seigneurs. Il avait été représenté devant le roi. Le Dauphin et Leurs Altesses Royales avaient honoré la première représentation de leur présence. Enfin, chose qui était dans les mœurs de cette époque et qui semblerait bien singulière aujourd'hui, un jeune prince avait dansé seul sur le théâtre une très-belle *entrée de ballet* (comme on disait alors). Il y avait montré une grâce merveilleuse. Il avait paru sur la scène masqué, selon la coutume, et magnifiquement vêtu, tenant l'emploi d'un des principaux maîtres.

Cet opéra de *Persée* agitait, depuis son apparition sur le théâtre lyrique, tous les beaux-esprits du temps. La question qu'il avait soulevée était grave. On commentait les sentiments de Phinée, les uns approuvant, les autres blâmant ces vers de la pièce :

L'amour meurt dans mon cœur; la rage lui succède ;
   J'aime mieux voir un monstre affreux
     Dévorer l'ingrate Andromède,
Que la voir dans les bras de mon rival heureux.

Les *Mercures* de l'époque étaient remplis de questions, de réponses, de discussions en vers, en prose, et même en *galimatias*, comme eût dit Boileau. Un poëte bel-esprit fit imprimer le jugement suivant :

Voilà ce que Phinée a dit dans sa colère,
 Et ce que tout autre aurait dit.
Qu'on ne s'y trompe pas, un amant qu'on trahit
Est en droit de tout dire, est en droit de tout faire ;
 Et sans crainte d'en user mal,
Peut voir avec plaisir périr une infidelle ;
Ce n'est pas que cela se doive à cause d'elle,
Mais seulement pour faire enrager son rival !

La représentation *gratis* donnée à l'occasion de la naissance du Dauphin, fut accueillie avec transport par les Parisiens. Ils ne s'évertuèrent nullement à commenter les paroles de Phinée, et ne s'inquiétèrent pas de décider s'il avait tort de vouloir faire *manger* son amante infidèle par le monstre pour jouer pièce au rival, mais ils admirèrent avec beaucoup de tact et d'intelligence les endroits les plus remarquables de la délicieuse musique de Lully, et ils furent vivement impressionnés des décors magnifiques, des machines merveilleuses mises en jeu dans la pièce. Du reste, Lully avait fait les choses en grand seigneur. Un arc de triomphe avait été, par ses ordres et aux frais de l'Opéra, élevé à l'entrée de la salle.

Lorsque la représentation fut terminée, cet arc de triomphe parut en feu avec un soleil au-dessus et la fameuse devise du roi. Le soleil était composé, dit la chronique du temps, *de plus de mille lumières vives sans être couvertes*. On tira ensuite plus de *soixante fusées* les unes après les autres, et l'on fit couler jusqu'à minuit une fontaine de vin. Que diraient Lully et les Parisiens de 1682, s'ils revenaient tout à coup dans la bonne ville de Napoléon III, un 15 août ?...

L'usage des représentations gratuites fut adopté à partir de cette époque, mais les théâtres n'eurent plus à en supporter les frais ; le gouvernement ou la ville de Paris leur accordèrent des subventions pour les indemniser.

En 1744, un événement qui fut considéré comme un grand bonheur public, la convalescence du roi, porta les acteurs du Théâtre-Italien à donner deux magnifiques représentations gratuites, à quelques jours d'intervalle. La première, qui eut lieu après le *Te Deum* chanté en actions de grâces, se composa de *l'Illumination*, de *la Noce de village* et des *Fêtes sincères*, trois petites pièces en un acte, avec divertissement, composées pour la circonstance par Panard. L'une de ces pièces, *les Fêtes sincères*, fut, plus tard, représentée devant la Cour. C'est dans cette comédie, dédiée à la reine, que, pour la première fois, Louis XV reçut le nom de *Bien-Aimé*.

Ce fut donc Panard qui donna à ce prince un surnom que la France entière adopta alors avec enthousiasme.

Quelques jours après la représentation dont nous venons de parler, le Théâtre-Italien en donna une autre gratuite, composée des *Paysans de qualité*, du *Fleuve d'oubli* et d'*Arlequin toujours Arlequin*.

Ces trois jolies pièces furent accueillies avec transport par le public, auquel on ménageait encore une autre surprise. Les comédiens avaient fait illuminer la façade du théâtre et placer sur le balcon plusieurs pièces d'un fort bon vin qu'on ne cessa de faire couler toute la nuit, en réjouissance de l'heureux rétablissement du monarque. Sur le même balcon, après la représentation, et pendant toute la soirée, l'excellent orchestre de la Comédie-Italienne fit danser le peuple de Paris ; mais ce qui excita surtout l'admiration générale, ce fut une décoration pompeuse qui embrassait toute la façade du théâtre, ou si l'on veut de l'*hôtel* de messieurs les Comédiens du Roi, comme on disait alors. Cette décoration, qui pourrait paraître bien mesquine aujourd'hui, consistait en une vaste toile à la détrempe représentant le temple d'Isis, de forme circulaire, surmonté par un arc-en-ciel sur le point le plus élevé duquel on voyait la déesse répandant la rosée pour féconder la terre. Des arcades soutenaient une frise au-dessous de laquelle étaient placées trois pyramides lumineuses. Enfin, au milieu du temple tout illuminé, était le portrait de Louis XV sous la figure du soleil, avec ses symboles ordinaires et cette inscription :

Post nubila Phœbus.

Cette décoration, qui avait cinquante-deux pieds de hauteur sur cinquante de largeur, avait été dessinée et peinte par deux Italiens, décorateurs ordinaires du théâtre. Elle excita une vive curiosité et produisit une admiration universelle ; jamais encore on n'avait rien vu d'aussi beau dans ce genre.

En 1753, un siècle après le premier spectacle gratis, le Théâtre-Français reçut ordre de la Cour de donner une représentation extraordinaire au peuple de Paris, et voici à quelle occasion. M. de Belloy avait fait pour la scène sa belle et patriotique tragédie du *Siége de Calais*, cette tragédie, la première dans laquelle l'histoire nationale n'est pas sottement travestie. Cette belle tragédie, disons-nous, produisit une immense sensation, surtout à la Cour, où elle avait été accueillie avec une sorte d'enthousiasme. Le roi et la famille royale l'avaient vue plusieurs fois; l'auteur leur avait été présenté, et le vieux et brave maréchal de Brissac, gouverneur de Paris, s'était écrié après avoir entendu les vers de M. de Belloy : « *Cette pièce est le brandevin de l'honneur.* »

On racontait même que dans un moment d'enthousiasme, le brave maréchal avait dit à Brizard, l'acteur chargé du principal rôle : « Mon cher Brizard, tu peux être malade quand tu voudras, je jouerai ton rôle. »

Le roi, jugeant qu'une tragédie où étaient exprimés des sentiments d'amour national, ne pouvait qu'être utile pour développer le patriotisme des masses, voulut que cette peinture des vertus de nos ancêtres fût offerte au peuple de sa bonne ville. En conséquence, le Théâtre-Français ouvrit ses portes à deux battants. On remarqua avec joie, mais non sans une certaine surprise, que le *populaire* applaudissait précisément les passages, les vers qui avaient été également applaudis par la Cour et qui avaient enlevé les suffrages des connaisseurs. Preuve certaine qu'en France les sentiments nobles, les paroles élevées, les beaux vers ont un écho dans le cœur du citoyen, à quelque classe qu'il appartienne. Cette remarque, on l'a faite bien souvent depuis, et l'on assure que nos grands artistes lyriques, tragiques ou comiques préfèrent une salle composée d'hommes et de femmes du peuple, qui ne restent jamais froids devant leurs efforts, à ce public d'élite des premières représentations qui applaudit ou murmure sourdement du bout des lèvres ou du bout de la canne, systématiquement et en résistant à tout entraînement.

A cette représentation du *Siége de Calais*, les spectateurs demandèrent à grands cris : *Monsieur l'auteur!* De Belloy parut, et aussitôt sa présence fut accueillie par un immense cri de : *Vive le roi et monsieur de Belloy!*

Il serait impossible de rapporter tous les bons mots, vrais cris du cœur, échappés à ce peuple si vivement ému ; mais nous citerons celui d'un des *titis* du dix-huitième siècle, disant tout haut, en montrant l'acteur qui jouait le rôle d'Eustache de Saint-Pierre : « Ce brave bourgeois de Calais, il avait l'âme d'un bourgeois de Paris. »

La noble idée, exprimée si simplement et avec tant de franchise par l'enfant du peuple de Paris, fut relevée à Calais. Les habitants de cette ville en furent frappés, et ils décidèrent que M. de Belloy serait leur concitoyen. Celui qui a peint si noblement l'âme d'Eustache était digne d'être admis au nombre de ses successeurs. Tous pensèrent que la plus belle récompense qui pût être offerte à un homme auquel la ville de Calais était redevable de ce souvenir de gloire nationale, c'était d'être associé à cette gloire par l'adoption même de la cité. En conséquence, des lettres de citoyen de Calais furent envoyées à l'auteur de la tragédie, dans une boîte en or sur laquelle on grava les armes de la ville, entourées, d'un côté, par une branche de laurier ; d'un autre, par une branche de chêne avec cette inscription : *Lauream tulit, civicam recipit.* »

En outre, la ville de Calais fit exécuter le portrait en pied de M. de Belloy, et ce portrait fut placé dans l'hôtel de ville parmi ceux des bienfaiteurs de cette généreuse et noble cité.

La première République ordonna quatre représentations gratuites par an pour le peuple, et on lit dans le *Moniteur* de 1794 une décision qui met une somme de cent mille francs à la disposition du ministre de l'intérieur, pour être répartie entre les vingt théâtres de Paris, selon leur importance, en compensation des quatre représentations que chacun de ces théâtres devait donner gratis. Depuis lors, c'est le jour de la fête du chef de l'État qui a été adopté pour ces spectacles *gratuits*, auxquels le populaire se porte avec un avide empressement.

Le Siége de Calais produisit l'émotion la plus profonde, la plus générale et la plus utile, non-seulement à Paris mais dans la province, où il fut joué, applaudi, redemandé. Presque partout on donna des représentations gratuites au peuple et aux soldats des garnisons. Les colonels en firent distribuer des exemplaires dans les casernes et quartiers de leurs troupes. A Arras, dans le régiment de la Couronne, on avait fait mettre en tête de la tragédie imprimée : *Pour inspirer aux nouveaux soldats les sentiments des anciens.*

L'auteur de cette belle et noble pièce reçut des lettres de la France et des pays étrangers. Un caporal du régiment de Hainaut lui écrivit au nom des hommes de sa compagnie. Le *Siége de Calais* pénétra dans nos colonies grâce au comte d'Estaing, gouverneur des possessions françaises. Il fit imprimer à ses frais et distribuer gratis le petit volume. Le corps des officiers envoya à M. de Belloy un des exemplaires avec cette inscription en tête : *Première tragédie imprimée dans l'Amérique française.*

Il ne manquait plus à cette tragédie que le suffrage des Anglais : et elle l'obtint, car ils estiment notre nation. La pièce fut imprimée à Londres en français, et depuis elle fut traduite deux fois en anglais. La *Gazette de Londres* en fit le plus grand éloge.

Cette pièce fut la cause innocente d'une affligeante singularité, de la retraite de mademoiselle Clairon et des torts qu'elle eut envers le public. A la reprise que l'on devait donner du *Siége de Calais*, le 15 avril de l'année 1765, pour la rentrée après la quinzaine de Pâques, les comédiens affichèrent cette tragédie; mais il s'éleva entre Dubois, l'un d'eux, et ses camarades, une discussion qui empêcha le spectacle d'avoir lieu. Voici à quel propos. Dubois avait un procès avec son médecin, qui réclamait des honoraires que ce comédien prétendait avoir payés. Dubois demandait en justice qu'il fût admis au serment. Le médecin avait répondu en faisant imprimer un Mémoire dans lequel il prétendait qu'un comédien ne pouvait être admis *à faire serment, vu sa profession.* Les camarades de Dubois, piqués de ce que celui-ci avait donné lieu à ce Mémoire insultant, et voulant terminer cette affaire désagréable, demandèrent et obtinrent le renvoi de leur camarade Dubois. Comme il avait un rôle dans la tragédie du *Siége de Calais*, ce fut Bellecour qu'on en chargea. Mais mademoiselle Dubois, fille de l'acteur renvoyé, fit de si fortes représentations à MM. les gentilshommes de la Chambre, qu'elle obtint un sursis et un nouvel ordre portant que Dubois jouerait son rôle jusqu'à ce que le roi ait prononcé dans cette affaire. L'ordre fut signifié aux comédiens quelques heures seulement avant la représentation, et ils n'eurent ni le temps ni le pouvoir de le faire révoquer. Cependant l'heure du spectacle arrive, Le Kain, Molé et Brizard font défaut. Mademoiselle Clairon arrive, demande si ses camarades sont au théâtre ; on lui répond qu'on ne les a point vus. Elle les attend, ils ne paraissent pas ; alors elle s'en va chez elle. Tous les autres acteurs, qui n'avaient point de rôle dans le *Siége de Calais*, étaient restés au foyer, fort embarrassés de la manière dont ils annonceraient au public que la représentation ne pouvait avoir lieu, d'autant plus qu'ils savaient que mademoiselle Dubois avait des gens dans le parterre disposés à mal accueillir tous les comédiens français. Enfin, un d'entre eux se décide, il s'avance bravement au bord du théâtre, et dit d'une voix tremblante : « Messieurs, nous sommes au désespoir... » Il est interrompu. Une voix du parterre lui crie : « Point de désespoir, le *Siége de Calais !* » Toute la salle répète en chœur : « *Calais, Calais !* » L'orateur veut reprendre sa petite harangue, vingt fois il la commence, vingt fois les mêmes cris redoublent avec plus de fureur, accompagnés de sifflets. Il vient pourtant à bout de faire entendre qu'il leur est impossible de donner le *Siége de Calais*, qu'ils vont donner une représentation du *Joueur*, ou bien que l'on va rendre l'argent, puis il se retire.

Loin de s'apaiser, le tumulte augmente ; l'orchestre, l'amphithéâtre, les loges même se joignent au parterre, pour demander à grands cris : *Calais, Calais, Calais !* Un quart d'heure après, et au milieu de ce bruit infernal, qui continue toujours, Préville paraît, et se jette, en robe de chambre, dans un fauteuil, pour commencer la première scène du *Joueur*. Ce comédien, l'idole du public, qui n'a jamais paru que pour en recevoir des applaudissements, en est mal accueilli. On crie ; les injures pleuvent sur mademoiselle Clairon. Mille invectives grossières sont lancées contre elle, qui ne les méritait pas plus que ses autres camarades. Cet effroyable bacchanal, qui dura plus d'une heure, fût devenu, sans doute, une scène sanglante, sans la prudence du maréchal de Biron, qui préféra laisser la colère du public s'user elle-même et s'exhaler en injures contre le manque de respect des comédiens, sans faire intervenir la troupe. Enfin on rendit l'argent. On avait renvoyé les voitures. La moitié des spectateurs fut obligée de les attendre ; il y avait encore du monde à la comédie à dix heures du soir. Le lendemain, le ressentiment du public n'était pas calmé, le théâtre n'ouvrit point. Mademoiselle Clairon fut conduite au Fort-l'Évêque ; Brizard, Molé et Lekain y furent mis deux jours après, on les y détint pendant vingt-quatre jours. Au bout de cinq jours, mademoiselle Clairon, qui se dit malade, sortit de prison et demeura chez elle aux arrêts pendant le reste du temps. Le mercredi suivant, à l'ouverture du théâtre, Bellecour demanda pardon au public dans un discours rempli d'expressions les plus respectueuses.

Le Siége de Calais, qu'un événement si bizarre avait fait interrompre à la vingtième représentation, ne fut remis au théâtre qu'au bout de quatre ans. Mais il reparut avec un tel éclat, que le public demanda encore l'auteur, chose sans exemple à une reprise. Après la dixième représentation, nouvelle interruption, nouvel intervalle de quatre années. Enfin, en 1773, la Cour ayant désiré revoir la pièce, on en donna de suite dix représentations à Paris.

Le Dauphin et la Dauphine, sur qui *le Siége de Calais* avait produit la plus vive impression à Versailles, le demandèrent pour le premier jour où ils devaient honorer la Comédie-Française de leur présence. On ne peut peindre la sensation que cette tragédie excita. Tous les cœurs s'élevaient en ce moment vers le prince qui devait être l'infortuné Louis XVI. On lui prodiguait les expressions énergiques d'amour, de zèle et de fidélité que l'auteur a mises dans la bouche des héros de Calais ; et l'auguste prince y répondait en applaudissant tout ce qui pouvait faire allusion à ses sentiments envers le peuple, qui, vingt ans plus tard, faisait rouler sa tête sur l'échafaud !...

Ces deux vers :

> Le Français, dans son prince, aime à trouver un frère,
> Qui, né fils de l'État, en devienne le père.

furent accueillis avec enthousiasme.

De son côté, le Dauphin applaudit ceux-ci :

> Rendre heureux qui nous aime est un si doux devoir!
> Pour te faire adorer tu n'as qu'à le vouloir.

Jamais tragédie, dans aucun pays, n'avait offert un spectacle aussi noble et aussi touchant. On remarqua que le Dauphin et madame la Dauphine saisirent tous les traits qui développent la bienfaisance et leur attachement pour le roi et la nation. L'auteur eut l'honneur de leur être présenté après la représentation, et il reçut des deux princes, des éloges et des témoignages de leur satisfaction, récompense flatteuse et que méritait son œuvre patriotique.

FIN DU PREMIER VOLUME.

TABLE DES MATIÈRES

CONTENUES DANS LE PREMIER VOLUME.

I

ORIGINE DU THÉATRE EN FRANCE. — LES DEUX PREMIÈRES PÉRIODES. — DE 1402 A 1588.

Origine du théâtre en France. — Théâtre à Saint-Maur. — Lettres-patentes de 1402. — Confrères de la Passion. — Origine du droit pour les hôpitaux. — *Les Mystères.* — Analyse d'une de ces pièces. — Anecdote relative au Mystère de la Passion. — Bon mot d'un peintre. — *Les Moralités.* — Origine de la petite pièce. — Analyse d'une moralité. — Personnages habituels des mystères et des moralités. — Origine de ce dicton, *faire le diable à quatre.* — Origine du prologue. — Principaux auteurs des mystères et des moralités pendant le quinzième siècle et la moitié du seizième. — Mystères joués dans les églises au treizième siècle. — Influence sur le théâtre, des fêtes données à Isabeau de Bavière en 1385. — Modifications apportées aux représentations par les pièces connues sous le nom de *Farces.* — *Les Sottises.* — Révolution dans le théâtre en 1548. — Édit du Parlement. — Les Confrères de la Passion à l'Hôtel de Bourgogne. — Transition entre le genre sacré et le genre profane, un peu avant 1548. — Modification du goût en France. — LAZARE BAÏF et JEAN DE LA TAILLE. — Principaux auteurs et principales compositions dramatiques, de 1548 à 1588. — JODELLE. — La tragédie des anciens remise sur la scène française. — *Cléopâtre, Didon.* — Les comédies de Jodelle (de 1552 à 1558). — JEAN DE LA RIVEY. — Ses comédies. — Ses innovations. — Comédie des *Esprits,* représentée en 1576. — Les Farces. — FRANÇOIS VILLON, auteur de celle de l'*Avocat Pathelin.* — Anecdote relative à la pièce de la Passion, de Villon. — Succès de l'*Avocat Pathelin,* au commencement du seizième siècle. . . .   3

II

TROISIÈME PÉRIODE DRAMATIQUE.

DE 1588 A 1630.

Troisième période de l'art dramatique en France, de 1588 à 1630. —

Les Confrères de la Passion cèdent leur théâtre de l'Hôtel de Bourgogne, 1588. — La troupe se scinde en deux parties en 1600. — La seconde troupe s'établit au Marais. — ROBERT GARNIER. — Les principales tragédies, de 1568 à 1588. — Anecdotes relatives aux représentations de *Bradamante* et de *Hippolyte*.—ALEXANDRE HARDY, de 1601 à 1630. — Sa fécondité. — Ses principales productions dramatiques. — *La Force du sang*, et *Théagène et Chariclée*. — Prix des places aux théâtres. — Différents usages. — Entr'actes. — Chœurs. — Orchestre. — Droits d'auteur. — L'art dramatique pendant les trente premières années du dix-septième siècle. — NICOLAS CHRÉTIEN, ses pastorales et ses tragédies. — Celle d'ALBOIN. — RAISSIGNER. — *L'Aminte du Tasse*. — Les *Amours d'Astrée*. — PIERRE BRINON, auteur de la *Calomnie* et de *l'Éphésienne*. — Beaux vers qu'on trouve dans ces deux tragédies. — Les dernières *moralités*, en 1606 et 1624, de SORET. — Le roman de l'*Astrée*, de DURFÉ et de BARO. — Pastorale de Baro. — Anecdote plaisante relative à celle de *Cloreste*. — PIERRE DU RYER. — Ses œuvres dramatiques. — Beaux vers qui s'y rencontrent. — Sa *Lucrèce*. — Singulières licences des poëtes de cette époque. 25

III

FARCES ET TURLUPINADES.

DE 1583 A 1634.

Cynisme d'expressions au théâtre avant la venue du grand Corneille. — La *Sylvie*, de MAIRET, en 1627. — *Le Duc d'Ossonne* et *Silvanire*, du même. — Qualités et défauts de Mairet. — Les *Bergeries*, de RACAN, en 1616.—Les tragédies sacrées de NANCEL, en 1606. — SCUDÉRY, en 1625. — Sa tragi-comédie de *Ligdamon et Lidias*. — Singulière préface. — TROTEREL. — CLAUDE BILLARD. — Sa tragédie d'*Henri IV*. — MAINFRAY. — Sa tragédie d'*Aman*. — Borée. — *La Guisade*, de Pierre *Mathieu*. — BOISSIN DE GATTERDON. — DESPANNEY et son *Adaminte*, 1600. — THULLIN et *Les Amours de la Guimbarde*, 1629. — Les *Farces* remplacées par les *Turlupinades*, en 1583. — GROS-GUILLAUME, GAUTHIER-GARGUILLE et TURLUPIN. — Leur théâtre des Fossés-de-l'Estrapade. — Histoire de ce trio. — Vogue qu'il obtient. — Plaintes des acteurs de l'Hôtel de Bourgogne.—Le cardinal de Richelieu les fait venir. — Ils jouent devant lui une *Turlupinade*. — Le cardinal les incorpore dans la troupe de l'Hôtel de Bourgogne. — Mort de Gros-Guillaume. — Désespoir des deux autres amis; leur mort. — Fin des turlupinades, en 1634. — Récit d'une *Farce* sous Charles IX.—Titre singulier d'une autre farce, en 1558. 43

IV

COMÉDIE-FRANÇAISE. — DE 1600 A 1789.

Le théâtre de l'Hôtel de Bourgogne et celui du Marais, en 1600. — Les deux théâtres du Palais-Cardinal. — Celui du jeu de paume de la rue Michel-le-Comte (1633). — *Mélite*, première comédie de Corneille (1625). — Rotrou, de 1609 à 1650. — Caractère de son talent. — Ses compositions dramatiques. — *Les Occasions perdues* (1631). — *Venceslas* (1648). — Anecdote relative à cette tragédie. — L'acteur Baron. — *Cosroës* retouché par M. d'Ussé. — Emprunt fait à Rotrou par plusieurs auteurs dramatiques. — Transformations diverses subies par les théâtres de l'Hôtel de Bourgogne et du Marais, depuis 1600. — Deux troupes françaises à Paris jusqu'en 1641. — L'*illustre* théâtre de Molière. — Troisième troupe, celle de Molière à la salle du Petit-Bourbon, en 1642, sous le nom de troupe de *Monsieur*. — Elle devient troupe du *Roi* en 1665. — Elle s'installe à la salle du Palais-Royal. — Trois troupes françaises jusqu'en 1673, à la mort de Molière. — Fusion de la troupe de Molière, partie dans celle de l'Hôtel de Bourgogne, partie dans celle du Marais. — La troupe du Marais dans la rue Guénégaud. — Réunion des deux troupes françaises, le 21 octobre 1680, et formation de la troupe de la Comédie-Française ou troupe *du Roi*. — Elle est installée d'abord dans la rue Guénégaud, puis au jeu de Paume de la rue Saint-Germain-des-Prés. — Ouverture de cette salle, le 18 avril 1689. — Période de 1689 à 1770. — Lutte avec les théâtres forains. — Anecdotes. — Dancourt, directeur de la Comédie, fait valoir les priviléges exclusifs de la troupe et obtient divers décrets contre les théâtres forains (1710). — Règlement du 18 juin 1757. — La Comédie-Française, de 1770 à 1782, aux Tuileries. — De 1782 à 1799 à l'Odéon. — Depuis 1799, à la salle de Richelieu. — Modifications dans le costume théâtral. — Réflexions. — Suppression des banquettes sur la scène, 1760. — Réflexions. 63

V

QUATRIÈME PÉRIODE DRAMATIQUE. — LES DEUX CORNEILLE.
DE 1630 A 1674.

PIERRE CORNEILLE. — Considérations générales sur ses œuvres dramatiques. — Son portrait peint par lui-même. — Sa difficulté d'énonciation. — Anecdotes sur sa vie. — Ses différentes productions, dans l'ordre où elles ont été données au théâtre. — *Mélite* (1630). — Anecdotes. — *Clitandre* (1630). — *La Veuve et la Galerie du Palais* (1634). — Innovation due à cette dernière comédie. — *La Suivante* (1634). — *La Place Royale* (1635). — Lettre de Claveret. — *Médée* (1635), première tragédie de Pierre Corneille. — Son peu de succès. — *L'Illusion* (1635). — *Le Cid* (1636). — Réflexions. — Anecdotes. — Le cardinal de Richelieu. — L'Académie. — Boileau. — L'acteur Baron. — *Les Horaces* et *Cinna* (1639). — *Polyeucte* (1640). — Anecdotes. — Épîtres à la Montauron. — Le maréchal de La Feuillade. — Dufresne. — *La Mort de Pompée* (1641). Le comte de Choiseul. — Ninon de Lenclos. — Pécourt. — *Le Menteur* et *La Suite du Menteur* (1642). — *Rodogune* (1646). — Réflexions. — Anecdotes. — *Théodore*, tragédie (1645). — Anecdote. — *Héraclius* (1647). — *Andromède* (1650). — Anecdote du cheval. — Succès de cette pièce. — *Don Sanche d'Aragon* (1651). — *Nicomède* (1652). — *Pescharite* (1653). — Premier échec grave de Pierre Corneille. — Il veut abandonner le théâtre et mettre l'*Imitation* en vers. — *OEdipe* (1659). — Tragi-comédie de *la Toison d'Or* (1660). — *Sertorius*, tragédie (1662). — Mot de Turenne. — *Sophonisme*. — *Othon* (1664). — Épigramme de Boileau. — *Agésilas*, *Attila* (1666 et 1667). — *Tite et Bérénice* (1670). — Galimatias double. — Baron, Molière et Corneille. — Anecdote. — *Pulchérie* (1672). — *Surena*, tragédie (1674). — *Psyché*, en collaboration avec Molière. — Anecdote. — Hommages rendus au grand Corneille pendant sa vie et après sa mort. — Son petit-neveu. — Premier exemple de représentation à bénéfice. — Deuxième édition des œuvres de Pierre Corneille, donnée en dot par Voltaire à la petite-nièce de l'auteur du *Cid*. — THOMAS CORNEILLE. — Considérations sur cet auteur. — Impromptu à propos de son portrait. — Ses principales productions dramatiques. — L'*Ariane*. — Mlle Duclos. — Anecdote. — *Le Comte d'Essex*. — *Le Festin de Pierre* (1665), en collaboration avec Molière. — Origine de cette pièce. — *L'Inconnu*. — Chanson paysanne. — Le *Ballet de Louis XIV*. — *La Devineresse*, comédie dont le succès fut dû à l'actualité. — *Timocrate* (1656). — Anecdote à la quatre-vingtième représentation de cette pièce. — *Commode* (1658). — *Camma* (1661). — Succès de ces trois dernières tragédies. — *Laodice* (1668). — Bon mot au sujet de cette pièce. — *Achille*. — Anecdote d'un peintre à propos de cette tragédie. 89

VI

RICHELIEU ET SES COLLABORATEURS. — DE 1636 A 1652.

RICHELIEU, poëte dramatique. — *La Comédie des Thuileries* (1635). — Colletet et de Saint-Sorlin. — Caractère de ce dernier. — Ses vers sur la violette. — Sa comédie d'*Aspasie* (1636). — La comédie des *Visionnaires* (1637). — Anecdote. — *Roxane*. — VOITURE. — Son épître à M. de Boutillier. — Anecdote relative à l'abbé D'AUBIGNAC. — *Mirame*, tragi-comédie (1639). — Efforts de Richelieu pour faire réussir cette pièce. — Peu de succès de *Mirame* à la première représentation. — Anecdote. — Deuxième représentation. — Joie enfantine du cardinal de Richelieu. — Anecdote relative à BOIS-ROBERT. — *Europe*, tragi-comédie (1643). — Tribulations de Desmarets à l'occasion d'*Europe*. — Richelieu sollicite la critique de l'Académie. — Sa colère. — Le public préfère *le Cid* à *Europe*. — Richelieu retire la pièce. — Le nombre des auteurs dramatiques tend à s'accroître au dix-septième siècle. — Les auteurs, les spectateurs de cette époque et ceux de l'époque actuelle. — Critique. — Les réclames. — Les premières représentations. — Les journaux. — Jodelet. — Première pièce faite en vue d'un acteur. — Auteurs contemporains de Corneille. — BOIS-ROBERT. — Ses pièces des *Apparences trompeuses*, de *l'Amant ridicule* et des *Orontes*, en 1652 et 1655. — Anecdote. — La cathédrale de Bois-Robert. — Ce qui donna lieu à la pièce des *Orontes*. — L'abbé BOYER, célèbre par ses revers au théâtre. — Épigramme sur une de ses pièces. — *Clotilde*. — *Agamemnon*. — Anecdote. — Sonnet sur cette pièce. 123

VII

CONTEMPORAINS DE PIERRE CORNEILLE.

Singulier hommage rendu à Corneille par Mlle Beaupré. — Réflexions. — Contemporains du grand poëte. — TRISTAN. — Sa tragédie de *Marianne* (1626). — Anecdote de Mondory et de l'abbé Boyer, chez Richelieu. — *Panthée* (1637). — *Phaéton* (1637). — Singulier portrait des Destinées. — *Osman* (1656). — *Le Parasite*. — Qualités et défauts de Tristan. — Son épitaphe. — CLAVERET, ami puis rival de Corneille. — Ses productions dramatiques. — LA CALPRENÈDE, auteur gascon. — Anecdote. — Ses tragédies de *Mithridate* (1638), du *Comte d'Essex*, de *la Mort des Enfants de Brute* (1647). — Son style. — BENSERADE. — Anecdotes. — Ses tragédies de *Cléopâtre* (1636), de *Méléagre* (1640). — Citation. — Petite vanité de Benserade. — Anecdote. — Vers au bas de son portrait. — URBAIN CHEVREAU, poëte poitevin. — Son instruction. — Singulier anachronisme dans sa tragédie de *Lucrèce* (1637). — *Coriolan* (1638). — Citation. — GUÉRIN DE BOUSCAL. — Son esprit. — Ses qualités. — *La Mort de Brute*, tragédie (1637). — *La Mort d'Agis* (1642). — Ses comédies sur *Don Quichotte* et *Sancho Pança*. — LA MESNARDIÈRE et LA SERRE. — Anecdotes sur ces deux auteurs. — Réflexions. — Tragédies en prose de La Serre. — *Pandoste*. — *Thomas Morus* et le *Sac de Carthage*. — Anecdote. — L'auteur du *Parnasse Réformé*. — LECLERC, de l'Académie Française. — Sa modestie. — *Iphigénie* (1645). — Épigramme de Racine. — MAGNON. — Sa vanité présomptueuse. — Son livre de la

Science universelle. — Ses principales productions dramatiques (1645). — *Zénobie*. — Anecdote. — GOMBAULT, un des fondateurs de la Société savante qui fut la base de l'Académie. — Sa tragédie des *Danaïdes* (1646). — GILBERT. — Notice sur ce poëte, un des plus féconds de l'époque.— Ses tragédies. — *Hippolyte* (1646). — Anecdote. — *Rodogune* (1646). — Gilbert, plagiaire de Corneille. — *Sémiramis* (1646). — *Les Amours de Diane et d'Endymion*, tragédie (1659). — Épigramme. — *Cresphonte* (1659). — Anecdote. — *Arie et Petus* (1659). — Pastorales de Gilbert. — La tragi-comédie du *Courtisan* (1668). — Citation. — Qualités et défauts de Gilbert. — MONTAUBAN. — Ses deux tragédies. — Sa pastorale des *Charmes de Félicie* (1651). — Citation. — L'ABBÉ DE PURE, rendu célèbre par Boileau.—Mme DE VILLEDIEU et MILLOTET. — *Manlius Torquatus* (1662). — *Nitetis* (1663). — Citation. — Millotet et son extravagante tragédie de *Sainte-Reine* (1660). — QUINAULT, considéré comme poëte tragique. — Notice sur cet auteur. — La Cour des Comptes. — Voltaire venge Quinault des satires de Boileau.— Nature de son talent.— Ses tragédies.— *Les Rivales* (1653). — Anecdote. — Origine des droits d'auteur. — *Cyrus* (1656). — *Agrippa* (1661). — *Astrate* (1663). 143

VIII

RACINE. — DE 1666 A 1690.

RACINE. — Parallèle avec Corneille. — Talent comparé de ces deux grands poëtes. — Qualités de Racine. — Notice. — Sa tragédie de la *Thébaïde*, en 1664. — Anecdote. — Jugement de Corneille sur Racine. — Tragédie d'*Alexandre* (1666). — Son peu de succès dans le principe. — On l'ôte à la troupe de Molière pour la donner à la troupe de l'Hôtel de Bourgogne. — Son succès. — Plaisante anecdote à ce sujet. — Le *Dialogue des Morts,* de Boileau, et l'*Alexandre*, de Racine. — *Andromaque* (1667). — La Champmeslé et la Desœillets. — Mot judicieux de Louis XIV. — Boutade d'un spectateur. — Première parodie. — Chagrin de Racine. — *Les Plaideurs* (1668). — Histoire anecdotique de cette jolie comédie. — *Britannicus* (1669). — Dénouement, critiqué par Boileau. — Effet produit sur Louis XIV par quelques vers de cette tragédie. — Anecdote. — *Bérénice* (1671). — Sujet donné par Henriette d'Angleterre. — Parodie. — Mot de Chapelle. — Mlle de Mancini. — Le Grand Condé. — Anecdote de la sentinelle et de Mlle Gaussin. — Vers à ce sujet. — *Bajazet* (1672). — Racine, poëte satirique, de par Boileau. — *Mithridate* (1673). — Anecdotes relatives à cette tragédie. — *Iphigénie* (1674), donnée à Versailles au retour de la campagne de la Franche-Comté. — Vers de Boileau à cette occasion. — Anecdote de Lully.—Singulière annonce à propos d'*Iphigénie*. — Mlle Gaussin, dans le rôle d'Iphigénie. — Vers qu'on lui adresse. — *Phèdre* (1677). — Ce qui donna l'idée première de cette tragédie à Racine. — La Champmeslé. — Cabale contre cette pièce. — La *Phèdre* de Pradon. — Mme Deshoulières, la duchesse de Bouillon et le duc de Nevers. — Les trois sonnets. — Grande querelle. — Frayeur de Racine et de Boileau. — Le fils du Grand Condé les rassure. — Les tribulations essuyées par le tendre Racine, à propos de cette tragédie, le font renoncer au théâtre, à l'âge de trente-huit ans, malgré Boileau. — *Esther* (1689). — Anecdotes relatives à cette pièce. — *Athalie* (1690). — Cette pièce, mal jugée, est comprise par Louis XIV et défendue par Boileau. — Mme de Maintenon la fait jouer en présence du roi. — En 1702, après la mort de Racine, Louis XIV la fait représenter à Versailles. — Les principaux personnages de la cour y prennent des rôles. — En 1716, le Régent donne l'ordre aux Comédiens de la mettre au théâtre. — Le public commence enfin à admirer ce dernier chef-d'œuvre de Racine. — Succès de cette pièce. — Son actualité pendant la Régence. 175

IX

CONTEMPORAINS DE RACINE.

Examen anecdotique des contemporains de Racine. — PRADON. — Son genre de talent. — *Starila*. — Anecdote. — *Tamerlan* (1676). — Mot de Pradon au prince de Conti. — *La Troade* (1679). — Sonnet-parodie de Racine au sujet de cette pièce. — *Scipion* (1697). — Épigramme de Gacon. — *Germanicus* (1694). — Épigramme. — Anecdote du quatorze de dames. — *Régulus* (1688). — Le manteau de Régulus. — Épigramme de Rousseau. — Épitaphe de Pradon. — Mme DESHOULIÈRES. — *Genseric* (1680). — Analyse-épigrammatique de cette tragédie. — LA CHAPELLE. — Il cherche à imiter Racine. — Ses tragédies de *Zaïde*, de *Cléopâtre*, de *Téléphonte* et d'*Ajax*, de 1681 à 1684. — Anecdotes. — CAMPISTRON, élève de Racine. — Auteur fécond. — Son genre de talent. — *Virginie* (1683). — *Arminius*. — Succès de son *Andronic* (1685). — Anecdote. — *Alcibiade* (1685), et *Phraate* (1686). — *Phocion* (1688). — La bague de Péchantré. — *Adrien* (1690), tragédie chrétienne. — Citation. — *Alcide* (1693). — Quatrain sur cette pièce. — PÉCHANTRÉ. — Histoire de la paternité de *Géta*, première tragédie de Péchantré. — *Jugurtha*. — *La Mort de Néron* (1703). — Anecdote. — ABEILLE. — Ses tragédies d'*Argélie*, de *Coriolan*, de *Lyncée*, de *Soliman* (de 1673 à 1680). — Anecdotes. — Épitaphe d'Abeille. — Épigramme. — LAGRANGE-CHANCEL, dernier élève de Racine. — Sa prodigieuse facilité. — Sa première pièce faite quand il avait *neuf ans*. — Sa tragédie de *Jugurtha*. — Sa lettre à propos de cette pièce. — *Oreste et Pilade* (1697). — *Méléagre* (1699). — *Athénaïs, Amadis, Alceste, Ino, Sophonisbe* (de 1700 à 1716). — Anecdotes. — Ses autres pièces. — Ses aventures romanesques. — FERRIER, GENEST, LONGEPIERRE, RIUPEROUX, autres contemporains de Racine. — Leurs tragédies. — Anecdotes. — BOURSAULT. — Son éducation négligée. — Ses principales productions dramatiques. — Sa tragédie de *Germanicus* (1679). —De *Marie Stuart* (1683). — De *Méléagre* (1694). — Anecdotes. — Comédies. — *Ésope à la Cour* (1701). — Vers retranchés. — *Ésope à la Ville* (1690), première pièce à tiroir. — Quatrain de Boursault. — *Le Mercure Galant* (1679), première pièce dans laquelle un acteur fait plusieurs rôles. — Anecdotes sur Visé. — *Phaëton* (1691). — *Les Mots à la mode* (1694).—Brochures chez Barbin, le Dentu du dix-septième siècle. — Autres ouvrages de Boursault. — Jugement sur cet auteur. — FONTENELLE. — Mérite de ses œuvres. — Sa tragédie d'*Aspar* (1680). — Épigramme. — Couplets,— Ses opéras. — *Thétis et Pelée* (1689).— Anecdotes.— *Énée et Lavinie* (1690).—*Bellérophon* (1719). — Anecdotes curieuses. — *Endymion* (1731). — Couplets. . . . 213

X

DE RACINE A VOLTAIRE.

DE LA FIN DU DIX-SEPTIÈME SIÈCLE A 1718.

Époque de transition entre Racine et Voltaire.—De la fin du dix-septième siècle à 1718. — LAFOSSE, DANCHET, DUCHÉ, PELLEGRIN et NADAL. — CRÉBILLON. — Lafosse, ses quatre tragédies. — *Polixène* (1696). — *Manlius* (1698). — *Thésée* (1700). — *Corisus* (1703). — Danchet, ses qualités. — *Hésione* (1700). — Anecdote. — *Tancrède* (1702). — LA MAUPIN. Aventures singulières de cette actrice. — *Aréthuse* (1701). — Bon mot. — *Achille et Deidamie* (1735). — Bon mot de Voltaire. — Duché de Vancy. — Son aventure avec le ministre Pontchartrain. — Ses trois tragédies sacrées : *Débora, Absalon* et *Jonathas*, 1706, 1712, 1714. — Pellegrin protégé de Mme de Maintenon. — Ses aventures. — Ses belles qualités. — *Polidor* (1703). — *Pélopée* (1733). — Anecdotes. — Sa comédie du *Nouveau-Monde* (1722). — Anecdote. — Nadal. — Sa tragédie de *Saül* (1704). — Crébillon. — Son genre de talent. — Ses débuts dans l'art dramatique. — Le procureur Prieur. — *Idoménée* (1705). — *Atrée et Thyeste* (1707).— Anecdote. — *Electre* (1708). — Son succès. — Épigramme. — *Rhadamiste et Zénobie* (1711). — Anecdote. — Jugement partial de Boileau. — *Sémiramis* (1717). — Épigramme contre Voltaire, à propos de la tragédie de *Sémiramis*. — *Pyrrhus* (1726). — *Catilina* (1748). —Anecdotes. — Mme de Pompadour. — Vers supprimés. — Horreur de Crébillon pour les moyens factices d'obtenir un succès. — Crébillon et son médecin. — CHATEAU-BRUN. — Sa tragédie de *Mahomet II* (1714), et des *Troyennes* (1754). 253

XI

VOLTAIRE. — DE 1718 A 1773.

VOLTAIRE. — Il résume tous les genres dramatiques. — Son caractère littéraire. — Sa tendance au plagiat. — Mot de Fontenelle. — Anecdote de pâté à propos de *Zaïre*. — *OEdipe* (1718). — Son succès. — Anecdotes et bons mots. — *Artémise* (1720). — Transformations successives de cette tragédie. — Anecdotes. — Épigramme. — Origine des différends de Voltaire et de Rousseau. — *Brutus* et *Éryphile* (1730 et 1732). — Anecdote de la *Calotte*. — *Zaïre* (1732). — Vers à Mlle Gaussin et à Dufrêne. — *Adélaïde Duguesclin* (1734). — Sa transformation. — Anecdote. — Epigramme. — *Alzire* (1736). Le Franc de Pompignan. — Critique d'*Alzire*. — Comédie de *l'Enfant prodigue* (1736). — *Zulime* (1740). — Jugement de Voltaire sur cette tragédie. — *La Mort de César* (1741). — *Mahomet* (1742). — Anecdotes. — Apogée des succès pour Voltaire. — *Le Temple de la Gloire*, opéra (1743). — Joli mot de Voisenon. — *Sémiramis* (1748). — *Oreste* (1750). — *Mérope* (1743). — Anecdotes. — Usage de demander l'auteur. — Un Anglais. — Parodie de *Mérope* au théâtre des Marionnettes. — Pellegrin. — Anecdotes et critique sur *Sémiramis*. — Le tonnerre de Mlle Dumesnil. — Anecdote sur *Oreste*. — *Rome sauvée* (1752). — *Le Paysan Normand*. — *Tancrède*. — *L'Écueil du Sage* (1762). — *Les Scythes* (1767), et *les Triumvirs* (1764). — Anecdotes. — Mot piquant de Voltaire à une actrice. . . 275

XII

PENDANT ET APRÈS VOLTAIRE. — DEPUIS 1718.

Principaux tragiques contemporains de Voltaire. — PIRON. — Ses tragédies. — *Callisthène* (1730). — Anecdote. — L'acteur Sarrazin. — L'abbé Desfontaines et Piron. — *Fernand Cortez* (1744). — Anecdotes. — MONSIEUR ANDRÉ, perruquier et poëte, le Jasmin du dix-huitième siècle. — Sa tragédie du *Tremblement de terre de Lisbonne*. — Histoire littéraire de Monsieur André et de sa tragédie. — Le PRÉSIDENT DUPUIS et la tragédie de *Tibère* (1726). — Epigramme. — DE MORAND. — Ses infortunes. — Son inaltérable gaieté, même au moment de la mort. — Ses tragédies de *Teglis* (1735). — *Childéric* (1736). — *Mégare* (1748). — Anecdotes. — Sa comédie de *l'Esprit du Divorce* (1736). — Sujet de cette pièce. — Anecdotes plaisantes. — LE FRANC DE POMPIGNAN. — Ses tragédies de *Didon* et de *Zoraïde* (1745 et 1734), — Vers supprimés dans *Didon*. — Vers à mademoiselle Dufresne. — *Les Adieux* de Mars (1735). — Vers supprimés. — LAMOTTE-HOUDARD. — Son projet d'introduire des tragédies en prose au théâtre. — Les Machabées (1721). — Succès de cette pièce. — On l'attribue à Racine. — Anecdote. — Romulus 1722). — Inès de Castro (1723). — Spirituelle critique. — Œdipe (1726). — Genre de talent de Lamotte. — LA NOUE, acteur et auteur de mérite. — Son histoire. — Zélisca. — La Coquette corrigée (1756). — Vers sur lui. — Vers que lui adresse Voltaire à propos de la tragédie de Mahomet II. — MARMONTEL. — Denys le Tyran (1748). — Aristomène (1749). — Anecdote. — Cléopâtre (1750). — L'aspic. — Acante et Céphise (1751). — PORTELANCE. — Sa tragédie prônée d'Antipater. — DORAT. — Ses tragédies de Zulica, de Régulus de 1760 à 1773. — Anecdotes. — Critiques. — LE MIERRE. — De 1758 à 1766, il donne plusieurs belles tragédies à la scène. — Celles d'Idoménée et de Guillaume Tell. — Anecdotes. — DE BELLOY, poëte national. — Sa tragédie de Titus (1759). — Zelmire (1762). — Le Siége de Calais (1765). — Nombreuses anecdotes sur cette pièce. — Origine et historique des représentations dites gratis. — Anecdotes. . . 297

FIN DE LA TABLE DES MATIÈRES.

www.ingramcontent.com/pod-product-compliance
Lightning Source LLC
Chambersburg PA
CBHW052238220526
45471CB00001B/102